ПРЕПОДОБНЫЙ
ИОАНН ДАМАСКИН

ТОЧНОЕ ИЗЛОЖЕНИЕ ПРАВОСЛАВНОЙ ВЕРЫ

ORTHODOX LOGOS PUBLISHING

ТОЧНОЕ ИЗЛОЖЕНИЕ ПРАВОСЛАВНОЙ ВЕРЫ

преподобный Иоанн Дамаскин

Икона на обложке книги:
«Иоанн Дамаскин», *Неизвестный автор*

© 2024, Orthodox Logos Publishing, The Netherlands

www.orthodoxlogos.com

ISBN: 978-1-80484-183-9

This book is in copyright. No part of this publication may be reproduced, stored in a retrieval system or transmitted in any form or by any means without the prior permission in writing of the publisher, nor be otherwise circulated in any form of binding or cover other than that in which it is published without a similar condition, including this condition, being imposed on the subsequent purchaser.

ПРЕПОДОБНЫЙ
ИОАНН ДАМАСКИН

ТОЧНОЕ ИЗЛОЖЕНИЕ ПРАВОСЛАВНОЙ ВЕРЫ

ORTHODOX LOGOS PUBLISHING

СОДЕРЖАНИЕ

Вступление ... 11

Предисловие переводчика ... 13

Точное изложение православной веры

Книга первая

Глава 1. О том, что Божество непостижимо и что не должно делать исследований и обнаруживать любопытство относительно того, что не передано нам святыми пророками, апостолами и евангелистами ... 74

Глава 2. О том, что может быть выражено речью и – что не может, и о том, что можно узнать и – чего нельзя ... 76

Глава 3. Доказательство того, что Бог существует ... 78

Глава 4. О том, что́ есть Бог? О том, что Божество – непостижимо ... 81

Глава 5. Доказательство того, что Бог – один, а не много богов ... 83

Глава 6. О Слове и Сыне Божием, доказательство, заимствованное из разума ... 85

Глава 7. О Святом Духе, доказательство, заимствованное из разума ... 86

Глава 8. О Святой Троице ... 88

Глава 9. О том, что говорится о Боге ... 100

Глава 10. О Божественном соединении и разделении ... 102

Глава 11. О том, что говорится
о Боге телесным образом 103

Глава 12. О том же 105

Глава 13. О месте Божием и о том, что одно только
Божество неописуемо 109

Глава 14. Свойства Божественной природы 114

Книга вторая

Глава 1 (15). О веке 118

Глава 2 (16). О творении 120

Глава 3 (17). Об Ангелах 121

Глава 4 (18). О диаволе и демонах 125

Глава 5 (19). О видимом творении 127

Глава 6 (20). О небе 128

Глава 7 (21). О свете, огне, светилах,
как солнце, так луне, так и звездах 132

Глава 8 (22). О воздухе и ветрах 140

Глава 9 (23). О водах 142

Глава 10 (24). О земле и о том, что из нее рождается . . 146

Глава 11 (25). О рае 149

Глава 12 (26). О человеке 153

Глава 13 (27). Об удовольствиях 159

Глава 14 (28). О печали 161

Глава 15 (29). О страхе 162

Глава 16 (30). О гневе 163

Глава 17 (31). О способности воображения 164

Глава 18 (32). О чувстве 165

Глава 19 (33). О мыслительной способности 168

Глава 20 (34). О способности помнить 169

Глава 21 (35). О внутреннем слове
и произносимом 171

Глава 22 (36). О страсти и деятельности (энергии) . . . 172

Глава 23 (37). Об энергии
[действии или деятельности] 179

Глава 24 (38). О добровольном и невольном 181

Глава 25 (39). О том, что находится в нашей власти,
то есть о свободном решении 184

Глава 26 (40). О том, что случается 186

Глава 27 (41). О том, по какой причине
мы произошли со свободной волей 188

Глава 28 (42). О том,
что не находится в нашей власти 190

Глава 29 (43). О Промысле 191

Глава 30 (44). О предведении и предопределении . . . 195

Книга третья

Глава 1 (45). О Божественном домостроительстве
и о попечении в отношении к нам,
и о нашем спасении 200

Глава 2 (46). Об образе зачатия Слова
и о Божественном Его воплощении 203

Глава 3 (47). О двух естествах,
против монофизитов 205

Глава 4 (48). Об образе
взаимного общения свойств 210

Глава 5 (49). О числе естеств 212

Глава 6 (50). О том, что все Божеское естество в Одной из Своих Ипостасей соединено со всем человеческим естеством, а не часть с частью 214

Глава 7 (51). О единой Бога Слова сложной Ипостаси 217

Глава 8 (52). К тем, которые выведывают: возводятся ли естества Господа под непрерывное количество, или под разделенное 220

Глава 9 (53). Ответ на то: нет ли естества, лишенного ипостаси 223

Глава 10 (54). О Трисвятой песни 224

Глава 11 (55). Об естестве, которое созерцается в роде и в неделимом, и о различии как соединения, так и воплощения; и о том, каким образом должно понимать [выражение]: «Единое естество Бога Слова – воплощенное» 227

Глава 12 (56). О том, что Святая Дева – Богородица; против несториан 230

Глава 13 (57). О свойствах двух естеств 234

Глава 14 (58). О [двух] волях и свободах Господа нашего Иисуса Христа 235

Глава 15 (59). О действованиях, которые имеют место в Господе нашем Иисусе Христе 243

Глава 16 (60). Против тех, которые говорят, что если человек – из двух естеств и с двумя действованиями, то необходимо говорить, что во Христе было три естества и столько же действований 254

Глава 17 (61). О том, что естество плоти Господа и воля обожествлены 257

Глава 18 (62). Еще о [двух] волях, и свободах, и умах, и знаниях, и мудростях 259

Глава 19 (63). О богомужном действовании ... 263

Глава 20 (64). Об естественных и беспорочных страстях ... 266

Глава 21 (65). О неведении и рабстве ... 268

Глава 22 (66). О преуспеянии ... 270

Глава 23 (67). О боязни ... 271

Глава 24 (68). О молитве Господней ... 273

Глава 25 (69). Об усвоении ... 275

Глава 26 (70). О страдании тела Господня и бесстрастии Его Божества ... 276

Глава 27 (71). О том, что Божество Слова пребыло неразделенным от души и тела даже и во время смерти Господа и что сохранилась единая Ипостась ... 278

Глава 28 (72). О тлении и гибели ... 280

Глава 29 (73). О сошествии во ад ... 282

Книга четвертая

Глава 1 (74). О том, что было после воскресения ... 284

Глава 2 (75). О сидении одесную Отца ... 285

Глава 3 (76). Против тех, которые говорят, что если Христос – два естества, то вы или и твари служите, поклоняясь сотворенному естеству, или одно естество называете достойным поклонения, а другое – не достойным его ... 286

Глава 4 (77). Почему вочеловечился Сын Божий, а не Отец и не Дух и в чем Он преуспел, вочеловечившись? ... 288

Глава 5 (78). К тем, которые спрашивают: сотворенна ли Ипостась Христа, или несозданна? 291

Глава 6 (79). О том, когда Христос был [так] назван? 292

Глава 7 (80). К тем, которые спрашивают: два ли естества родила Святая Богородица и два ли естества висели на Кресте? 294

Глава 8 (81). Каким образом Единородный Сын Божий называется Перворожденным? . . . 296

Глава 9 (82). О вере и Крещении 298

Глава 10 (83). О вере 302

Глава 11 (84). О Кресте, где еще и о вере 303

Глава 12 (85). О поклонении на восток 307

Глава 13 (86). О Святых и [Пре]чистых Таинствах Господних 309

Глава 14 (87). О родословии Господа и о Святой Богородице 317

Глава 15 (88). О чествовании святых и их мощей 322

Глава 16 (89). Об иконах 326

Глава 17 (90). О Писании 329

Глава 18 (91). О том, что говорится о Христе . . 332

Глава 19 (92). О том, что Бог не виновник зол . . 339

Глава 20 (93). О том, что не два начала 342

Глава 21 (94). Зачем Бог, зная наперед, сотворил грешить и не раскаиваться? 344

Глава 22 (95). О законе Божием и законе греха 345

Глава 23 (96). Против иудеев, о субботе 347
Глава 24 (97). О девстве 351
Глава 25 (98). Об обрезании 355
Глава 26 (99). Об антихристе 357
Глава 27 (100). О воскресении 359
Примечания 364

Биография: Преподобный Иоанн Дамаскин 374

ВСТУПЛЕНИЕ

«Точное изложение православной веры» – одно из важнейших произведений в истории христианского богословия, написанное преподобным Иоанном Дамаскином в VIII веке. Этот труд является систематизированным изложением основных догматов Православной Церкви и представляет собой вершину богословской мысли своего времени. Иоанн Дамаскин, живший в эпоху острых богословских споров, особенно в период иконоборчества, создал это произведение, чтобы защитить и разъяснить основы веры.

Название книги говорит само за себя: в ней автор с предельной ясностью и последовательностью излагает ключевые истины христианской веры, используя язык, понятный не только богословам, но и всем верующим. Трактат охватывает широкий спектр тем, начиная от природы Бога и Троицы, учения о Христе и завершая разъяснением таинств и воскресения мёртвых. Иоанн Дамаскин опирается на Священное Писание и Священное Предание, а также использует богатое философское наследие, которое помогает ему чётко формулировать богословские идеи.

Особенность «Точного изложения православной веры» заключается в его систематичности. В отличие от многих других вероучительных текстов того времени, которые носили полемический или случайный характер, труд Дамаскина организован по строгой логической структуре. Это делает книгу удобной для изучения и понимания, особенно для тех, кто стремится глубже разобраться в учении Православной Церкви. Книга состоит из четырёх частей, каждая из которых посвящена определённому аспекту вероучения.

Первая часть повествует о Боге, Троице, ангелах и творении мира. Вторая часть посвящена догмату о Христе и таинству Боговоплощения. В третьей части объясняется учение о Духе Святом, Церкви и таинствах. Наконец, четвёртая часть посвящена эсхатологии — учению о конечных судьбах мира и человека. Иоанн Дамаскин подробно объясняет каждый догмат, раскрывая его значение для духовной жизни человека.

Этот труд был создан в эпоху, когда вера нуждалась в ясном и авторитетном изложении, чтобы противостоять ересям и заблуждениям. Иоанн Дамаскин, обладая глубокими знаниями как в богословии, так и в философии, предложил читателям ясное и логичное объяснение сложных вероучительных истин. Он не просто излагает догматы, но и показывает их внутреннюю связь и гармонию, подчёркивая, что каждое учение Церкви несёт в себе свет Христовой истины.

«Точное изложение православной веры» — это книга, которая остаётся актуальной и в наше время. Она является источником вдохновения для тех, кто стремится укрепить свою веру и понять основы христианского учения. Этот труд преподобного Иоанна Дамаскина был высоко оценён многими поколениями христиан и стал краеугольным камнем православного богословия, сохраняя своё значение в веках.

ПРЕДИСЛОВИЕ ПЕРЕВОДЧИКА

Точное изложение православной веры, написанное св. И. Дамаскиным и ныне предлагаемое вниманию благочестивых читателей в русском переводе, есть одно из замечательнейших святоотеческих творений, как по своим великим, истинно редким внутренним достоинствам, так и по тому огромному значению, каким оно, в силу своих достоинств, всегда пользовалось и пользуется в христианской, особенно в православной христианской церкви. Достоинства и обусловливавшееся ими значение его выяснятся в необходимой степени, если мы 1) несколько скажем о тех святоотеческих и других творениях, которые, имея характер, подобный характеру рассматриваемого творения святого И. Дамаскина, появились раньше времени жизни последнего; если 2), коснувшись вводных вопросов, например, о подлинности, времени, цели, разделении... *точного изложения православной веры*, вопроса об отношении его к другим творениям того же св. Отца и иных подобного же рода вопросов, 3) кратко отметим существенные пункты, входящие в содержание переводимого нами святоотеческого творения; если, 4) сопоставим *Точное изложение православной веры* с предшествовавшими ему догматическими и иными опытами, именно: указав на его зависимость от них и вообще на его отношение к ним и проч.; и если мы, наконец, 5) оттенив его достоинства и приписываемые ему учеными недостатки, несколько укажем на отношение к этому творению св. И. Дамаскина христианской церкви всего последующего времени, до настоящего включительно. Все эти вопросы, будучи важны сами по себе, являются уместными также и вследствие назначения нашего перевода, как имеющего в виду не одних только образованных читателей, но и всех вообще лиц, которые с любовью относятся к святоотеческим творениям, ища в них для себя назиданий всякого рода, и которые имеют нужду в разъяснении такого рода обстоятельств прежде чтения самого святоотеческого творения. Раскрыв же все это, закончим свое предисловие к переводу указанием 6) на побуждения, его вызвавшие, а равно и на отличительные его свойства и особенности.

§ 1[1]

До времен преподобного Иоанна Дамаскина появились следующие опыты более или менее систематического изложения христианских догматов веры.

1) Первым опытом довольно полного собрания и обозрения догматов веры и научного их исследования и изложения являются *Строматы* Климента Александрийского († 217 г.[2]). Но в этом сочинении догматические вопросы не отделены от других: исторических, нравственных, философских..., между частями его нет внутренней связи и последовательности. Притом, имея в виду при посредстве философии сообщить истине христианской церкви вид более совершенный, оживленный и разнообразный, Климент иногда дает «перевес философскому элементу в ущерб вере». Вообще систематической наукой о догматах веры *Строматы* не могут быть названы.

2) Сочинение Оригена († 254 г.[3]) *О началах* – замечательное явление в истории христианской догматики как опыт систематического и научного изложения догматов веры, во многом приближающийся к требованиям целостной науки, проникнутый одной мыслью и одной целью: в возможно полном и связном виде представить существенное и основное в учении христианском, все в христианстве философски представить осмысленным и разумным... Излагая здесь (главным образом в 1–2 книгах) догматические истины, после них Ориген раскрывает (главн. образом в 3-й кн.) и нравственные, как неотделимые, по его мнению, от первых; а в силу тесной

связи тех и других истин с вопросами о понимании св. Писания и проч. Здесь идет затем речь и о последнем (в 4-й кн.). Главнейший недостаток – увлечение по местам философскими мыслями, вследствие чего некоторые его положения не могут быть одобрены с «церковной точки зрения». Есть и другие – мелкие недостатки, касающиеся, например, плана сочинения. Но все они, равно как и неправильные мысли, допущенные «не намеренно, по неумеренной ревности», искупаются великими достоинствами труда, имевшего поэтому громадное значение в последующей истории догматической науки.

3) Из *катехизических поучений* св. Кирилла Иерусалимского (IV в.) огласительные раскрывают догматическое учение, содержащееся в каждом члене символа Иерусалимской Церкви, *тайноводственные* – учение о таинствах: крещении, миропомазании и евхаристии. Св. Писание, Св. Предание, вселенское учение Церкви – вот те данные, с которыми постоянно сообразуется святой Отец при раскрытии истин веры. Однако в поучениях нет ни достаточной «полноты», ни «строгого разграничения догматов от других христианских истин», общий характер их – «более проповеднический и наставительный, чем научный и систематический».

4) *Великое огласительное слово* святителя Григория, епископа Нисского (IV в.), в большей степени запечатлено «научным характером»; здесь «обстоятельно и глубокомысленно» раскрываются те христианские догматы, речь о которых была вызываема тогдашними условиями времени: «о Пресвятой Троице, воплощении, крещении, евхаристии и последней участи человека».

5) *«23 главы 5-й книги против ересей»*, написанной блаженным Феодоритом (V в.), «кратко и отчетливо» раскрывают догматические истины, хотя и «не все», притом, «без смешения их с другими истинами»: нравственными и прочими.

6) *Commonitorium* (*Наставление*) «лиринского монаха Викентия (V в.) – не опыт самого изложения догматов, а

только теория его», указывающая то, чем руководствоваться при исследовании, раскрытии и доказательстве истин христианской веры.

7) Бл. Августина (354–430 г.[4]): а) *Enchiridion ad Laurentium* (*Руководство для Лаврентия*), представляя собою первый на Западе опыт совокупного и целостного изложения догматов веры, по характеру и методу более подходит к нашему катехизису, чем к научной системе; б) *De doctrina christiana* (*О христианском учении*), в большей степени обладая научным характером, однако, главным образом преследует цель чисто герменевтическую, а не раскрытие догматов веры, которому отводится лишь второстепенное место, и в) *De civitate Dei* (*О граде Божием*), часто довольно обстоятельно и научно трактуя о Боге, творении, Ангелах, человеке и падении, Церкви, воскресении и последнем суде, тем не менее, преследует цель не догматическую, а философскую и историческую.

8) *De dogmatibus ecclesiasticis* (*О церковных догматах*) Геннадия массалийского († 495 г.) есть один, довольно, впрочем, подробный, перечень, без связи и порядка, христианских догматов, имеющий в виду различные ереси и заблуждения.

9) *De fide seu de regula verae fidei* (*О вере или о правиле истинной веры*) еп. руспенского Фульгенция (VI в.), раскрывая учение о творце и воплощении, о тварях (телах и духах), составе первого человека и наследственном грехе, о суде и воскресении, о христианских средствах для оправдания, и здесь о вере, крещении, благодати и благодатном избрании, о Церкви и отверженных, и страдая многими недостатками касательно своего «плана», тем не менее, с точки зрения условий того времени, есть вполне пригодный и удовлетворительный опыт, не оставшийся без значительного влияния на некоторых из позднейших схоластических богословов на Западе.

10) «Более библейско-экзегетического, чем догматического, характера» творение Юнилия Африканского (VI в.)*De partibus divinae legis* (*О частях божественного*

закона) в одной своей части обозревает святые книги, а в другой раскрывает их учение о Боге, настоящем и будущем мире.

11) и 12) Из 7-го века могут быть «*только* упомянуты»:

а) *Libri sententiarum* (*Книги мнений*) Исидора севильского – сборник, составленный почти исключительно по Августину;

б) *Loci communes* (*Общие места*) Леонтия кипрского, при составлении своего сборника руководившегося греческими Отцами.

Остальные из творений, появившиеся до времени святого И. Дамаскина и в той или иной мере имеющие догматический характер, не могут быть причислены к опытам, более или менее удовлетворяющим требованиям целостного, научного и систематического изложения догматов христианской веры. Но если эти творения не представляли собою для святого И. Дамаскина образца для построения системы догматического богословия, то они были важны для него в другом отношении: вызываемые большей частью теми или другими ересями и поэтому обыкновенно раскрывающие какие-либо отдельные только догматические истины, они могли помогать святому Отцу при уяснении и изложении им этих именно отдельных истин, и тем более, что таких творений весьма много (почему здесь их и не пересчитываем, имея в виду упомянуть о главнейших из них ниже: в § 4 *Предисловия* и в I – II приложениях к переводу), и что иные из них (например, принадлежащие святителю Григорию Богослову) поистине прекрасны и вызывают бесконечное удивление, и потому были хвалимы даже на Вселенских соборах.

Но еще более надежным руководителем для преподобного И. Дамаскина могли быть вероопределения и вообще постановления бывших до него – различных как вселенских, так и поместных соборов.

§ 2

Переходя к переводимому нами творению св. Иоанна Дамаскина, носящему название *Точное изложение православной веры*, мы намерены коснуться следующих вопросов: 1. действительно ли оно принадлежит этому святому отцу; 2. когда оно появилось; 3. с какой целью оно написано или, что в данном случае стоит в связи с этим вопросом, в каком отношении находится оно к некоторым другим его творениям; и наконец, 4. в том ли виде оно сохранилось до нас, в каком первоначально произошло?

1) Что *Точное изложение православной веры* принадлежит св. Иоанну Дамаскину, все согласны; но не все были согласны с тем, что это – тот святой Иоанн Дамаскин, который жил в VIII веке и был знаменитым обличителем врагов иконопочитания. Некоторые[5] автором этого творения считали св. Иоанна, будто бы также Дамаскина, но жившего во времена императора Феодосия (царствовал в 379–395 г.[6]), и выдавали его за ученого и сведущего в делах божественных мужа. Но с ними согласиться нельзя: 1) ни греческие, ни латинские, ни иные древние писатели не упоминают об Иоанне Дамаскине, который жил бы при названном императоре. При нем был известен своею святостью муж по имени Иоанн, на которого рассматриваемые ученые и указывают, но он происходил не из Дамаска, а из иного места: его обыкновенно считают египтянином, который, притом (по свидетельству, например, Созомена), никогда

не удалялся из Египта ни в какую страну, кроме Фиваиды, где управлял весьма многими монастырями; 2) как известно из наиболее достоверных источников, этот Иоанн египтянин был почти αγράμματοσ (неученый) и потому не мог быть автором такого великого творения, как рассматриваемое нами. Предположение, что он мог написать его исключительно по божественному вдохновению, в данном случае не имеет на своей стороне никаких сколько-нибудь прочных оснований; 3) но если даже и допустить, что Иоанн Египтянин мог написать такое творение или сам от себя, или по божественному вдохновению, однако все-таки он не был в действительности его автором. Он (по свидетельству Созомена, Каллиста...) уже был в Фиваиде до итальянской экспедиции Феодосия против тирана Евгения[7], а в Фиваиду переселился стариком. Следовательно, он или не пережил Феодосия, или, если пережил, то немного, и потому не мог пользоваться творениями святителей Василия Великого, Григория Назианзина, Григория Нисского, Иоанна Златоуста, Прокла и Кирилла, из которых иные не были изданы, а другие еще не могли быть ему известны; 4) но, если даже допустить, что он дожил и до времен Феодосия Младшего[8] (царствовал в 408–450 гг.), хотя блаженный Феодорит и Созомен говорят противное, и был современником святителю Кириллу Алекс., то, спрашивается, почему о своих современниках... Он отзывается, как об αγίουσ (святых), ιερούσ (священных), μακαρίουσ (блаженных)? Св. Кирилл, возрастом младший почти из всех перечисленных святых Отцов и Учителей Церкви[9], автором *Точного изложения православной веры* восхваляется и почитается одинаково, например, со св. Афанасием... Далее, 5) как святой Иоанн египтянин мог знать о тех ересях, которые появились после него и которые имеются в виду в рассматриваемом творении или как бывшие, или как существующие: таковы, например, монофелиты, несториане, монофизиты, диоскориане, иконоборцы? Наконец, 6) греки, которым, без сомнения, в этом деле должно более доверять, все едиными устами называют одного только Иоанна Дамаскина, который жил во дни Льва Исаврянина[10]..., автором данного творения. Да и все вообще данные и соображения говорят в этом смысле. И это решение вопроса считается между учеными настолько твердо установленным, что некоторые даже специальные монографии о святом Иоанне Дамаскине (напр., Langen'a; Gotha; 1879) умалчивают о противниках его всецело, очевидно, считая лишним поднимать вопрос – раз решенный...[11]

2. Когда, в частности, св. И. Дамаскин написал *Точное изложение православной веры*, определенно сказать совершенно невозможно по недостатку необходимых для этого данных. Но ввиду того, что слишком глубокое и возвышеннейшее содержание этого творения и тщательнейшая его обработка предполагают собою в его авторе человека, который весьма обстоятельно изучил и выяснил себе раскрываемые им вопросы, ввиду того, далее, что писатель весьма близко знаком со множеством святоотеческих творений предшествовавшего ему времени, – можно предполагать, что оно написано святым Отцом не раньше, чем «около конца его жизни»[12]. А так как год его смерти точно неизвестен – смерть преподобного Иоанна Дамаскина относят то ко времени до 754 г.[13] то к 777 г.[14] и проч. – то поэтому о времени происхождения *Точного изложения православной веры* ученые говорят обще: оно произошло или «около времени Льва Исаврянина»[15], или «около половины VIII века»[16].

3. *Точное изложение православной веры* находится в весьма тесном отношении к *Диалектике* [или κεφάλαια φιλοσοφικά] и *Книге о ересях* [περί αιρέσεων εν συντομία, οθεν ηρξαντο και πόθεν γεγόνασιν] написанным тем же св. Отцом[17], так что все эти три творения представляют собою только части одного, носящего заглавие (ιωάννου του δαμασκηνου πηγη γνώσεως) *Иоанна Дамаскина источник знания*. При этом переводимое нами творение занимает настолько первенствующее положение между остальны-

ми двумя, что эти последние в отношении к нему могут быть рассматриваемы в смысле вводных: *Диалектика* – в смысле философского введения, а *Книга о ересях* – в смысле исторического. Сам святой Иоанн Дамаскин в *Предисловии 18 к источнику знания*, посвященному им епископу Мэюмскому (или Маюмскому) Косме, сказав о той боязни, которая удерживала его от речи о предметах, превышавших его силу, – о своей надежде на молитвы читателей, при помощи которых, т. е. молитв, он надеется, его уста исполнятся Святого Духа, – затем говорит, что он: 1) предложит то, что есть самого прекрасного у греческих мудрецов, в том убеждении, что если у них окажется что-либо хорошее, то оно даровано людям свыше – от Бога, а если окажется что-либо противное истине, то это – мрачное изобретение сатанинского заблуждения, создание мысли злого демона. Подражая пчеле, он намеревается собрать и сложить то, что близко к истине, чтобы получить спасение от самих врагов, и удалить все то, что дурно и что соединено со лжеименным знанием[19]. Затем, 2) он намерен собрать воедино пустословия богоненавистных ересей, для того чтобы, зная ложь, мы тем больше держались истины[20]. Наконец, 3) он обещает, с помощью Бога и Его благодати, изложить самую истину – губительницу заблуждения, изгнательницу лжи, словами боговдохновенных пророков, наученных Богом рыбарей и богоносных пастырей и учителей украшенную и убранную, как бы золотыми ризами...[21] таким образом, тесное взаимоотношение этих трех творений, являющихся частями одного творения, и стоящая в связи с этим взаимоотношением общая и главная цель написания всех их, и последнего из них в особенности, вполне ясно видны из сказанного. Это же весьма кратко повторяется святым Отцом во 2-й главе его Диалектики[22]: начав с философии, – говорит он, – я имею целью предложить читателям в этих трех творениях или в этих трех частях одного (παντοδαπην γνωσιν), *всякого рода знание*, насколько это, конечно, возможно, так что это трехчастное творение будет (πηγη γνώσεωσ) *источником знания,* ибо (говорит Georgius Chioniada[23]) *вне этой книги нет знания, ни человеческого, ни божественного; и просто сказать: ни теоретического, ни практического, ни мирского, ни премирного...*

4. В настоящее время *Точное изложение православной веры* обыкновенно разделяется на *четыре книги,* которые все вместе составляют собою *сто глав.*

Что касается деления этого творения на четыре книги, то оно не принадлежит самому святому И. Дамаскину, но имеет сравнительно позднее происхождение. Этого деления нет ни в первом греческом издании творения (веронском, 1531), как то видно из более тщательного рассмотрения его, ни в древних манускриптах первого латинского перевода (он сделан при папе Евгении III в 1144–1153 г.). В Веронском издании такое разделение сделано позднейшей рукою наверху страниц, и оно здесь проходит по всему творению; второю же рукою сделано оно на полях и упомянутых манускриптов. Следы разделения данного творения на четыре книги[24] заметны, однако, уже в сочинениях Фомы Аквината (XIII в.), пользовавшегося латинским его переводом. Но когда именно впервые оно было сделано, точно сказать нельзя. Можно только догадываться (вместе с Lequien'ем), что оно измышлено латинскими учеными и было введено наподобие четверичного деления sententiarum Петра Ломбарда, который между западными схоластиками так же приблизительно блистал, как на востоке святой Иоанн Дамаскин.

Сам святой Иоанн Дамаскин разделил свое творение только на главы. Число глав, указанных им, как видно из тщательного обозрения и рассмотрения греческих кодексов, должно быть признано то же, какое указывается и в современных нам изданиях, т. е. что, хотя, впрочем, некоторые (например, архиепископ Филарет в *Историческом обозрении Отцов Церкви,* т. III, 1859; стр. 259) полагают, что самим святым Отцом творение было разделено только на 52 главы. Вообще по этому вопросу существующие кодексы не всегда согласны между собою: а) в них указывается не одно и то же число глав: в некоторых больше, в некоторых меньше, что зависело от исследователей, которые разлагали одну главу, например, на две, для того чтобы раздельнее представить те или другие положения, или две главы соединяли в одну, чтобы объединить, например, доказательства. Впрочем, это обстоятельство касается сравнительно немногих глав, б) главы занимают не одно и то же место во всех кодексах: в некоторых помещаются раньше, а в других позже; многие даже, вырванные из первой части, переносятся во вторую и наоборот. Впрочем, все это можно сказать о небольшом сравнительно числе глав, и произошло оно от нерадения списывавших.

Что творение святого Иоанна Дамаскина дошло до нас неповрежденным и неиспорченным еретиками, это – выше всякого сомнения. Высказывавшееся некоторыми лицами сомнение относительно неповрежденности подлинности тех или других отдельных мест – лишены сколько-нибудь серьезных оснований. Эти сомнения обыкновенно проистекали из трудности для понимания, запутанности, темноты тех или других мест, несогласия их с воззрениями известного читателя и прочее, но если в данном случае руководствоваться такими основаниями, тогда можно заподозрить подлинность чего угодно, как то и делают, например, многие с различными местами Св. Писания, не понимая их смысла и все измеряя своей личной мерой... Помимо их внутренней несостоятельности, такого рода сомнения относительно подлинности некоторых мест переводимого нами творения решительно опровергаются сохранившимися до нашего времени манускриптами, в которых такие места имеются... Отсюда вопрос этот считается поконченным для ученых, которые (например, Langen) даже в специальных своих монографиях о святом Иоанне Дамаскине обыкновенно его не поднимают.

Сам ли св. И. Дамаскин сделал заглавие своего творения, под каким оно известно теперь (т. е. назвал его *Точным изложением православной веры*), или это заглавие, как думают некоторые, позднейшего происхождения и сделано людьми, приспособившими древнее к новому, твердо решить невозможно, да для дела и безразлично[25].

§ 3

Общее содержание *Точного изложения православной веры* таково. В *первой книге* говорится о Боге, его непостижимости, бытии, единстве, троичности Лиц в Боге, Его свойствах; во *второй* – о творении мира, как видимого, так и духовного, об ангелах, диаволе и демонах, о стихиях, рае, человеке и его первоначальной жизни, его свойствах, состояниях и страстях, каким он подвержен, о божественном Промышлении. В *третьей* книге речь идет о божественном Домостроительстве, касающемся спасения нас, воплощении Бога Слова, о двух естествах Иисуса Христа и единстве Его Ипостаси, равно и об иных пунктах относительно Богочеловека; о Трисвятой Песни; о Богородице как Святой Деве; о Господней молитве; о сошествии Спасителя во ад. Наконец, в *четвертой* книге говорится о том, что последовало за воскресением Иисуса Христа; говорится также против возражавших по поводу двух естеств в Иисусе Христе; о причинах вочеловечения именно Бога слова, о рождении Иисуса Христа Богородицею, наименовании его Единородным; о вере, крещении, кресте, поклонении на восток; о таинствах; о родословии Господа, о Богородице; об останках святых; об иконах, Священном Писании; о зле и его происхождении; против иудеев – о субботе; о девстве, обрезании, антихристе и воскресении.

Главные пункты, составляющие содержание каждой из ста глав, заключающихся в данном святоотеческом творении, таковы:

ПЕРВАЯ КНИГА (ГЛАВЫ 1–14)

Сначала речь идет о *непостижимости Божества*, открывшегося людям лишь в такой степени, в какой это необходимо для их спасения, так что исследование иных познаний о Боге – непозволительно и бесполезно (1 гл.). Затем говорится *о выразимом словами и познаваемом и противоположном тому и другому*, причем именно указывается, что одно относительно Бога может быть выражено словами, а другое – невыразимо и непознаваемо; отмечается то, что составляет предмет нашего знания и исповедания, и называется единственный источник наших знаний о Боге (2 гл.). Далее указываются *доказательства бытия Божия*. Особенно оттеняются: *всеобщность* веры в Бога; необходимость признать существование неизменяемого, несозданного Творца всего; *непрерывное продолжение* твари, *сохранение* ее и *управление мира*, немыслимые без помощи Бога; нелепость объяснения всего этого ссылкой на случай. (3 гл.). Затем Бог характеризуется как *непостижимый* по Его природе и существу. Приписываемые Ему свойства, положительные и отрицательные, нимало не объясняют и не раскрывают ни той, ни другого (4 гл.). После этого раскрывается истина *единства Божия* на основании свидетельств священного писания и разума, указывающего особенно на всесовершенство Бога, на его неописуемость, на необходимость для мира единого правителя, на преимущество единицы пред двоицей (5 гл.). Далее идет *доказательство от разума – о Слове и*

Сыне Божием, причем указываются свойства Его, Его отношение к Отцу; проводится параллель между Ним и нашим словом (6 гл.). Вслед за этим предлагается *доказательство от разума – о Святом Духе*: сравниваются между собою наше слово и дыхание, с одной стороны, и Слово Божие и Святой Дух, с другой; указываются свойства Святого Духа; говорится о преимуществах христианского учения о Боге – едином по существу и троичном в лицах пред учениями нехристианскими (7 гл.). Дальнейшая речь идет *о Святой Троице*: говорится, что в едином Боге – Три Лица; подробно перечисляются свойства Каждого из них – самого по себе и в Его отношении к Другим и всесторонне раскрывается (8 гл.). После этого трактуется о том, *что говорится о Боге*: о простоте Божества; о том, как понимать свойства Божии; об именах Божиих (9 гл.). Далее говорится *о божественном соединении и разделении*, о том, что должно быть понимаемо в отношении ко всему Божеству и что в отношении к каждому из Трех Лиц в отдельности; о непостижимости сущности Божией; о характере деятельности простого Божества; о том, как понимать то, что относится к воплощению Бога – Слова. Глава 11. Раскрывается то, *что говорится о Боге телесным образом:* как это должно быть понимаемо и почему так говорится о Боге; когда говоримое о Боге должно быть понимаемо символически и когда буквально (11 гл.)? В 12-й главе говорится а) о том же, о чем и в предыдущей, т. е. Что Бог – все для всего..., и б) о непостижимости и безымянности Бога; о том, какой смысл имеют различие имена Божии: положительные и отрицательные, и почему они, при безымянности Божией, употребляются; приложение их ко всему Божеству и к каждому Лицу в отдельности и в Его отношении к другим (12 гл.). Дальнейшие рассуждения касаются вопроса *о месте Божием и о том, что одно только Божество – неописуемо*; говорится о различных местах; о том, в каком смысле говорится о Боге, что он находится в известном месте; *о месте ангела, души и о неописуемом*: как все это должно быть понимаемо; ангел по сравнению с Богом. После этого предлагается *свод вышесказанного о Боге и Отце, и Сыне, и Святом Духе*: указываются свойства Божества; свойства каждого Лица Святой Троицы и их взаимоотношение. В заключение главы указывается смысл «Слова» и «Духа», употребляемых не в приложении к Божеству (13 гл.). В последней главе говорится *о свойствах божественной Природы*, прежде указанных; о соединении Ипостасей; о характере божественной деятельности; о свойствах божественной Природы, о которых прежде речи не было (14 гл.).

ВТОРАЯ КНИГА (1–30 ГЛ.).

Она начинается речью *О веке*: творении веков, значении слова «век», числе веков, происхождении века вместе с миром; о значении наименования Бога вечным; о смысле выражений, касающихся «века»; о вечном дне после всеобщего воскресения... (1 гл.). Далее речь идет *о творении* всего всеблагим триипостасным Богом (2 гл.), после чего говорится *об ангелах*, их творце, их свойствах, их различии между собою, обязанностях, назначении; степени их твердости в добре; пище, не бесстрастности, способности преображаться; их деятельности на небе; ангельских чинах; времени происхождения ангелов; необладании творческой силою... (3 гл.). Затем повествуется *о диаволе и демонах*: о падении одного ангела вместе с подвластными ему; о власти диавола и демонов над людьми; незнании ими (как и добрыми ангелами) будущего; о предсказывании ими будущего; о происхождении от них зла; о свободном впадении людей в грех; о наказании демонов и их последователей; сравнивается смерть людей с падением ангелов (4 гл.). Далее говорится *о видимом творении*: о Творце всего из ничего или из прежде сотворенного Им. (5 гл.); а затем *о небе*: дается понятие о нем; говорится о числе небес; о небе первой главы бытия; об естестве неба, о форме его и положении тел внутри него; о движении неба; поясах неба и планетах; нахождении земли в центре замыкаемого небом пространства; движении солнца, луны и звезд; о происхождении дня и ночи; о небе как полушарии; происхождении неба; об отдельных небесах; о тленности неба; величине его по сравнению с землей; его сущности; неодушевленности небес и светил. Глава 6. Вслед за этим речь ведется *о свете, огне, светилах, Солнце, Луне, звездах*, дается понятие об огне и свете; о творении света; о тьме; говорится о дне и ночи; о творении солнца, луны и звезд, их назначении, свойствах; о планетах; о движении их и неба; о временах года; о знаках зодиака; об астрологии и ее несостоятельности; о значении звезд, планет...; о кометах, звезде волхвов, заимствованном свете Луны; о затмениях Солнца и Луны, причинах и значении этого; о сравнительной величине солнца, Луны и Земли; о том, какою сотворена Луна; о солнечном и лунном годах; изменениях Луны; о тленности Солнца, Луны и звезд; об их естестве; знаках зодиака и их частях; о жилищах планет; высотах; видах Луны (7 гл.). Дальше повествуется *о воздухе и ветрах*, дается понятие о воздухе; говорится об его свойствах, природе, освещении его Солнцем, Луной, звездами, огнем; о ветре и его месте, числе ветров, названиях и свойствах; о народах и странах, указываемых ветрами (8 гл.). Затем *о водах*: дается понятие о воде; говорится об ее свойствах; о бездне; о разделении вод твердью; причине помещения вод над твердью; о собрании вод воедино и появлении суши; о некоторых отдельных морях с их заливами, берегами; об океане; о дождях; разделении океана на четыре реки; о других реках; о свойствах, вкусе вод; о горах; о происхождении из воды души живой; об отношении воды к другим стихиям; ее достоинствах; еще о некоторых морях; о расстояниях от одних стран до других (9 гл.). Далее – *о земле и ее произведениях*, дается понятие о ней; говорится об ее свойствах, сотворении, основании; об украшении ее; о повиновении всех живых существ человеку до его грехопадения, плодородии земли, отсутствии зимы, дождей...; об изменении всего этого после грехопадения; о виде земли, ее величине по сравнению с небом; ее тленности; о числе областей... земли (10 гл.). 11-я глава говорит *о рае*: его сотворении, назначении, местоположении, свойствах; о древе *жизни* и древе *познания*, о всяком древе; об их свойствах, назначении и проч.; о чувственно-духовной природе рая (11 гл.). 12-я гл. *о человеке* как связи между духовной и чувственной природами; о сотворении его по образу и подобию Божию; о времени сотворения тела и души; о свойствах первозданного человека, его назначении; *о бестелесном где бы ни было*; о теле: его измерениях, его составных элементах; *о влагах*; об общем между человеком и другими существами; о пяти чувствах; о свойствах тела и души; об общении добродетелей тела и души; о разуме; о неразумных частях души, их свойствах; о силах живых существ и их свойствах; о благе и зле. 13-я гл. – *об удовольствиях*: их видах и свойствах, особенностях, значении и проч. 14-я гл. – *о печали:* ее видах и их свойствах. 15-я гл. – *о страхе*: его видах и их свойствах. 16-я гл. – *о гневе*: дается понятие о нем; говорится о видах его и их свойствах; о гневе в его отношении к разуму и желанию. – 17-я гл. – *о способности воображения*: причем дается понятие о ней, говорится о предмете ее; о воображении; о призраке; об органе способности воображения. В 18-й гл. речь идет *о чувстве*: дается определение его; говорится о жилищах чувств, их предмете; о том, что способно к чувствованию; о числе чувств и о каждом из них в отдельности; их свойствах и прочее; о том, почему четыре чувства имеют двойные органы; о разлитии пятого по всему (почти) телу; о направлении, по какому все чувства воспринимают подлежащее им. В главе 19-й говорится *о мыслительной способности*: ее деятельности, свойствах, ее органе. Гл. 20-я повествует *о способности помнить*, причем указывается ее отношение к памяти и припоминанию; говорится о памяти, ее происхождении, свойствах, предметах; о припоминании, забвении; об органе способности памяти. Гл. 21-я – *о внутреннем слове и произносимом*: о частях разумной части души; о внутреннем слове, его свойствах, особенностях...; о произносимом слове, его отличительном характере. Гл. 22-я – *о страсти и деятельности (энергии)*: о видах страсти, об определении ее и ее видов; об определении энергии; о взаимоотношении между энергией и страстью; о силах души: познавательных (уме, мыслительной способности, мнении, воображении, чувстве) и жизненных (желательных, воле и свободном выборе)... Гл. 23-я – *об энергии (действии или деятельности)*: о том, что называется энергиями; дается разностороннее определение энергии; говорится о бытии чего-либо в возможности и действительности; о действии природы... Гл. 24-я трактует *о добровольном и невольном*: дается определение добровольного и невольного, характеристика, условия того и другого; указываются виды их; говорится о среднем между добровольным и невольным; о том, как смотреть на поступки детей и неразумных животных; о поступках, совершаемых нами в гневе, и других, совершаемых не по свободному выбору. Гл. 25-я говорит *о том, что находится в нашей власти, то есть о свободном решении*: ставятся три вопроса: находится ли что-либо в нашей зависимости; что находится и почему Бог создал нас свободными; говорится, что невозможно объяснить всех поступков человека ссылкой ни на Бога, ни на необходимость, ни на судьбу, ни на природу, ни на счастье, ни на случай, но что по многим причинам необходимо признать человека свободным. Гл. 26-я – *о том, что случается*: одно из этого – в нашей власти, другое – нет; что именно зависит от нас; о препятствиях к исполнению выбранного нами. Гл. 27-я – *о том, по какой причине мы произошли со свободною волею*: о том, что все происшедшее – изменяемо, в том числе и человек, и неразумные существа; о том, почему изменения первого должно приписать свободе, а вторых – нет; о свободе и изменяемости ангелов... Гл. 28-я – *о том, что не находится в нашей власти*, из какового одно имеет свои начала известным образом все-таки в нас, а другое зависит от божественной воли. Гл. 29-я трактует *о Промысле*: дается определение Промысла; цель Промысла; необходимость признать Творца и Промыслителем; о том, что Бог промышляет прекрасно, побуждаемый своею благостью; о том, как нам должно относиться к делам Промысла; об особенностях того, что подлежит Промыслу, о «благоволении» и «снисхождении» и его видах; о выборе чего-либо и приведении в исполнение; об «оставлении» Богом человека «без внимания» и его видах; о числе «образов» Промысла; еще о цели Промысла...; об отношении Бога к нашим делам (добрым и злым); об объеме и средствах промыслительной деятельности. Наконец, в 30-й гл. Говорится *о предведении и предопределении*: о том, как должно понимать то и другое, об их взаимоотношении; о добродетели и грехе, их причинах, сущности; о раскаянии; о создании человека и наделении его различными преимуществами...; о творении жены, обусловленном предопределением...; о жизни человека в раю и характере ее; о райской заповеди и связанных с нею обещаниях, о причинах, вызвавших ее...; о падении человека, соблазненного диаволом...

ТРЕТЬЯ КНИГА (1–29 ГЛ.).

В 1-й гл. говорится *о божественном Домостроительстве и о попечении в отношении к нам и о нашем спасении*: о том, чем стал павший человек; о том, что Бог не презрел его, а восхотел спасти; о том, как и через кого он сделал это... В гл. 2-й *об образе зачатия Слова и о божественном Его воплощении*: рассказывается история благовествования архангела Святой Деве; о рождении от нее Спасителя; говорится о зачатии Девою Сына, о боговоплощении; разъясняется истина воплощения Бога, соединения двух естеств... Гл. 3-я *о двух естествах (против монофизитов)*: говорится о том, как в лице Иисуса Христа соединились между собою два естества, что получилось после соединения их; о том, что получилось не одно сложное естество и прочее; словом, всесторонне обосновывается истина о двух естествах и опровергаются различные возражения противников. Гл. 4-я – *об образе взаимного общения свойств*: о том, что каждое из двух естеств предлагает свойственное ему в обмен другому по причине тождества Ипостаси и взаимного их проникновения; при этом предлагается разностороннее выяснение этих истин. Гл. 5-я – *о числе естеств*: в Боге – одно естество и три Ипостаси, в Иисусе Христе – два естества и одна Ипостась; о том, как относятся между собою одно естество и три Ипостаси в Боге, равно – два естества и одна Ипостась в Иисусе Христе... Гл. 6-я – *о том, что все Божеское Естество в одной из своих Ипостасей соединено со всем человеческим естеством, а не часть с ча-*

стью: о том, чем различаются друг от друга лица вообще; о том, что все естество Божества находится в каждом из Трех Лиц, что в вочеловечении Слова все естество Божества соединилось со всем человеческим естеством, что не все Лица Божества соединились со всеми лицами человечества, что слово соединилось с плотью через ум...; о том, как понимать, что естество наше воскресло, вознеслось и село одесную Бога – Отца; о том, что соединение произошло из общих сущностей и проч. Гл. 7-я – *об единой Бога слова сложной Ипостаси*: естества взаимно проникают одно другое; это проникновение произошло от божественного естества, которое, уделяя плоти свои свойства, само остается бесстрастным... Гл. 8-я направлена *к тем, которые выведывают: возводятся ли естества Господа под непрерывное количество или под разделенное*: насколько дело касается Ипостаси, естества соединены не слитно и не исчисляются; насколько речь идет об образе и смысле различия, они нераздельно разделены и исчисляются. Это положение раскрывается и разъясняется в первой и второй половине главы, т.е. Дважды и почти одними и теми же словами и прочее. Гл. 9-я дает *ответ на то: нет ли естества, лишенного ипостаси*: говорится, что лишенного ипостаси естества нет; о том, что происходит, когда соединяются между собою два естества в отношении к ипостаси; о том, что произошло при соединении в лице Иисуса Христа естеств – божеского и человеческого... В гл. 10-й говорится *о Трисвятой Песни*: о нечестивом прибавлении к ней, сделанном Кнафевсом; о том, как понимать эту песнь; о происхождении ее и одобрении Вселенским собором... В гл. 11-й – *об естестве, которое созерцается в роде и в неделимом, и о различии как соединения, так и воплощения; и о том, каким образом должно понимать выражение: «Единородное естество Бога – Слова – воплощенное»*. Особенно должно быть при этом отмечено следующее: Слово восприняло не такое естество, которое усматривается только мышлением, не такое, которое само по себе прежде существовало, но то, которое получило бытие в Его Ипостаси... Гл. 12-я – *о том, что Святая Дева – Богородица (против несториан)*: доказывается, что Святая Дева – в собственном смысле и воистину родила воплотившегося от нее истинного Бога, что не божество Слова получило от нее свое бытие, что она, словом, Богородица, а не Христородица, родившая лишь только (как думал Несторий) Богоносца... В гл. 13-й речь идет *о свойствах двух естеств*: о том, что, имея два естества, Иисус Христос имеет и все свойства, принадлежащие тому и другому: две воли, две деятельности, две мудрости, два знания..: все, что имеет Отец (кроме нерождаемости), и все, что имел первый Адам (кроме греха)... В 14-й гл. говорится *о двух волях и свободах Господа нашего Иисуса Христа*. Здесь весьма пространно трактуется о воле, желании, свободе и прочем, предлагается разностороннее их раскрытие и выяснение; указывается, насколько и в каком смысле должно говорить о волях и свободах в отношении к Иисусу Христу и прочем, которых в приложении к нему должно признать по две... В 15-й гл. говорится *о действованиях, которые имеют место в господе нашем Иисусе Христе*: о том, что в нем – два действования и почему именно; о том, что такое действование и прочее. Все эти и подобные им положения раскрываются и выясняются с подробностью и многосторонне. Гл. 16-я направлена *против тех, которые говорят, что если человек – из двух естеств и с двумя действованиями, то необходимо говорить, что во Христе было три естества и столько же действований*. Говорится о том, в каком смысле и почему утверждают относительно человека, что он – из двух естеств, а иногда – что он из одного естества..; о том, почему из положения о двойственности естеств... Человека нельзя сделать заключения о тройственности естеств... во Христе, в котором обращается внимание не на части частей, а на то, что ближайшим образом соединено: на божество и человечество... В гл. 17-й говорится *о том, что естество плоти*

Господа и воля – обожествлены: о том, почему плоть обожествлена, потеряла ли она при этом свойства обыкновенной плоти..., как обожествлена воля..., к чему служит обожествление естества и воли?.. В гл. 18-й речь еще раз возвращается к вопросу *о волях, свободах, умах, знаниях, мудростях*. Говорится о том, что Иисусу Христу, как Богу и человеку, присущи все качества Бога и человека; о том, почему Бог сделался человеком и какую воспринял плоть; о том, что он воспринял душу не без ума; о том, что Богочеловек имел две воли действования не противно друг другу, что он желал тою и другою волею свободно, так как свобода присуща всякому разумному существу и прочее. В 19-й гл. говорится *о Богомужном действовании*, происшедшем из человеческого и божественного, причем естественные действования не упразднились; о том, как именно должно понимать его, какие его свойства и проч. В гл. 20-й – *о естественных и беспорочных страстях*: о том, что Господь воспринял все естественные и беспорочные страсти человека; о том, какие здесь разумеются страсти; о том, зачем воспринял; о нападении диавола на Господа, победе, одержанной Господом, и следствиях, отсюда вытекающих; о том, что естественные страсти наши были во Христе сообразно с естеством и превыше естества. В гл. 21-й – *о неведении и рабстве*: о том, что Христос воспринял естество, не обладавшее ведением и рабское; о том, что произошло вследствие ипостасного соединения нашего естества с божеским...; о том, можно ли называть Христа рабом?... В гл. 22-й говорится *о преуспеянии* Христа Премудростью, возрастом и благодатью; о том, как все это должно быть понимаемо. Глава 23-я трактует *о боязни*: о боязни естественной; о том, что следует разуметь под нею; о том, была ли она у Господа; о боязни, происходящей от ошибочности размышлений и недоверия, незнания часа смерти; о том, была ли эта боязнь у Господа; о том, как понимать страх, овладевший Господом во время страданий?... Гл. 24-я – *о молитве Господней*: о том, что такое молитва вообще; о том, как понимать молитву Господа: почему, с какою целью он молился... Глава 25-я – *об усвоении*: об усвоении естественном; о том, что должно понимать под ним; можно ли говорить о нем в отношении к Господу; об усвоении личном и относительном; о том, как должно понимать его; можно ли говорить о нем в отношении к Господу? Гл. 26-я – *о страдании тела Господня и бесстрастии Его божества*: о том, что Господь пострадал только плотью, а что божество Его осталось непричастным страданиям, причем эти положения выясняются и на примерах, по поводу которых говорится затем о значении примеров вообще. Гл. 27-я – *о том, что божество Слова пребыло неразделенным от души и тела даже и во время смерти Господа, и что сохранилась единая Ипостась*: о том, что Христос умер за нас, смертию смерть поправ; что во время смерти Его душа Его была отделена от Его тела, а Божество не было отделено ни от тела, ни от души, так что и в это время сохранялась единая Ипостась. В гл. 28-й говорится *о тлении и гибели (нетлении)*: о том, что тление понимается двояко; о том, приложимо ли тление, или нет, и если приложимо, то в каком смысле – к телу Господа? Наконец, в 29-й гл. Говорится *о сошествии во ад* обожествленной души Господа; о цели, с какою она сходила туда.

ЧЕТВЕРТАЯ КНИГА (1–27 ГЛ.).

Она начинается речью *о том, что было после воскресения Господа*, причем говорится об устранении Им (по воскресении) всех страстей, какие Ему в том или ином смысле были присущи раньше; о том, что из частей естества Он не устранил от себя никакой: ни души, ни тела. В гл. 2-й говорится *о седении Господа одесную Отца* телесным образом, причем выясняется, что должно разуметь под правою рукою Отца. Глава 3-я направлена *против тех, которые говорят, что если Христос – два естества, то вы или и твари служите, поклоняясь сотворенному естеству, или одно естество называете достойным поклонения, а другое – недостойным его*. Говорится, что мы поклоняемся Сыну Божию; выясняется, что поклоняемся плоти его не поскольку она – плоть только (с этой стороны она недостойна поклонения, как сотворенная), но поскольку она соединена с Богом – Словом. Гл. 4-я отвечает на вопрос *почему вочеловечился Сын Божий, а не отец и не дух и в чем он преуспел, вочеловечившись?* Говорится о том, что именно Сын Божий вочеловечился в виду того, чтобы Его свойство сыновства осталось неподвижным; о том, какая была цель вочеловечения Его, чем оно сопровождалось в отношении к людям, что во всем этом было особенно удивительно, после чего воссылается Божию Слову хвала и благодарность. Гл. 5-я направлена *к тем, которые спрашивают: сотворенна ли Ипостась Христа или несозданна?* говорится, что одна и та же Ипостась – и несозданна по причине божества, и сотворенна по причине человечества. Гл. 6-я трактует *о том, когда Христос был так назван?* вопреки мнению Оригена, на основании святых Отцов и Священного Писания выясняется, что Слово Божие сделалось Христом с тех пор, как вселилось во чреве святой Приснодевы. Глава 7. *имеет в виду тех, которые спрашивают: два ли естества родила святая Богородица и два ли естества висели на кресте?* выясняются понятия: αγένητον, γενητόν, αγέννητον, γεννητόν, γένεσισ, γέννησισ. Доказывается, что Святая Богородица родила Ипостась, познаваемую в двух естествах, по божеству безлетно рожденную от Отца, а в последок дней воплотившуюся от нее и рожденную плотски; выясняется, что Христос висел на кресте плотию, а не божеством. Глава 8. *каким образом единородный Сын Божий называется Первородным?* говорится о том, что должно понимать под Словом: Первородный, указывается, что Иисус Христос – Сын Божий называется и Первородным (а не первосозданным) и в то же время Единородным? Что из этого следует? Потом выясняются некоторые библейские места, имеющие отношение к данному вопросу. Глава 9. *о вере и крещении*: о значении и смысле крещения, о неповторяемости его, о трех погружениях, о словах, употребляемых при крещении, о крещении именно во имя Пресвятой Троицы; о том, как смотреть на перекрещивание крестившихся во имя Пресвятой Троицы и не крестившихся так; о крещении водою и духом, значении, смысле его; о значении воды; о благодати, нисходящей на крещаемого; об охранении того, кто крестился, от всего дурного; о вере и делах; об известных нам восьми крещениях; о сошествии Святого Духа на Господа в виде голубя; о голубе Ноя; об употреблении елея при крещении; о том, как был крещен Иоанн Креститель; относительно отсрочивания крещения; о приступающих ко крещению коварно. Глава 10. *о вере:* говорится о двух видах веры; о том, как вера «совершается»; о том, который вид веры составляет принадлежность нашей воли и который принадлежит к дарам Святого Духа; о том, чего достигаем через крещение? Глава 11. *о кресте*, а также и *о вере и о слове крестном*, которое есть *юродство погибающим* и почему; о вере, ее значении; о том, почему «крест» – удивительнее всех чудес Христовых; о значении его для людей; о том, почему Сила Божия – «слово крестное»; о том, что крест дан нам в качестве знамения на челе; чем он служит для нас; о том, почему должно поклоняться древу крестному, гвоздям, копию, яслям, вертепу, голгофе, гробу, сиону, образу креста (не веществу); о ветхозаветных прообразах новозаветного креста. Глава 12. *о поклонении на восток:* о необходимости поклонения телесного, а не только духовного ввиду двойственности нашего естества; о необходимости поклоняться на восток вследствие того, что Бог – духовный свет, Христос – солнце правды, Восток, а также и в силу других соображений, основанных на различных данных, заимствуемых из Ветхого и Нового Завета, незаписанного Апостольского предания. Глава 13. *о святых и пречистых таинствах Господних:* о том, зачем Бог сотворил все, в том числе и человека; об общении всего происшедшего, а особенно разумных существ, с ним; о том, что человек, вместо того чтобы преуспевать в добре и пребывать в общении с Богом, пал; о том, что для спасения его вочеловечился Сын Божий, искупивший его своею крестной смертью; что он дал нам таинства: крещение (водою и духом) и причащение, где мы принимаем в себя не хлеб и вино, не образ только тела и крови Христа, но истинное тело и истинную кровь его; о том, почему здесь берутся хлеб и вино (подобно тому как в крещении елей, вода, с которыми соединяется благодать Святого Духа); о том, чем сопровождается причащение для достойно и недостойно приступающих к нему; о том, с какими чувствами должно приступать к нему; о ветхозаветном прообразе причащения; о том, что делается с телом и кровью Христовыми, принятыми нами внутрь себя; о значении их; о том, почему это таинство называется причащением; о том, что в данном случае следует чуждаться еретиков; о том, в каком смысле хлеб и вино называются образами «будущих»? Глава 14. *о родословии Господа и о Святой Богородице;* Иосиф, с которым была обручена Дева Богородица, происходил от Давида; Иоаким, отец ее, происходил от Давида же; о том, что Святая Дева родилась по молитве своей матери Анны; о том, что, родившись в доме Иоакима, она получила воспитание при храме, куда была введена; о том, что она в последствии времени была обручена с Иосифом и зачем именно; о том, что после бывшего ей благовещения через Архангела она зачала во чреве и родила в обычное время и безболезненно Сына Божия; что она в собственном смысле – Богородица, что она осталась (и после рождения сына) Девой и Приснодевой; что во время страданий Господа она претерпела как бы муки, бывающие при рождении; что воскресение Господне изменило печаль. Глава 15. *о чествовании святых и их мощей:* о том, почему должно почитать святых; указывается на свидетельства Священного Писания; говорится о достоинствах святых; о том, что в них обитал Бог, что мощи их источают благовонное миро, что святые не могут быть названы мертвыми и почему именно; о значении святых для нас; о том, как следует почитать их: Богородицу, предтечу, апостолов, мучеников, святых Отцов, пророков, патриархов, праведных; о подражании им. В гл. 16-й говорится *об иконах:* о том, что мы созданы по образу Божию, и о следствиях, вытекающих отсюда; примеры из Ветхого Завета указывают, что честь, воздаваемая образу, переходит на первообраз; о том, чему поклоняться нельзя; можно ли изображать Бога; почему в Ветхом Завете не было практикуемо употребление икон, а в новозаветные времена они введены; о том, что воздается поклонение не веществу иконы: чему именно? О незаписанном предании, повелевающем поклоняться иконам; о нерукотворенном образе Спасителя... В гл. 17-й говорится *о Писании:* о достоинстве его; о необходимости ревностно исследовать и изучать его; о плодах, какие может дать такое отношение к нему; о числе и названии книг Ветхого и Нового завета. Глава 18-я трактует *о том, что говорит-*

ся о Христе: указываются четыре родовых образа того, что о Христе говорится, затем – шесть более частных образов, как видов, первого, три – второго, три – третьего (при этом, в свою очередь, шесть – второго из этих вида) и два (с подразделениями) – четвертого. В гл. 19-й выясняется, что *Бог не Виновник зол:* почему позволение Божие называется действием Божиим; в каком смысле должно понимать такое словоупотребление, встречающееся в Священном Писании: добрые и злые деяния – свободны; места Писания, по-видимому говорящие, что Бог – Виновник зла, следует понимать должным образом; какое «зло» – от Бога, в каком смысле можно говорить это; виновники всякого зла, в известном смысле, люди; как должно понимать места Писания, где то, что должно быть понимаемо в смысле следования друг за другом, представляется находящимся как бы в причинном взаимоотношении. В гл. 20-й говорится *о том, что не два начала:* о враждебности добра и зла и отдельном их бытии, ограничении их местом, о необходимости предположить того, кто распределяет им эти места, т.е. Бога; о том, что было бы при соприкосновении их между собою или при существовании между ними среднего места; о невозможности между ними мира и войны ввиду качеств зла и добра; о необходимости признать одно начало; об источнике зла, о том, что оно такое; о диаволе и его происхождении. В гл. 21-й решается вопрос *зачем Бог, зная наперед, сотворил имеющих грешить и не раскаиваться?* говорится о благости в ее отношении к творению; о знании и предведении; о том, что было бы, если бы Бог не сотворил имевших согрешить; о сотворении всего добрым и о том, как проникло в него зло… В гл. 22-й говорится *О законе Божием и законе греха:* о том, что такое – закон (заповедь Божия, грех, совесть; похоть, удовольствие тела – закон во удех); что такое грех; что делает в нас закон греха; как относится к закону Божию совесть; почему закон греха *пленяет мя;* о послании Богом Сына своего и значении этого; о помощи нам со стороны Духа Святого; о необходимости терпения и молитвы. Глава 23-я говорит *о Субботе, против Иудеев*: о том, что такое суббота; о числе «7»; о том, зачем дан иудеям закон о субботе, как его понимать, не нарушали ли его Моисей, Илия, Даниил, весь Израиль, священники, левиты, Иисус Навин; о том, что произошло с пришествием Иисуса Христа; о Его духовном законе, высшем Моисеева; об отмене значения *буквы*; о совершенном покое человеческого естества; о том, что должно делать нам, христианам; о том, как понимать *обрезание* и *субботу*; еще о числе «7», его значении и о выводе отсюда. Глава XXIV-я говорит *о девстве:* о достоинствах девства и доказательствах этого; о происхождении брака; объяснение Писания (Быт. 1, 28); об имевших сюда отношение обстоятельствах из истории потопа, Илии, Елисея, трех отроков, Даниила; о более духовном понимании предписания закона о браке; сравнение девства и брака; их сравнительные достоинства; преимущество девства. Глава 25-я *об обрезании:* о том, когда оно было дано и зачем; почему оно не практиковалось в пустыне и почему Иисусу Навину был снова дан закон об обрезании; обрезание – образ крещения; разъяснение этого; почему теперь не нужен образ; выяснение этого; о духовном характере настоящего служения Богу. Глава 26-я – *об антихристе:* о том, кого должно разуметь под антихристом; когда он придет; об его качествах; к кому придет и почему будет так называться; будет ли это сам диавол или человек; об образе его деятельности сначала и потом, его чудесах; о пришествии Еноха и Илии и потом самого Господа (с неба). Глава 27-я – *о воскресении:* о воскресении тел и возможности его; о следствиях неверия в воскресение: о «нравственном» доказательстве воскресения; о свидетельствах Св. Писания В. и Н. Завета; о воскрешении Лазаря и воскресении Господа; о значении их; о том, что будет с нашим телом; о том, что воскреснем по одному только желанию Господа; выяснение воскресения на семени и зернах; о всеобщем суде после воскресения и награде одних, наказании других.

§ 4

Как можно видеть из кратко отмеченных существенных пунктов, составляющих содержание *Точного изложения православной веры*, это содержание касается не одной только догматико-богословской области, но и многих других. Все затрагиваемые здесь и раскрываемые святым отцом вопросы так или иначе были выясняемы и раньше его времени, так что он, естественно, должен был известным образом отнестись к прежним опытам, преследовавшим ту же или подобную цель; т.е. ему приходилось или ограничиться исследованиями своих предшественников, или пойти дальше их, и прочее. В частности, перед его глазами лежали, с одной стороны, Священное Писание, творения предшествовавших ему святых Отцов и Учителей Церкви, вероопределения Вселенских и поместных соборов и прочее, и с другой – сочинения языческих философов, решавших подобные же вопросы, особенно сочинения Платона и Аристотеля. И действительно, святой Иоанн Дамаскин в данном случае имел у себя в виду все указанные нами источники, хотя отнесся к ним не одинаково.

Там, где известные вопросы выяснялись или затрагивались в священных библейских книгах, святой Иоанн Дамаскин всецело руководствовался указаниями последних – этого непогрешимого источника истины. В частности, он или ограничивался тем, что приводил те или другие библейские места в подтверждение своих положений, не делая попытки разъяснять эти места подробнее, или предпринимал эту попытку и иногда в значительных размерах. При этом места приводятся им обыкновенно по греческому тексту семидесяти толковников, но не всегда буквально[26], хотя внутренний смысл библейских выдержек от этого обыкновенно нимало не страдает[27].

Но многое в священных библейских книгах подробно не раскрыто, а только как бы намечено в виде положений; некоторые вопросы, например, естественнонаучные и прочие, оставлены ими без всякого упоминания; многое сообщено св. Апостолами последующим поколениям путем только устного предания и т. д. не раскрытое подробно священными библейскими книгами, оставленное ими без всякого упоминания, переданное Апостолами только устно... – все это и подобное этому подробно и разносторонне выяснено, записано различными христианскими Отцами и Учителями Церкви, творения которых являются ценнейшим и важнейшим после книг Священного Писания источником христианского знания, тем более что весьма многие взгляды, проводимые в этих творениях, одобрены даже вселенскими Соборами... Св. Иоанн Дамаскин, ввиду всего этого, в обширных размерах пользуется святоотеческими творениями, почерпая из них все для него необходимое.

Следующие Отцы и Учители Церкви и вообще христианские писатели в той или иной степени послужили образцами, руководителями для святого Иоанна Дамаскина: Агафон Папа, Анастасий Антиохийский, Анастасий Синаит, Астерий Амасийский, *Афанасий Александрийский, Василий Великий, Григорий Назианзин (богослов), Григорий Нисский, Дионисий Ареопагит*, Евагрий Схоластик, Евлогий Александрийский, Евстафий Антиохийский, *Епифаний Кипрский*, Ириней Лионский, *Иоанн Златоуст*, Иустин Мученик, *Кирилл Александрийский*, Кирилл Иерусалимский, Климент Александрийский, *Лев Великий, Леонтий Византийский*, Мефодий Патарский, *Максим Исповедник, Немезий, епископ Эмес-*

ский (в Сирии), Прокл Константинопольский, Севериан Гавальский, Софроний Иерусалимский, Феликс III, *блаженный Феодорит* и некоторые другие. Кроме того, нельзя не указать в данном случае так называемых «вопросов к Антиоху» (и в связи с ними Афанасия Младшего), вероопределений соборов (Никейского, Ефесского, Халкидонского, Трулльского), последования литургии святого апостола Иакова и прочие[28].

В частности, обращаясь *к первой книге «Точного изложения православной веры»*, видим, что она составлена св. Отцом под таким или иным влиянием творений следующих христианских писателей:

1) *Святитель Григорий Назианзин (Богослов)*. Из свв. Отцов Церкви святитель Григорий глубже всех понимал и разъяснил высокие христианские истины касательно Святой Троицы. Его *50 слов, или речей*, из которых подлинность *45-ти* стоит вне всякого сомнения, наряду с другими его творениями, заслуживают удивления во всех отношениях. При этом особенно обращают на себя внимание его *Пять слов о Богословии*[29]... Естественно, что святой Иоанн Дамаскин, рассуждая о тех же самых предметах, о каких рассуждал и святитель Григорий, широко пользовался творениями последнего. Это влияние Назианзина на преподобного Иоанна Дамаскина проходит по всей первой книге переводимого нами творения, и притом, в такой степени сильно и ощутительно, что читателю кажется, что он имеет перед собой не творение Иоанна Дамаскина, а скорее творение святителя Григория Богослова[30]. В частности, особенно должны быть здесь отмечены следующие речи святителя Григория, оказавшие наиболее сильное влияние на святого Иоанна Дамаскина: *1-я* (см. И. Д. – на гл. *14*), *12-я* (см. у И. Д. 8 гл.), *13-я* (см. у св. И. Д. гл. *8* и *14*), *19-я* (у св. И. Д. гл. *8*), *20-я* (у св. И. Д. гл. *8*), *23-я* (у св. И. Д. гл. *8*), *24-я* (у св. И. Д. гл. *10*), *25-я* (у св. И. Д. гл. *8*), *29-я* (у св. И. Д. гл. *8*), *31-я* (у св. И. Д. гл. *8*), *32-я* (у св. И. Д. гл. *4* и *8*), *34-я* (у св. И. Д. гл. *1–4, 8* и *13*), *35-я* (у св. И. Д. гл. *5* и *8*),

36-я (у св. И. Д. гл. *8, 9, 12* и *13*), *37-я* (у св. И. Д. гл. *2, 7, 8, 10, 11* и *13*), *38-я* (у св. И. Д. гл. *7*), *39-я* (у св И. Д. гл. *8*), *40-я* (у св. И. Д. гл. *8* и *14*), *44-я* (у св. И. Д. гл. *7* и *13*), *45-я* (у св. И. Д. гл. *8* и *10*), *49-я* (у св. И. Д. гл. *8*) и проч.[31]

2) *Св. Дионисий Ареопагит.* С большой любовью пользуется преподобный Иоанн Дамаскин следующими, известными под именем творений святого Дионисия, сочинениями: *Об именах Божиих* (см. у св. И. Д. – на особенно главы *1, 2, 5, 8–12,* и *14-ю*), *О таинственном богословии* (см. у св. И. Д. гл. *4*), *О небесной иерархии* (см. у св. И. Д. гл. *11*), тем более что раскрываемые в них предметы имеют близкое отношение к вопросам, какие выяснял он в первой части своего творения.

3) *Святитель Григорий Нисский.* Те или иные заимствования делаются святым Иоанном Дамаскиным из *Катехизиса* святителя Григория, имевшего целью дать наставление, как надобно действовать при обращении язычников и иудеев, и как при опровержении еретиков[32] (см. у св. И. Д. гл. *5, 6* и *7*); из творения святителя Григория *Против Евномия*, где с изумительной зоркостью опровергаются ложные взгляды последнего на Сына Божия и Святого Духа...[33] (см. у св. И. Д. гл. *8*), из *«Послания к Авлавию»* «о том, что не три Бога»...[34] (см. у св. И. Д. гл. *8* и *10*) и проч.

4) *Святитель Кирилл Александрийский.* Преподобный Иоанн Дамаскин пользуется творением святителя Кирилла *О Святой Троице*, известным под именем *Сокровища*, где поражается «нечестие Ария и Евномия»...[35] (см. у св. И. Д. гл. *4, 7, 8* и *12*).

5) *Святитель Афанасий Александрийский.* Преподобный Иоанн Дамаскин пользуется его *Словами против ариан*, составляющими первый опыт полного и подробного рассмотрения тех оснований, на которых ариане построили свое новое учение о Сыне Божием[36] (см. у св. И. Д. гл. *8* и *12*), сочинением *«О воплощении Слова»*[37] (см. у И. Д. гл. *3*), словами *Против язычников*, говорящими об идолослужении, о пути к верному познанию Бога, о

необходимости воплощения Бога Слова, спасительных действиях крестной смерти...[38] (см. у св. И. Д. гл. *3*).

6) *Святитель Василий Великий*. Преподобный Иоанн Дамаскин пользуется его *Книгами против евномия*, раскрывшими истинное учение о Боге – Отце, Сыне и Святом Духе в противовес ложному учению Евномия и его единомышленников. Хотя преосвященный Филарет (Гумилевский) число этих книг ограничивает тремя[39], считая четвертую и пятую книги подложными; тем не менее преподобный Иоанн Дамаскин цитирует их как принадлежащие святителю Василию (см. у св. И. Д. гл. *8* и *13*). Еще пользуется он книгой святителя Василия *О Святом Духе*, написанной по просьбе святителя Амфилохия «против Аэтия, поборником которого был Евномий»[40] (см. у св. И. Д. гл. *7*). Из множества *Писем*, написанных святителем Василием, преподобный Иоанн Дамаскин пользуется, например, 43-м (см. у св. И. Д. гл. *8*).

7) *Святой Максим Исповедник*. Преподобный Иоанн Дамаскин пользуется его замечательным письмом *К пресвитеру Марину* О происхождении св. Духа[41] (см. у св. И. Д. гл. *8*) и его *Диалогом против ариан* (см. у св. И. Д. гл. *8*).

Во второй книге *Точного изложения православной веры* сказалось влияние христианских писателей:

1) *Немезий, «еп. Эмезы в Сирии»*[42]. Его сочинение *О природе человека* оказало весьма большое влияние на преподобного Иоанна Дамаскина. Многие главы второй книги *Точного изложения православной веры* составлены, можно сказать, исключительно на основании указанного сочинения Немезия (см. у св. И. Д. гл. *3, 4, 7, 8, 11–13, 15, 16, 18–20, 24–29*).

2) *Святитель Григорий Богослов*. Опять имеем в виду его *Слова, или речи*, а именно: 34-ю (см. у св. И. Д. гл. *3*), 35-ю (см. у св. И. Д. гл. *1*), 38-ю (см. у св. И. Д. гл. *1–3, 11* и *12*), 42-ю (см. у св. И. Д. гл. *1, 2, 11* и *12*), 44-ю (см. у св. И. Д. гл. *1*).

3) *Максим Исповедник*. Преподобный Иоанн Дамаскин пользуется его *Ответами на сомнительные места Писания* [43](см. у св. И. Д. гл. *11*), *Первым посланием к Марину*[44] (см. у св. И. Д. гл. *22*), книгою *О душе и ее действиях*[45] (см. у св. И. Д. гл. *12*), *Диалогом с Пирром*[46] (см. у св. И. Д. гл. *22* и *23*), а также и другими (см. у св. И. Д. гл. *22* и *30*).

4) *Святитель Василий Великий*. Преподобный Иоанн Дамаскин пользуется его *Беседами на шестоднев*, настолько замечательными по своим достоинствам, что святитель Григорий Назианзин о них пишет: *когда читаю шестоднев, приближаюсь к Творцу, познаю основания творения*[47] (см. у св. И. Д. гл. 6, 7, 9); беседами *О рае* (см. у св. И. Д. гл. *10, 11*) и *На рождество Христово* (см. у св. И. Д. гл. *7*).

5) *Святитель Григорий Нисский*. Преподобный Иоанн Дамаскин пользуется его *Катехизисом*[48] (см. у св. И. Д. гл. *4*), сочинением *О сотворении человека*, чудным по возвышенности и глубине мыслей его[49] (см. у св. И. Д. гл. *6, 11, 19* и *30*) и прочими (см. у св. И. Д. гл. *23*).

6) *Святитель Иоанн Златоуст*. Преподобный Иоанн Дамаскин пользуется его *Беседами на Евангелие от Иоанна* (см. у св. И. Д. гл. *13*), *Беседами на послание к Ефесянам* (см. у св. И. Д. гл. *30*), *Беседами на послание к Евреям* (см. у св. И. Д. гл. *6*)[50].

7) *Севериан, епископ Гавальский*. Преподобный Иоанн Дамаскин пользуется его *Словами о творении мира* (см. у св. И. Д. гл. *7–9*)[51].

8) *Св. Дионисия Ареопагита*. Св. И. Дамаскин пользуется его творениями: вышеупомянутым[52] *«О небесной иерархии»* (см. у св. И. Д. гл. *3*) и *О церковной иерархии* (см. у св. И. Д. гл. *2*).

9) *Св. Мефодия, еп. Патарского*. Св. И. Дамаскин пользуется его сочинением *Против Оригена* (см. у Epiphan. haeres. 64 (см. у св. И. Д. гл. *10, 11*)[53].

10) *Святитель Афанасий* Александрийский. Св. Иоанн Дамаскин пользуется его творением *Против Апол-*

линария. О воплощении Сына Божия[54] (см. у св. И. Д. гл. *12*).

11) *Блаженный Феодорит, епископ Кирский*. В числе его творений есть *Обзор еретических басней в пяти книгах*. 23 главы пятой книги содержат изложение догматов[55], чем св. Иоанн Дамаскин и пользуется: см. гл. 3-ю... 2-й кн. *Точного изложения православной веры*. Кроме того, св. Иоанн Дамаскин взял себе за образец и тот порядок, какого держался блаженный Феодорит в упомянутых 23 главах при изложении христианских догматов веры. Конечно, этот порядок далеко не может быть назван совершенным, и конечно, преподобный Иоанн Дамаскин делал много отступлений от него, но тем не менее общие его свойства преподобным Иоанном заимствованы, что не подлежит никакому сомнению. Заимствовав в своем *Точном изложении православной веры* этот порядок, преподобный Иоанн Дамаскин не придерживался, однако, того же метода, какой видим у блаженного Феодорита. Блаженный Феодорит обыкновенно ограничивался указаниями на Священное Писание, руководствуясь которым он затем усилиями собственного ума слагал против еретиков различные роды доказательств. Преподобный Иоанн Дамаскин постоянно пользовался Священным Писанием и имел в виду собранные им воедино мнения святых Отцов, неисчерпаемый источник Священного Предания и прочее, излагая все это ясно, кратко и проч.[56]

12) *Преподобный Анастасий Синаит*. Преподобный Иоанн Дамаскин пользуется его *Путеводителем*, составляющим в целом род руководства для состязаний с монофизитами и являющимся в святоотеческой литературе одним из лучших сочинений, написанных против евтихианства[57] (см. у св. И. Д. гл. *23*).

13) *Святой Иустин Мученик*. Преподобный Иоанн Дамаскин пользуется его "*Вопросами* (с ответами) *Еллинам*, говорящими о манихеях» (см. у св. И. Д. гл. *6*). Впрочем, ученые исследователи, например, преосвящен-

ный Филарет черниговский, относят это сочинение к числу «явно подложных» творений святого Иустина⁵⁸.

14) *Святитель Климент Александрийский*. Преподобный Иоанн Дамаскин пользуется, по всей вероятности, его *Строматами* ⁵⁹(см. у св. И. Д. гл. *23*).

15) Автор так называемых *Вопросов к Антиоху* – сочинения, представляющего компиляцию из более древних источников, частью из творений святителя Афанасия, и сделанную различными, совершенно неизвестными нам руками...⁶⁰ (см. у св. И. Д. гл. *4*).

В третьей книге *Точного изложения православной веры* заметна зависимость преподобного Иоанна Дамаскина от таких христианских писателей, как:

1) *Святитель Григорий Богослов*. Снова имеем в виду его *Слова, или речи*, а именно: *1-ю* (см. у св. И. Д. гл. *6*), *4-ю* (см. у св. И. Д. гл. *16*), 5-ю (см. у св. И. Д. гл. *3*), 12-ю (см. у св. И. Д. гл. *1*), 20-ю (см. у св. И. Д. гл. *22*), 24-ю (см. у св. И. Д. гл. *21*), 35-ю (см. у св. И. Д. гл. *4* и *17*), 36-ю (см. у св. И. Д. гл. *14, 21, 22, 24* и *25*), 38-ю (см. у св. И. Д. гл. *1, 2, 6*), 39-ю (см. у св. И. Д. гл. *10, 17*), 42-ю (см. у св. И. Д. гл. *2, 10, 17, 24, 27*), 51-ю (см. у св. И. Д. гл. *6, 7*)... Кроме того, преподобный Иоанн Дамаскин также пользовался *Посланиями* св. Григория *к Кледонию*, обличающими своевольное нововведение Аполлинария⁶¹ (гл. 6, 12, 16, 18), его *Стихами против Аполлинария*⁶² (гл. 18).

2) *Святитель Григорий Нисский*. Преподобный Иоанн Дамаскин пользуется упомянутым выше⁶³ его *Катехизисом* (см. у св. И. Д. гл. *1*), *Антирретиком против Аполлинария*, представляющим собою самый внимательный и умный разбор учения Аполлинариева⁶⁴ (см. у св. И. Д. гл. *14, 15*), *речью о природе и ипостаси* (см. у св. И. Д. гл. *15*) и другими (см. у св. И. Д. гл. *24*).

3) *Святитель Василий Великий*. Св. И. Дамаскин пользуется: а) упомянутой выше⁶⁵ его *книгой о Св. Духе* (см. у св. И. Д. гл. *5*), б) также вышеупомянутой⁶⁶ его *Беседой на рождество Христово* (см. у св. И. Д. гл. *2*), в) упомянутым выше⁶⁷ его *43-м письмом* (см. у св. И. Д. гл.

5, 15), г) *Беседой на 44-й псалом*[68] (см. у св. И. Д. гл. *14*), д) *Толкованием на седьмую главу книги пророка Исаии*[69] (см. у св. И. Д. гл. *14*).

4) *Св. Кирилла Александрийского.* Св. И. Дамаскин пользуется а) упомянутым выше его *«Сокровищем»* (см. у св. И. Д. гл. *15*)[70], его *Книгами против Нестория* – самым обширным из полемических сочинений святителя Кирилла[71] (см. у св. И. Д. гл. *12*), в) *Апологетикой против Феодорита*[72] (см. у св. И. Д. гл. *2, 8, 11*), толкованием на *Еванг. Иоанна*[73] (см. у св. И. Д. гл. *6, 15*), письмами к Евлогию и Сукцессу[74] (у св. И. Д. см.7г л)..., к монахам (см. у св. И. Д. гл. *2, 12*).

5) *Св. Максим Исповедник.* Св. Иоанн Дамаскин пользуется его *Диалогом с Пирром*, о котором мы уже выше упоминали[75] (см. у св. И. Д. гл. *14, 15, 18, 19, 23*), б) упомянутыми выше[76] *двумя томами догматов* к Марину в Кипр[77]... (у св. И. Д. гл. *19 и 25*)..., в) творением *о двух волях во Христе*... к тому же *Марину*[78] (у св. И. Д. гл. *15 и 17*), г) *Посланием к Кубикулярию Иоанну* – о любви и о печали по Бозе[79] (у св. И. Д. гл. *3*), д) *Посланием к Никандру*[80] (у св. И. Д. гл. *17*)...

6) *Св. Афанасия Александрийского.* Св. Иоанн Дамаскин пользуется его а) творением: *О спасительном пришествии Христа (против Аполлинария)*[81] (у св. И. Д. гл. *1, 6, 23, 26*), б) *Письмами к Серапиону*, доказывающими божество Духа Святого...[82] (у св. И. Д. гл. *16*) и прочими (см. у св. И. Д. гл. *18*).

7) *Св. И. Златоуста.* Св. И. Дамаскин пользуется его *«Беседами»*: 1) упомянутой выше[83] на Евангелие от Иоанна (см. у св. И. Дамаскина гл. *24),* 2) *на Евангелие от Матфея*[84] (у св. И. Д. гл. *24*), 3) *на книгу Деяний Апостольских*[85] (у св. И. Д. гл. *15*) 4) *на святого Фому* (у св. И. Д. гл. *15*) и прочими (у св. И. Д. гл. *18*).

8) Блаженный *Леонтий Иерусалимский (по родине –* византийский*).* Св. Иоанн Дамаскин пользуется его Книгой о сектах[86] *(у св. И. Д. гл. 7, 9, 11, 28),* Тремя книгами против несториан и евтихиан[87] *(у св. И. Д. гл. 3, 28),* тридцатью

главами против Севера, против монофизитов[88] *(у св. И. Д. гл. 3)*, Решением силлогизмов Севера[89] *(у св. И. Д. гл. 5)*.

9) *Св. папы Льва.* Св. Иоанн Дамаскин пользуется его *Письмами*[90] (см. у св. И. Д. гл. *3, 14, 15, 19*).

10) *Св. Дионисия Ареопагита.* Св. Иоанн Дамаскин пользуется выше упомянутым[91] его творением (или, по крайней мере, приписываемым ему) *Об именах Божиих* (см. у св. И. Д. гл. *6, 11, 15*) и приписываемым ему *Письмом к Каю* (4-м из 10-ти его писем к разным лицам[92] (см. у св. И. Д. гл. *15, 19*).

11) *Св. Анастасия Синаита..* Св. Иоанн Дамаскин пользуется его *Путеводителем*, о котором мы уже упоминали выше[93] (см. у св. И. Д. гл. *3, 14, 28*).

12) *Св. Прокла Константинопольского.* Св. Иоанн Дамаскин пользуется его *посланием к Армянам о вере (вторым)*, где изображается воплощение Бога – Слова[94] (см. у св. И. Д. гл. *2, 3*).

13) *Св. Софрония Иерусалимский.* Св. Иоанн Дамаскин пользуется его *Соборным посланием (против монофелитства)*[95] (у св. И. Д. гл. *18*)...

14) *Св. Евлогия Александрийского*[96]. Св. И. Дамаскин пользуется его мыслями против монофизитов[97] (см. у св. И. Д. гл. *3*).

15) *Св. Анастасия Антиохийского.* Св. Иоанн Дамаскин пользуется его трудами по вопросу *о действованиях в Господе нашем Иисусе Христе*[98] (см. у св. И. Д. гл. *15*).

16) *Феликса III-го и иных епископов*, писавшие к Петру Фуллону (см. у св. И. Д. гл. *10*).

17) *Агафона* (папы) (см. его epist. syn. in VI syn., act. 4)[99] (см. у св. И. Д. гл. *14*).

Наконец, 18) св. Иоанн Дамаскин имеет в виду и различные *вселенские Соборы* и их постановления: например, *изложение веры Никейскими Отцами* (гл. 7), *собор Ефесский* (т. е.*«3-й вселенский»* (у св. И. Д. гл. *7*), Собор Халкидонский (т. е.*4-й вселенский)* (у св. И. Д. гл. *10*), *3-й Константинопольский* (6-й вселенский)[100] (см. у св. И. Д. гл. *14, 15, 18*).

В последней – *четвертой* – книге *Точного изложения православной веры* заметно влияние на св. И. Дамаскина, идущее со стороны:

1) *Св. Григория Богослова*. Опять имеем в виду его *Слова, или речи,* и в частности: *36-ю* (см. у св. И. Д. гл. *6, 18*), *39-ю* (см. у св. И. Д. гл. *4, 9, 18*), *40-ю* (см. у св. И. Д. гл. *25*), *42-ю* (см. у св. И. Д. гл. *13, 23*), *44-ю* (см. у св. И. Д. гл. *9, 23*), *47-ю* (см. у св. И. Д. гл. *26*), *48-ю* (см. у св. И. Д. гл. *9*) и др.

2) *Св. Афанасия Александрийского*. Св. Иоанн Дамаскин пользуется а) его *Письмами к Серапиону*, о которых выше мы уже говорили[101] (у св. И. Д. см. гл. *9*), б) обширным *Изложением веры*[102] (у св. И. Д. см. гл. *8*), книгой *О воплощении Слова*, о которой мы уже упоминали[103] (см. у св. И. Д. гл. *4*), г) книгами *Против Аполлинария* (см. у св. И. Д. гл. *3*), о которых также уже была речь[104] (у св. И. Д. гл. *3*), д) *Письмом к Адельфию* (о том, что слову Божию в лице Иисуса Христа должно воздавать божеское поклонение)[105] (см. у св. И. Д. гл. *3*), е) *Словами против язычников* (о воплощении, спасительных действиях крестной смерти...), о которых говорено выше[106] (у св. И. Д. гл. *20*); ж) *Беседой об обрезании и субботе* (см. у св. И. Д. гл. *23, 25*).

3) *Св. Василия Великого*. Св. И. Дамаскин пользуется а) его *Книгой о Святом Духе* о которой у нас уже была речь[107] (у св. И. Д. см. гл. *2, 12, 13 и 16*), б) беседой *О крещении* (о том, чтобы не откладывать крещения, и о силе его)[108] (см. у св. И. Д. гл. *9*), в) «Беседой на Псалом 115-й»[109] (см. у св. И. Д. гл. *11*), *Толкованием на одиннадцатую главу книги пророка Исаии*[110] (см. у св. И. Д. гл. *11*), *Беседой о том, что Бог не есть Виновник зла*[111] (см. у св. И. Д. гл. *19*), *похвальным словом сорока мученикам*[112] (см. у св. И. Д. гл. *15 и 16*).

4) *Св. Иоанна Златоуста*. Св. Иоанн Дамаскин пользуется а) упомянутыми выше беседами его: *на Евангелие Матфея*[113] (см. у св. И. Д. гл. *9, 13*), *на Евангелие Иоанна*[114] (у св. И. Д. гл. *13*), *на послание к Ефесянам*[115] (у св. И.

Д. гл. *13*); б) беседой *на послание к Римлянам*[116] (у св. И. Д. гл. *18*), в)*на второе послание к Солунянам*[117] (у св. И. Д. гл. *26*) и друг.; г)*на книгу Бытия*[118] (у св. И. Д. гл. *25*); рассуждением о том, *какого зла Бог – виновник* (у св. И. Д. гл. *19*) и другими (см. у св. И. Д. гл. *9, 18*...).

5)*Св. Григория Нисского*. Св. Иоанн Дамаскин пользуется его творениями: *Катехизисом*[119] (у св. И. Д. гл. *13*); *Против Евномия*[120] (у св. И. Д. гл. *8*); *О сотворении человека*[121] (у св. И. Д. гл. *24*); *О душе и воскресении*[122] (у св. И. Д. гл. *27*); *Словом на Рождество Господне* (у св. И. Д. гл. *14*)...

6) *Св. Кирилла Александрийского*. Св. Иоанн Дамаскин пользуется его творениями: *Сокровищем*[123] (у св. И. Д. гл. *18*); *Толкованием на Евангелие от Иоанна*[124] (у св. И. Д. гл. *4*); его *Письмами к императору Феодосию и царицам* (у св. И. Д. гл. *6*) и к *Акакию, епископу митиленскому* (апологетическим)[125] (у св. И. Д. гл. *18*).

7) *Св. Епифания Кипрского*. Св. Иоанн Дамаскин пользуется его *Анкоратом* – «якорем, нужным для того, чтобы верующие не влаялись ветром всякого учения» – сочинением довольно разнообразного содержания[126] (см. у св. И. Д. гл. *3, 27*); *Панарем*, «содержащим историю и опровержение ересей (20-ти дохристианских и 80-ти христианских)»[127] (у св. И. Д. гл. *23, 27*); *книгой о весах и мерах* (библейских), трактующей и о других предметах: о греческих переводах Ветхого Завета, о канонических книгах Ветхого Завета[128] (у св. И. Д. гл. *17*).

8) *Св. Мефодия, епископа патарского*. Св. Иоанн Дамаскин пользуется творением его *Против Оригена*[129] (у св. И. Д. гл. *7*); сочинением *о воскресении*[130] (у св. И. Д. гл. *9*).

9) *Св. Кирилла Иерусалимского*. Св. И. Дамаскин пользуется его *катехизическими поучениями*[131] (у св. И. Д. гл. *11, 13, 17, 26*).

10) *Св. Астерия Амасийского*. Св. Иоанн Дамаскин пользуется его *беседой на святых мучеников*, «защищающей почтение к святым Божиим и к святым останкам их против язычников и евномиан»[132] (у св. И. Д. гл. *15*).

11) *Св. Иринея Лионского*. Св. Иоанн Дамаскин пользуется его сочинением *Против ересей* (или обличением и опровержением лжеименного знания) обширным и весьма важным[133] (у св. И. Д. гл. *26*).

12) *Св. Евстафия Антиохийского*. Св. Иоанн Дамаскин пользуется его *воспоминанием о шестодневе* (у св. И. Д. гл. *14*). Преосвященный Филарет, впрочем, говорит, что это творение, по всей вероятности, не принадлежит святителю Евстафию Атиохийскому ввиду того, что дух его не близок к духу творений святителя, и что многое в нем взято из шестоднева св. Василия и кое-что из Евсевиевой хроники...[134].

13) *Св. Дионисия Ареопагита*. Св. Иоанн Дамаскин опять[135] пользуется приписываемым ему творением *Об именах Божиих* (у св. И. Д. гл. *13*).

14) *Евагрия* – схоластика, антиохийского церковного историка[136]. Св. Иоанн Дамаскин пользуется его *Lib. Histor*[137] (у св. И. Д. гл. *16*).

15) *Афанасия Младшего или Малого*. Св. Иоанн Дамаскин пользуется так называемыми *Quaest. ad Antiochum* (см. у св. И. Д. гл. *2, 9, 11*). О них мы уже имели случай говорить выше[138]. Автор их неизвестен, и если даже предположить существование какого-либо Афанасия Младшего, который мог принять известное участие в их составлении, то время его жизни, ввиду содержания *Вопросов*, следует отнести к VII веку[139].

Наконец, 16) св. И. Дамаскин имеет в виду у себя а) «Литургию Иакова»[140] (у св. И. Д. гл. *13*), б) постановления *Трулльского* (так называемого *пято-шестого*) собора (у св. И. Д. гл. *13*)...[141] и проч.

Агафон Папа 80-й: 678–682 г. (см. у Брокгауза и Ефрона Энциклопед. Словарь).

Анастасий II Антиох., патр. с 561 г., ум. в 599 г. (Филар. III, 169–170).

Анастасий Синаит ум. в 686 г. (III, 233).

Астерий Амасийский ум., вероятно, в 404 г. (II, 344).

Афанасий Алекс. ум. в 373 г. (II, 52).

Афанасий Малый жил в VII в. (II, 66).

Василий Велик. род. в конце 330 г., ук. в 379 г. (II, 128, 132).

Григорий Богосл. род. не позже и не раньше 326 г., ум. 389 г. (II, 158, 159, 167).

Григорий Нисский род. не прежде 329 г., ум., вероятно, вскоре после 394 г. (II, 128, 197).

Дионисий Ареорпагит. мнения о нем различны (см. у еп. Сергия т. II *Антологии*, ч. II, 317). Происхождение усвояемых ему сочинений ученые критики относят к концу IV или началу V в. И приписывают их христ. платонику (см. у Брокгауза и Ефрона).

Евагрий Схоласт: 537–594 г. (см. у Брокгауза и Ефрона).

Евлогий Александрийск. ум. в 607 г. (III, 193 у Филар.).

Ефстафий Антиохск. ум. около 345 г. (II, 25).

Епифаний Кипрский ум. в 403 г. (II, 250. – см. у еп. Сергия *Апологию*: т. II, ч. I, 123; ч. II, 133).

Ириней Лионский ум. в 202 г. (Филар. I, 95).

Иоанн Златоуст род. ок. 347 г. (II, 256), ум. в 407 г. (II, 304).

Иустин Мученик род. ок. 105 г., ум. в 166 г. (I, 62, 66).

Кирилл Алекс., архиеп. с 412 г.; ум. в 444 г. (III, 92, 108).

Кирилл Иерус., архиеп. с 350 г., ум в 386 г. (II, 90, 93. – ср. наше *Предисловие* §1).

Климент Алекс. ум., вероятно, в 217 г. (I, 198. – ср. наше *Предисловие:* § 1).

Лев Великий ум. в 461 г. (III, 133).

Леонтий Визант. ум. не позже 624 г. (III, 211).

Максим Испов. ум. в 662 г. (Филар. III, 224).

Мефодий Патар. ум. в 312 г. (Серг. т. II, ч. I, 164; ч. II, 172).

Немезий Эмесск. современник св. Григория Богослова (II, 5).

Прокл Конст. ум. в 446 г. (Филар. III, 88).

Севериан Гавал. ум. в 415 г. (II, 6).

Софроний Иерус., патр. с 634 г., ум. в 641 г. (III, 216–217).

Феликс III: 483–492 г. Еп. Рим. (Робертс. I, 1066).
Феодорит род. в 387 г., ум. в 457 г. (III, 116,122, 123 у Филарета).

* * *

Не упоминая уже о других христианских писателях, трудами которых преподобный Иоанн Дамаскин также в известной степени пользовался, например, *Космою, индийским мореплавателем*[142] (по вопросу «о Миротворении»[143]); Святым Ипполитом[144] (по вопросу об антихристе[145]); Диодором Тарсийским[146] (в вопросе о космологическом доказательстве бытия Божия, исходящем от изменяемости мира вообще[147])..., и сказав, что на нем особенно отразилось влияние[148] свв. Григория Назианзина, Афанасия Александрийского, Василия Великого, Григория Нисского, Дионисия Ареопагита, *немного менее* св. I. Златоуста, св.Кирилла Алекс., св. Максима Исповедника, Немезия, блаж. Феодорита (особенно имеем в виду *план* его изложения догматов) и друг., мы делаем заключение, соглашаясь с другими исследователями (Lequien'em, Langen'ом, архиеп. Филаретом и проч.[149]), что *Точное изложение православной веры* не есть в собственном смысле «оригинальное произведение» преподобного Иоанна Дамаскина, но свод того, что было уже сказано святыми Отцами с присовокуплением немногих добавлений, принадлежащих ему лично[150]. При этом должно заметить, что, с большой любовью пользуясь восточными христианскими писателями и мало – западными, он оставляет без внимания указанные нами в § 1 труды по систематизации христианского веро- и нравоучения, принадлежащие Викентию Лиринскому, блаженному Августину, Геннадию Массалийскому, Фульгенцию Руспенскому, Юнилию Африканскому, Исидору Севильскому, Леонтию Кипрскому. Делает это он или потому, что некоторые из таких трудов могли быть неизвестны ему, или потому, что в пользовании ими он не видел никакой надобности, имея перед собой неизмеримо лучшие творения Григория Богослова, Афанасия Великого, Василия Великого. Некоторыми из таких трудов он мог пользоваться и посредствующим путем: например, пользуясь толкованиями Василия Великого на Священное Писание, написанными, как известно[151], под влиянием толкований Оригена, преподобный Иоанн Дамаскин eo ipso пользуется последним; или пользуясь планом изложения христианских догматов, какого держался блаженный Феодорит, несомненно имевший у себя в виду оригеново сочинение *о началах*[152], Иоанн Дамаскин eo ipso пользуется и последним.

Справедливо св. Иоанн Дамаскин уподобляется пчеле, заботливо и тщательно собирающей «приятнейший мед» с «цветов мыслей», принадлежащих многочисленным христианским писателям[153]. Он поистине «уста и толкователь всех богословов»[154].

Некоторые ученые[155] говорят, что в отношении к св. И. Дамаскину имеет смысл вопрос о зависимости его не только от одних христианских писателей и их христианских воззрений, но и от Платона и Аристотеля с их последователями.

С воззрениями Платона св. И. Дамаскин мог познакомиться на основании уроков обучавшего его Космы Калабрийца, который, по его словам, был знаком, между прочим, и с «философией»[156]..., равно как и на основании изучения творений Дионисия Ареопагита, который, «как известно», в некотором роде был «платоник»[157]. А что св. И. Дамаскин «тщательно изучил аристотелеву философию»[158], это не подлежит никакому сомнению. Спрашивается: как отразилось на нем подобное знакомство? Весьма благотворно. Аристотель образовал в нем мыслителя отчетливого, точного в своих понятиях и словах, изучение аристотелевой физики раскрыло в нем способность к наблюдениям и т. д.[159], могло обогатить его некоторыми сведениями о «вселенной», о человеческой душе...[160]. Платон мог изумить его некоторыми мыслями о божестве, добытыми исключительно одним только естественным умом. Известно, что изучение платоновой философии пробуждало великие мысли в духе Богослова Григория, Великого Василия и брата его, Нисского пастыря[161]... Однако, на св. И. Дамаскина платонова философия такого влияния не оказала: у него мало высоких и глубоких мыслей, принадлежащих собственно ему самому, диалектика аристотелева, слишком много заняв его собою, помешала свободно раскрываться в душе его стремлению к высоким созерцаниям[162]. В частности, в *Точном изложении православной веры* такого знакомства св. И. Дамаскина с Платоном, Аристотелем и другими языческими писателями не заметить невозможно: см. Гл. 13-ю 1-й книги и ср.*Aristotel. Lib. IV Physic*, с. 4[163]; 1-ю гл. 2-й кн. И ср. Aristot. Lib. I de coelo[164]; 6-ю гл. 2-й кн. И ср. Plato in Tim.[165]; гл. 4-ю 2-й кн. И ср. Iambl de myst. sect. 4, с. 11[166]; гл. 7-ю 2-й кн. И ср. Porph. De antro nymph.[167]; гл. 9-ю 2-й кн. И ср. Strab. Lib. II[168][169]... Но из факта существования такого знакомства делать какие-либо выводы, набрасывающие хотя слабую тень на православный образ мыслей святого Отца, безусловно нельзя: он пользовался или такими мыслями названных нехристианских писателей, которые к богословию отношения не имели, или приемами их, с помощью каких удобнее можно было ему раскрывать и обосновывать свои чисто христианские воззрения. Не говорим уже о том, что иногда положения языческих писателей приводились им только для их опровержения. Словом, специально богословский, специально христианский материал св. И. Дамаскин брал не у языческих философов, а исключительно в священном писании и у святых Отцов. Влияние же Платона, Аристотеля могло быть и было только формальное.

§ 5

Нами кратко намечено содержание *Точного изложения православной веры*, указаны главные источники, которыми преподобный Иоанн Дамаскин в данном случае пользовался. Если сравнить это творение со всеми предшествовавшими ему, то нельзя не поставить его далеко выше всех их; оно поистине составляет собой эпоху в истории догматической науки, так как оно – не опыт только более или менее полного и совокупного изложения догматов, а в строгом смысле догматическая наука или система, которая носит ясные признаки одного стройного целого и отличается научным методом и другими свойствами, характеризующими науку...[170] конечно, и в этом догматическом творении ученые исследователи усматривают некоторые недостатки, главнейшие из которых следующие: хотя план его – вполне естественный, но все-таки следовало бы изменить его в том, например, отношении, чтобы отнесенное к содержанию четвертой книги о деле искупления, совершенном Иисусом Христом для нашего спасения, о его прославленном состоянии, о воскресении его, вознесении, седении одесную Отца, приурочить к содержанию третьей книги, вследствие внутреннего и нераздельного единства предметов той и другой; хотя содержание его обнимает вообще всю область христианского вероучения, однако все-таки недостает ему совершенной полноты: некоторые догматы или мало раскрыты, или оставлены без всякого раскрытия, особенно – о благодати, оправдании и таинствах, из которых у него речь идет только о евхаристии и крещении; у него не замечается совершенно строгого разграничения догматов как истин веры от других истин, не догматических, вследствие чего наряду с чисто догматическими истинами раскрываются и вопросы, относящиеся к области нравственной, естествознанию и психологии, но к догматике не имеющие прямого и непосредственного отношения (например, опровержение дуализма у него отделяется от учения о Боге). Однако эти недостатки не говорят ничего против святого Отца: во-первых, он писал не для школы, почему на стороны, подобные отмеченным нами непосредственно выше, естественно не был вынужден обращать свое внимание; во-вторых, метод, план его творения должны быть оцениваемы с точки зрения условий не нашего времени, а того, когда преподобный Иоанн Дамаскин жил; рассматриваемые с этой последней, они, вполне отвечая существу дела, удовлетворяют всем научным требованиям системы, насколько требования были высоки по своему времени. Поэтому, еще раз повторяем, что рассматриваемое творение Иоанна Дамаскина представляет собой замечательнейшее явление в истории догматической науки.

Качества, которые ему несомненно присущи: проникновение в мысль каждого догмата, стремление обосновать последний на Священном Писании, осветить обильным светом церковного Предания, не пренебрежение никакими данными современной ему науки в целях приближения догматической истины к человеческому разуму, а особенно строгая верность догматической системы Дамаскина духу древней Вселенской Церкви вполне объясняют собой то отношение, в каком к нему стояло и стоит последующее время, до настоящего включительно.

В частности, догматика Дамаскина – опыт гармонического сочетания интересов веры с требованиями науки – явилась высоким образцом для догматистов последующего времени. Этим последним оставалось только подражать ей и со своей стороны – лишь стараться избегать недостатков, которые (вроде указанных выше) в нее вошли. При таких условиях догматическая наука с течением времени развивалась бы и совершенствовалась все в большей и большей степени. На самом деле вышло далеко не так: пользование догматическим творением св. Иоанна Дамаскина, действительно, было обширное, но достойных подражателей, которые своими трудами могли бы поддержать честь этого величайшего творения и продолжить дело преподобного, к сожалению, в течение многих веков не находилось не только на Западе, но и на Востоке – в Греции.

Что же касается в отдельности взятого пользования этим творением, то оно, как мы и сказали выше, было поистине изумительно. В период до разделения церквей (в XI в.) это догматическое творение пользовалось всецелым к нему вниманием со стороны всех вообще христианских богословов, т.е. и западных, и восточных. В это время (в самом начале X в.) оно было переведено даже на славянский язык.

После разделения церквей отношения между Востоком и Западом, как известно, обострились и были вообще недружелюбны. Тем не менее великое творение Иоанна Дамаскина еще долгое время продолжало возбуждать к себе большое внимание со стороны западных богословов. Известно, что в XII веке, по поручению папы *Евгения III* (1144–1153), оно было переведено на латинский язык. В том же веке *Петр Ломбардский* († 1164 г.) сделал из него сокращение. Веком позже знаменитейший из средневековых схоластических богословов *Фома Аквинский* (1225–1274) изложил его подробно. Но вообще-то западные догматические изыскания истины, под влиянием нового схоластического направления, вступили на новый путь, который был неизвестен ни Дамаскину, ни его древнейшим предшественникам по занятию догматами веры, и по своей нетвердости и шаткости скорее приводил к недоумениям и заблуждениям, нежели оказывал существенную пользу.

Восточная же Церковь всегда смотрела и смотрит на *Точное изложение православной веры* как на благонадежнейший, классический... учебник богословия, как на основу и норму всех позднейших греческих догматик... Но, как мы и сказали выше, и здесь в течение многих веков не находилось достойных подражателей и продолжателей дела св. Иоанна Дамаскина. Впрочем, это обстоятельство объясняется, во-первых, тем, что в данное время научные богословские силы должны были употребляться на разработку и решение разных частных догматических вопросов, вызывавшихся тогдашними условиями жизни, а во-вторых, тем (и это больше всего в данном случае имеет значение), что внешние обстоятельства Греции становились более и более неблагоприятными для просвещения, пока, наконец, не ухудшились до самой крайней степени в половине XV-го века, когда (в 1453 г.) вся Греция вместе с ее столицей – Константинополем – подпала власти турок. Следовательно, если в Греции за все время до взятия Константинополя турками появилось лишь три только догматических опыта: *Догматическое всеоружие православной веры – Евгения Зигабена* (XII в.), *Сокровище православной веры – Никиты Хониата* († 1206 г.) и *Церковн. разгов. о единой вере Христовой против безбожников, язычников, иудеев и всех ересей – Симеона, архиеп. солунского* (XV в.), то это не представляет собою ничего удивительного ввиду указанных выше условий жизни Греции. Не производя сами чего-либо подобного догматическому творению св. И. Дамаскина, восточные богословы заботились об изучении его и возможно широком распространении..., на что указывают, напр., «списки» его, непрерывно идущие через все века...

То великое уважение, каким пользовалось *Точное изложение православной веры* в сознании греческих богословов, перешло и в сознание богословов русских, которые всегда смотрели и смотрят на это творение, как на единственное в своем роде. У нас явились и попытки продолжить и поддержать творение святого Отца. Из них наиболее заслуживают упоминания: из XVII века *Православное исповедание кафолической и апостольской Церкви восточной* Петра Могилы, а из XIX века догматические труды архиепископа Антония, архиепископа *Филарета* (черниговского), митроп. *Макария* и еп. *Сильвестра*, более или менее известные всякому образованному нашему соотечественнику.

Но каковы бы и когда бы ни появлялись догматические труды, они не только не затмят значения творения св. И. Дамаскина, но и не сравняются с ним хотя бы по следующим только причинам: Иоанн Дамаскин жил в эпоху до разделения Церквей, и следовательно, его творение должно иметь всю силу и для западных богословов; его мысли – мысли древней Вселенской Церкви, его слово – заключительное слово того, что прежде было высказано о вере всеми древними Отцами и учителями церкви; его творение – последнее заветное и напутственное слово от лица древней Вселенской Церкви всем дальнейшим догматистам, которые могли здесь находить для себя живой пример и урок тому, как и в каком духе нужно и им самим продолжать вести дело своего научного исследования и уяснения догматов, так чтобы соблюсти и благо веры и в то же время удовлетворить современным требованиям науки. Короче сказать: его догматическое творение (в связи с другими его сочинениями) – в некотором роде единственная почва, на которой могли бы примириться между собою восточные и западные богословы; это – некоторая мерка, которая весьма ясно показала бы западным богословам всю неосновательность и гибельность уклонения их от голоса древней Вселенской Церкви в сторону чисто человеческих измышлений и толкований.

В заключение не можем не сказать, что эта древне-церковная и древне-отеческая догматика должна быть тщательно изучаема всяким христианином, желающим понять высокие христианские истины[171].

§ 6

Такое замечательнейшее творение, каково *Точное изложение православной веры* св. И. Дамаскина, естественно, было издавна переводимо на различные языки[172]. Между прочим, было переведено оно и на *славянский*. Помимо отмеченного выше славянского перевода, относящегося к 10-му веку, известны переводы *Епифания Славеницкого* (из 17-го в.), *Амвросия, архиепископа московского* (из 18-го в.) и друг., напр., *Андрея Курбского*[173]... Были сделаны переводы этого творения и на русский язык: при *Московской духовной академии* (Москва, 1844 г.), *при С.-Петербургской духовной академии* (см. *Христианское чтение*, 1839, ч. 1-й, 42-й стр.). Не касаясь достоинств и недостатков, присущих тому и другому, так как речь об этом во многих отношениях неудобна при данных условиях, тем более, что почтенное имя *духовной академии* в том и другом случаях должно ручаться за компетентность переводчиков, мы позволяем себе отметить лишь следущее: 1) московский перевод, как об этом говорится и в предисловии к нему, сделан на основании "*Лекенева* издания» на основании которого, должно думать, сделан и С.-Петербургский. Упомянутое издание творений св. И. Дамаскина, носящее заглавие: «του εν αγίοσ πατροσ ημων ιωάννου του δαμασκηνου, μοναχου και πρεσβυτέρου ιεροσολύμων τα ευρισκόμενα πάντα. Opera et studio p. Michaelis Lequien... (tomi 1 et 2; Parisiis; M. DOCXII), действительно *признается лучшим* и признается *единогласно*[174]... Оно, затем, перепечатано в tom 94—96 (ser. graec.)

«Patrologiae cursus completus» I. P. Migne. В частности, *данное* творение св. Отца: εκδοσισ ακριβήσ τησ ορθοδόξου πίστεωσ *Точное изложение православной веры* в издании самого Lequien' я находится в 1-м томе: pag. 123–304; а у Migne в т. 94-м: pag. 781–1228 (1864 ann.). Всецело соглашаясь с тем, что рассматриваемое издание – лучшее из всех, бывших до него, мы, тем не менее, замечаем, что в него вкралось некоторое количество опечаток и даже некоторые пропуски целых выражений, а не только отдельных слов[175]. Все это, найдя место в издании самого Lequien'я, *обыкновенно* [176] остается неприкосновенным и в перепечатке его, сделанной Mignéм. Поэтому переводчик, строго относящийся к своей задаче, должен, думаем, постоянно иметь у себя под руками (для сравнений) и еще какое-либо издание творений св. И. Дамаскина. По некоторым данным можно судить, что московские и с.-петербургские переводчики, кажется, ограничились только Lequien'евским изданием. Мы имели возможность пользоваться еще изданием (базельским) *Marci Hopperi* (от 1575 г.)[177]. Это издание, конечно, древнее и во многих отношениях уступает Lequien'евскому: оно не так строго проверено, как последнее; в нем часто не не отделяются новые мысли *видимым* образом; в нем (по крайней мере, при тексте *Точного изложения православной веры*) совершенно не нашли себе места не только святоотеческие, но и библейские цитаты, т. е., не указано, откуда св. Отцом взято то или другое слово, выражение... Но, само по себе худшее Lequien'евского, издание M. Hopperi приобретает большое значение в тех случаях, где Lequien'евские допускают очевидные промахи... При том и другом изданиях есть и *латинские* переводы, напечатанные параллельно с греческим текстом. Оба перевода – неодинаковы и, как такие, нередко объясняют друг друга, для *третьего* лица служа даже своего рода комментариями к тексту данного творения св. Отца... Итак., мы, прежде всего, делали свой перевод по изданию Lequien'я, именно по тексту этого издания, перепечатанному у Migne, причем в необходимых случаях исправляли и дополняли текст Lequien'я при помощи текста Hopper'овского. Помимо этого первого обстоятельства, в известном смысле побуждавшего нас сделать новый перевод данного творения св. И. Дамаскина, 2) в данном случае имело значение еще и то, что московского перевода, сделанного пятьдесят лет тому назад, найти в продаже невозможно, а перевод С.-Петербургский, насколько нам известно, едва ли и выходил когда-либо в продажу в виде отдельных из *Христианского Чтения* оттисков... Следовательно, для тех, кто не имеет возможности достать ни первого, ни второго, – а достать их можно большей частью лишь в духовных библиотеках, – появление *нового* перевода было бы, думаем, желательно... При этом, не говорим уже о некоторой, по крайней мере, устарелости и того, и другого переводов, как сделанных слишком много лет тому назад, потому что все это, нисколько не говоря против их внутренних достоинств, понятно само собою и является обстоятельством неизбежным... Наконец, 3) имея в душе мысль предложить благосклонному вниманию благочестивых русских читателей *все творения св. И. Дамаскина в русском переводе*, что, с помощью Божией, мы, быть может, и сделаем, если только позволят немногие часы нашего досуга и другие не зависящие от нас лично обстоятельства, – мы начали перевод с тех творений, которые по чему-либо более нуждаются в этом, чем другие. В прошлом, (1893-м) году мы предложили перевод *Трех защитительных слов св. И. Дамаскина против порицающих святые иконы или изображения*. Теперь предлагаем перевод «Точного изложения православной веры».

Самый перевод последнего творения их во общем носит те же особенности, какие были присущи и прошлогоднему нашему переводу именно: «переводя» его, мы всюду старались *по возможности* ближе держаться буквы греческого текста, отступая от нее лишь в более или менее крайних случаях, вызываемые к тому необходимостью. Необходимостью именно, наприм., отрывочности греческого текста, особенностями греческого текста, особенностями русской речи, не всегда совпадающими с особенностями греческой..., вызваны некоторые дополнения к греческим выражениям, некоторые перифразы греческих мест и пр., словом, все то, что обыкновенно находит место в подобного рода переводах[178]. Более значительные из таких дополнений обыкновенно заключены не в полукруглые ( ), а в угловатые (т. е., []) скобки, присутствие которых нисколько не препятствует удобочитаемости перевода: должно последний читать вместе с тем, что заключено в скобках, не обращая при этом внимания на последние, которые имеют одно только значение: отделяют наши дополнения от слов св. И. Дамаскина. Не говорим уже о том, что таких дополнений встречается очень и очень немного[179].

С тою же, далее, целью, т. е., чтобы сделать наш перевод более удобочитаемым, мы устранили из текста все пояснения и иные примечания и указатели и поместили их в конце книги в виде приложений к ней, где всякий и может найти все справки, какие ему, на наш взгляд, могут быть нужны[180]. Там именно находятся: 1) примечания, состоящие из указания тех мест из Св. Писания, Св. Отцов и даже нехристианских писателей, какими св. И. Дамаскин так или иначе пользовался[181], а также и из некоторых объяснений филологического характера, равно и из указания (не всех, впрочем) разночтений[182]...; 2) примечания богословского философского, исторического... характера[183]; 3) библейский указатель мест, так или иначе затрагиваемых в переводимом нами творении, причем указываются *книги* и *главы* последнего, где данное место имеется в виду; 4) алфавитный указатель собственных (вне-библейских) имен лиц, упоминаемых в *Точном изложении православной веры* и проч.[184].

Наконец, предлагаемый нами перевод сделан нами *вполне самостоятельно, безусловно независимо* от указанных выше: московского и с.-петербургского – русских переводов (а другие русские переводы нам не известны), а также и от упомянутых раньше переводов славянских...

Итак, да почиет на нашем труде благословение Божие!

Александр Бронзов.
С.-Петербургская духовная семинария.
31 января 1894 года.

ТОЧНОЕ ИЗЛОЖЕНИЕ ПРАВОСЛАВНОЙ ВЕРЫ
КНИГА ПЕРВАЯ

ГЛАВА 1. О ТОМ, ЧТО БОЖЕСТВО НЕПОСТИЖИМО И ЧТО НЕ ДОЛЖНО ДЕЛАТЬ ИССЛЕДОВАНИЙ И ОБНАРУЖИВАТЬ ЛЮБОПЫТСТВО ОТНОСИТЕЛЬНО ТОГО, ЧТО НЕ ПЕРЕДАНО НАМ СВЯТЫМИ ПРОРОКАМИ, АПОСТОЛАМИ И ЕВАНГЕЛИСТАМИ

Бога никтоже виде нигдеже: Единородный Сын, сый в лоне отчи, той исповеда (Ин. 1, 18). Следовательно, Божество неизреченно и непостижимо. *Ибо никтоже знает Сына, токмо Отец: ни Отца кто знает, токмо Сын* (Мф. 11, 27). И Дух Святой так знает *Божие*, как дух человека знает *яже в нем* (1Кор. 2, 11). После же первой и блаженной Природы никто – не из людей только, но даже и из премирных сил, и самих, говорю, Херувимов и Серафимов – никогда не познал Бога, если кому не открыл Он Сам.

Однако же Бог не оставил нас в совершенном неведении. Ибо знание того, что Бог существует, Им естественным образом всеяно во всех. И сама тварь, и как ее непрерывное продолжение, так и управление возвещают о величии божественной Природы (см. Прем. 13, 5). Так же и соответственно той степени, в какой мы можем постигать, Он открыл знание о Себе: прежде через закон и пророков, а потом и через единородного Сына Своего, Господа и Бога и Спасителя нашего Иисуса Христа. Поэтому все, переданное нам как через закон, так и пророков, апостолов и евангелистов принимаем, и разумеем, и почитаем, не разыскивая ничего свыше этого;

ибо Бог, так как Он благ, есть Податель всякого блага, не подчиняющийся ни зависти, ни какой-либо страсти. Ибо зависть далеко отстоит от Божественной Природы, действительно бесстрастной и единой только благой. Поэтому как знающий все и заботящийся о полезном для каждого, Он открыл то, что узнать нам было полезно; а что именно превышало наши силы и разумение, о том умолчал. Да удовольствуемся этим и да пребудем в нем, *не прелагая предел вечных* (Притч. 22, 28) и не преступая божественного предания!

ГЛАВА 2. О ТОМ, ЧТО МОЖЕТ БЫТЬ ВЫРАЖЕНО РЕЧЬЮ И – ЧТО НЕ МОЖЕТ, И О ТОМ, ЧТО МОЖНО УЗНАТЬ И – ЧЕГО НЕЛЬЗЯ

Желающему говорить или слушать о Боге, конечно, должно ясно знать, что из относящегося к учению о Боге и воплощении как не все неизреченно, так и не все может быть выражено речью; и не все недоступно познанию, и не все доступно ему; и одно есть то, что можно познать, и другое – то, что можно выразить речью, подобно тому как одно есть говорить и другое – познавать. Поэтому многое из темно мыслимого о Боге не может быть соответственным образом выражено, но о предметах, превышающих нас, мы бываем принуждены говорить, прибегая к человеческому характеру речи, как, например, говорим о Боге, [пользуясь словами:] *сон* и *гнев, нерадение*, и *руки*, и *ноги*, и подобными.

Что Бог – безначален, бесконечен, как вечен, так и постоянен, несотворен, непреложен, неизменяем, прост, несложен, бестелесен, невидим, неосязаем, неописуем, беспределен, недоступен для ума, необъятен, непостижим, благ, праведен, Творец всех тварей, всемогущ, Вседержитель, все назирающий, Промыслитель обо всем, имеющий власть [над всем], Судия – мы, конечно, и знаем, и исповедуем; также и то, что Бог – един, то есть едино Существо, и что Он и познается, и существует в трех Ипостасях: Отце, говорю, и Сыне, и Святом Духе, и что Отец, и Сын, и Дух Святой во всем суть едино, кроме нерождаемости, и рождаемости, и исхождения, и что Единородный Сын, и Слово Божие, и Бог, по милосердию Своему, ради нашего спасения, по благоизволению Отца и при содействии всесвятого Духа, бессеменно заченшийся, без истления рожден от святой Девы и Богородицы Марии через посредство Святого Духа, и произошел от нее совершенным человеком; и что Один и Тот же есть вместе совершенный Бог и совершенный человек, из двух естеств: и Божества, и человечества, и что Он [познается] в двух естествах, одаренных умом и волею, и способностью действования, и независимых, существующих совершенным образом, соответственно определению и понятию, приличествующим каждому: и божеству, говорю, и человечеству, но [в то же время] единой сложной Ипостаси; что Он взалкал, и возжаждал, и перенес труды, и был распят, и *тридневен* восприял смерть и погребение, и взошел на небеса, откуда и пришел к нам и снова впоследствии придет. И свидетелем этого служит божественное Писание, также и весь сонм святых.

Но что есть существо Божие, или каким образом оно присуще всем вещам, или как единородный Сын и Бог, уничижив Себя, родился человеком от крови Девы, будучи образован иначе, нежели каков был закон природы, или каким образом Он ходил по водам сухими стопами, – и не знаем, и не можем говорить. Итак, невозможно сказать что-либо о Боге или вообще подумать что-либо вопреки тому, что по Божескому определению объявлено нам или сказано и открыто божественными изречениями Ветхого и Нового Завета.

ГЛАВА 3. ДОКАЗАТЕЛЬСТВО ТОГО, ЧТО БОГ СУЩЕСТВУЕТ

Что действительно Бог существует, нет сомнения ни у принимающих святые Писания: то есть Ветхий и Новый Завет, ни у большей части еллинов. Ибо, как мы говорили, знание того, что Бог существует, всеяно в нас естественным образом. А так как злоба лукавого против естества человеческого настолько возымела силу, что даже низвела некоторых в неразумнейшую и худшую из всех зол бездну гибели: до утверждения, что Бога нет, показывая безумие которых истолкователь Божественных слов Давид говорил: *рече безумен в сердце своем: несть Бог* (Пс. 13, 1), то поэтому ученики Господа и апостолы, будучи умудрены Всесвятым Духом и творя Его силой и благодатью Божественные знамения, уловляя их сетью чудес, вывели из пропасти неведения вверх – к свету Богопознания. Подобным образом и наследники благодати и достоинства их, как пастыри, так и учители, получив освещающую благодать Духа, и силою чудес, и словом благодати просвещали помраченных и обращали на истинный путь заблудших. Мы же, не получившие ни дара чудес, ни дара учения, ибо страстью к удовольствиям сделали себя недостойными, хотим рассказать об этом немногое из переданного нам возвестителями благодати, призвав на помощь себе Отца, и Сына, и Святого Духа.

Все, что существует, есть или сотворенно, или несотворенно. Итак, если сотворенно, то во всяком случае и изменчиво, ибо чего бытие началось по причине перемены, это безусловно будет подлежать перемене или погибая, или по собственной воле изменяясь. Если же несотворенно, то, соответственно понятию последовательности, во всяком случае и неизменно. Ибо если чего бытие противоположно, то и понятие о том, как это существует, то есть качества этого – также противоположны. Поэтому, кто не согласится, что все существующее [не только то], что воспринимается нашим чувством, но, конечно, и Ангелы, изменяется, и переменяется, и многообразно движется? Постигаемое только умом, я разумею Ангелов и души, и демонов, изменяется по собственной воле, и преуспевающей в прекрасном, и удаляющейся от прекрасного, и напрягающейся, и ослабевающей? Остальное же – по причине как рождения, так и уничтожения, как увеличения, так и уменьшения, как перемены относительно качества, так и движения с места на место? Поэтому сущее, как изменчивое, во всяком случае и сотворено. Будучи же созданным, оно во всяком случае кем-либо сотворено. Но Творцу должно быть не созданным. Ибо если и Он создан, то, во всяком случае, создан кем-либо, пока мы не придем к чему-либо не созданному. Следовательно, будучи не созданным, Творец, во всяком случае, и неизменен. А чем иным могло бы быть это, как не Богом?

И самое непрерывное продолжение твари, и сохранение, и управление учат нас, что *есть* Бог, создавший все это и содержащий, и сохраняющий, и всегда промышляющий. Ибо каким бы образом соединились друг с другом для совершения единого мира противоположные природы, – разумею природы огня и воды, воздуха и земли, – и как они остаются неразрушимыми, если какая-либо всемогущая сила и не соединила их вместе, и не сохраняет их всегда неразрушимыми?

Что есть устроившее то, что на небе, и что на земле, и что [движется] по воздуху, и что [живет] под водою, а еще более, в сравнении с этим, небо и землю, и воздух, и природу как огня, так и воды? Что соединило это и разделило? Что привело это в движение и движет беспрестанно и беспрепятственно? Разве не Художник этого и во все вложивший основание, по которому вселенная и идет своим путем, и управляется? Но кто Художник этого? Разве не Тот, Кто создал это и привел в бытие? Потому что мы не дадим такого рода силы случаю. Ибо пусть принадлежит случаю происхождение, а кому – устроение? Если угодно, предоставим случаю и это. Кому же – соблюдение и охранение законов, сообразно с которыми это сначала осуществилось? Разумеется, другому, кроме случая. Но что другое это есть, если не Бог?

ГЛАВА 4. О ТОМ, *ЧТО́* ЕСТЬ БОГ? О ТОМ, ЧТО БОЖЕСТВО – НЕПОСТИЖИМО

Итак, что Бог *есть*, ясно. А *что́* Он по существу и природе – это совершенно непостижимо и неизвестно. Ибо, что Божество бестелесно, – ясно. Ибо как может быть телом беспредельное, и неограниченное, и не имеющее формы, и неосязаемое, и невидимое, и простое, и несложное? Ибо как может быть [что-либо] неизменным, если оно – описуемо и подвержено страстям? И как может быть бесстрастным составленное из элементов и в них опять разрешающееся? Ибо сложение – начало борьбы, борьба же – раздора, а раздор – разрушения; разрушение же – совершенно чуждо Бога.

Каким же образом сохранится и то положение, что Бог проникает все и все наполняет, как говорит Писание: *еда небо и землю не Аз наполняю, рече Господь* (Иер. 23, 24)? Ибо невозможно, чтобы тело проникало через тела, не разрезывая и не разрезываемое, и не сплетаемое, и не противополагаемое, подобно тому как смешивается и растворяется то, что принадлежит к влажному.

Если же и говорят некоторые, что это тело – невещественно, как и то, которое эллинские мудрецы называют пятым, но этого, однако, быть не может, [ибо] оно, во всяком случае, будет двигаться, как небо. Ибо это есть то, что они называют пятым телом. Кто же – движущий его? Ибо все движимое приводится в движение другим. Кто же движет его? И поэтому [я буду продолжать идти] в бесконечность, пока мы не придем к чему-либо неподвижному. Ибо перводвижущее – неподвижно, что именно и есть Божество. Как же – не ограниченно местом то, что движется? Итак, одно только Божество – неподвижно, Своею неподвижностью приводящее все в движение. Поэтому должно признать, что Божество – бестелесно.

Но и это не показывает существа Его, подобно тому как не показывают и [выражения:] нерожденное, и безначальное, и неизменяемое, и нетленное, и то, что говорится о Боге или о бытии Божием; ибо это обозначает не то, *что́* Бог *есть*, но то, *что́* Он *не есть*. А желающему сказать о сущности чего-либо должно объяснить – *что́* оно *есть*, а не то, *что́* оно *не есть*. Однако сказать о Боге, *что́* Он *есть* по существу, невозможно. Скорее, более свойственно говорить [о Нем] через удаление всего. Ибо Он не есть что-либо из сущего: не как не сущий, но как Сущий выше всего, что существует, и выше самого бытия. Ибо если знания [вращаются около] того, что существует, то, что превышает знание, во всяком случае, будет выше и действительности. И наоборот, то, что превышает действительность, выше и знания.

Итак, Божество беспредельно и непостижимо. И только это одно: беспредельность и непостижимость в Нем – постижимо. А что говорим о Боге утвердительно, показывает не природу Его, а то, что – около природы. Назовешь ли ты Его благим, или праведным, или мудрым, или чем бы то ни было другим, ты скажешь не о природе Бога, но о том, что – около природы. Также некоторое, что о Боге говорится утвердительно, имеет значение превосходного отрицания; как, например, говоря о *мраке* в отношении к Богу, мы разумеем не мрак, но то, что́ не свет, а – выше света; и говоря о *свете*, разумеем то, что не есть мрак.

ГЛАВА 5. ДОКАЗАТЕЛЬСТВО ТОГО, ЧТО БОГ – ОДИН, А НЕ МНОГО БОГОВ

Достаточно доказано, что Бог есть и что существо Его – непостижимо. Но что Бог – один, а не много богов, не подвергается сомнению со стороны верящих Божественному Писанию. Ибо в начале законодательства Господь говорит: *Аз есмь Господь Бог твой, изведый тя от земли Египетския. Да не будут тебе бози инии разве Мене* (Исх. 20, 2, 3). И опять: слыши, Израилю: *Господь Бог наш, Господь един есть* (Втор. 6, 4). И через пророка Исаию *Аз*, говорит Он, *первый и Аз по сих, кроме Мене несть Бога. Прежде Мене не бысть ин Бог, и по Мне не будет, кроме Мене несть* (Ис. 44, 6; 43, 10). А также и Господь в Святых Евангелиях таким образом говорит к Отцу: *Се есть живот вечный, да знают Тебе единого истинного Бога* (Ин. 17, 3). С теми же, которые не верят Божественному Писанию, мы будем беседовать таким образом.

Божество – совершенно и без недостатка как относительно благости, так и мудрости, так и силы, безначально, бесконечно, вечно, неописуемо, и – просто сказать – совершенно во всех отношениях. Поэтому, если скажем, что богов – много, то необходимо, чтобы между многими замечалось различие. Ибо если между ними нет никакого различия, то скорее Бог – один, а не много богов. Если же между ними есть различие, то где – совершенство? Ибо если Бог останется позади совершенства или относительно благости, или силы, или мудрости, или времени, или места, то не может быть Богом. Тождество же во всех отношениях скорее показывает одного, а не многих.

А также каким образом сохранится неописуемость, если богов – много? Ибо где был бы один, [там] не было бы другого.

А каким образом многими будет управляться мир и не разрушится, и не погибнет, когда между правителями усматривалась бы борьба? Ибо различие вводит противоречие. Если же кто-либо сказал бы, что каждый управляет частью, то – что было виновником этого порядка и что разделило между ними [власть]? Ибо то скорее было бы Богом. Поэтому Бог – один, совершенный, неописуемый, Творец всего, как Сохранитель, так и Управитель, выше совершенства и прежде совершенства.

Кроме того, и в силу естественной необходимости единица – начало двоицы.

ГЛАВА 6. О СЛОВЕ И СЫНЕ БОЖИЕМ, ДОКАЗАТЕЛЬСТВО, ЗАИМСТВОВАННОЕ ИЗ РАЗУМА

Итак, этот единый и единственный только Бог не лишен Слова. Имея же Слово, Он будет иметь Его не неипостасным, не таким, Которое начало Свое бытие и имеет окончить его. Ибо не было [времени], когда Бог был без Слова. Но Он всегда имеет Свое Слово, Которое от Него рождается и Которое не безлично, как наше слово, и не изливается в воздух, но – ипостасное, живое, совершенное, помещающееся не вне Его, но всегда пребывающее в Нем. Ибо если Оно рождается вне Его, то где Оно будет находиться? Ибо так как наша природа подвержена смерти и легко разрушима, то поэтому и слово наше – безлично. Бог же, всегда существуя и существуя совершенным, будет иметь и совершенное, и ипостасное Свое Слово, и всегда существующее, и живое, и имеющее все, что имеет Родитель. Ибо как наше слово, выходя из ума, ни всецело тождественно с умом, ни совершенно различно потому, что будучи из ума, оно есть иное сравнительно с ним; обнаруживая же самый ум, оно уже не есть всецело иное сравнительно с умом, но, будучи по природе одним, оно является другим по положению. Так и Слово Божие, тем, что Оно существует Само по Себе, различно в сравнении с Тем, от Кого Оно имеет Ипостась. Если же принять во внимание то обстоятельство, что Оно показывает в Себе то, что усматривается в отношении к Богу, [тогда] Оно – тождественно с Тем по природе. Ибо как в Отце усматривается совершенство во всем, так усматривается оно и в рожденном от Него Слове.

ГЛАВА 7. О СВЯТОМ ДУХЕ, ДОКАЗАТЕЛЬСТВО, ЗАИМСТВОВАННОЕ ИЗ РАЗУМА

Должно же, чтобы Слово имело и Духа. Ибо и наше слово не лишено дыхания. Впрочем, в нас дыхание – чуждо нашего существа. Ибо оно есть влечение и движение воздуха, вовлекаемого и изливаемого для сохранения тела в хорошем состоянии. Что именно во время восклицания и делается звуком слова, обнаруживая в себе силу слова. Бытие же Духа Божия в Божественной природе, которая – проста и несложна, должно благочестиво исповедовать, потому что Слово не – недостаточнее нашего слова. Но неблагочестиво Духом считать нечто чуждое, извне привходящее в Бога, подобно тому как бывает в нас, которые – сложной природы. Но, как выслушав о Слове Божием, мы сочли Его не таким, которое лишено личного бытия, и не таким, которое происходит вследствие учения, и не таким, которое произносится голосом, и не таким, которое изливается в воздух и исчезает, но существующим самостоятельно и одаренным свободной волею, и деятельным, и всемогущим; так и узнавши о Духе Божием, сопутствующем Слову и показывающем Его деятельность, не понимаем Его как не имеющее личного бытия дыхание. Ибо если бы и находящийся в Боге Дух был понимаем по подобию с нашим духом, то в таком случае величие Божественной природы ниспровергалось бы до ничтожества. Но понимаем Его как Силу самостоятельную, Которая Сама по Себе созерцается в особенной Ипостаси, и исходящую от Отца, и почивающую в Слове, и являющуюся выразительницей Его, и как такую, Которая не может быть отделена от Бога, в Котором Она есть, и от Слова, Которому она сопутствует, и как Такую, Которая не изливается так, чтобы перестала существовать, но как Силу, по подобию со Словом, существующую ипостасно, живую, обладающую свободной волею, самодвижущуюся, деятельную, всегда желающую блага и при всяком намерении обладающую могуществом, которое сопутствует желанию, не имеющую ни начала, ни конца. Ибо никогда у Отца не недоставало Слова, ни у Слова – Духа.

Таким образом, через единство Их по природе уничтожается признающее многих богов заблуждение эллинов; через принятие же Слова и Духа ниспровергается догмат иудеев и остается то, что в той и другой секте есть полезного: из иудейского мнения остается единство природы, из эллинского же учения – одно только разделение по Ипостасям.

Если же иудей говорит против принятия Слова и Духа, то он пусть будет и обличаем, и принуждаем к молчанию Божественным Писанием. Ибо о Слове говорит божественный Давид: *во век, Господи, слово Твое пребывает на небеси* (Пс. 118, 89). И опять: *посла слово Свое, и исцели я* (Пс. 106, 20). А слово произносимое не посылается и не пребывает во век. О Духе же тот же Давид говорит: *послеши духа Твоего, и созиждутся* (Пс. 103, 30). И опять: *Словом Господним небеса утвердишася, и духом уст Его вся сила их* (Пс. 32, 6). И Иов: *Дух Божий сотворивый мя, дыхание же Вседержителево поучающее мя* (Иов. 33, 4). Дух же, который посылается, и созидает, и утверждает, и содержит, не есть исчезающее дыхание, подобно тому как и уста Бога – не телесный член. Ибо то и другое должно понимать соответственно достоинству Божию.

ГЛАВА 8. О СВЯТОЙ ТРОИЦЕ

Итак, веруем в единого Бога, единое начало, безначального, несозданного, нерожденного, как неподверженного гибели, так и бессмертного, вечного, беспредельного, неописуемого, неограниченного, бесконечно могущественного, простого, несложного, бестелесного, непреходящего, бесстрастного, постоянного, неизменяемого, невидимого, источник благости и справедливости, свет мысленный, неприступный, могущество, неисследуемое никакой мерой, измеряемое одной только собственной Его волей, ибо Он может все, что хочет (см. Пс. 134, 6); в могущество создателя всех тварей – как видимых, так и невидимых, содержащее и сохраняющее все, обо всем промышляющее, над всем властвующее и господствующее, и повелевающее бесконечным и бессмертным Царством, не имеющее ничего противником, все наполняющее, ничем не обнимаемое, напротив того, Само обнимающее все вместе и содержащее, и превосходящее, без осквернения проникающее во все существа и сущее далее всего, и удаленное от всякого существа, как пресущественное и сущее выше всего, пребожественное, преблагое, превышающее полноту, избирающее все начала и чины, находящееся выше и всякого начала и чина, выше сущности и жизни, и слова, и мысли; в могущество, которое есть сам свет, сама благость, сама жизнь, сама сущность, так как оно не от другого имеет свое бытие или что-либо из того, что есть, но само есть источник бытия для того, что существует: для того, что живет – источник жизни, для того, что пользуется разумом – разума, для всего – причина всяких благ; в могущество – знающее все прежде рождения его; в единую сущность, единое Божество, единую силу, единую волю, единую деятельность, единое начало, единую власть, единое господство, единое Царство, в трех совершенных Ипостасях и познаваемое, и приветствуемое единым поклонением, и представляющее Собою предмет как веры, так и служения со стороны всякой разумной твари; в Ипостасях, неслитно соединенных и нераздельно различаемых, что даже превосходит [всякое] представление. В Отца и Сына и Святого Духа, во [имя] Которых мы и крещены. Ибо так Господь заповедал Апостолам крестить: *крестяще их*, говорит Он, *во имя Отца и Сына и Святаго Духа* (Мф. 28, 19).

Веруем в единого Отца, начало всего и причину, не от кого-либо рожденного, но Такого, Который один только есть *безвиновен* и нерожден; в Творца всего, конечно, но в Отца по естеству одного только Единородного Сына Его, Господа же и Бога, и Спасителя нашего Иисуса Христа, и в Изводителя Всесвятого Духа. И во единого Сына Божия, Единородного, Господа нашего Иисуса Христа, рожденного от Отца прежде всех веков, в свет от света, Бога истинного от Бога истинного, рожденного, не сотворенного, единосущного Отцу, через Которого произошло все. Говоря о Нем: прежде всех веков, мы показываем, что рождение Его безлетно и безначально; ибо не из не сущего приведен в бытие Сын Божий, *сияние славы, образ ипостаси* Отца (Евр. 1, 3), Божия *премудрость и сила* (1Кор. 1, 24), Слово ипостасное, существенный и совершенный, и живой *образ Бога невидимого* (Кол. 1, 15), но Он всегда был с Отцом и в Нем, рожденный от Него вечно и безначально. Ибо не существовал когда-либо Отец, когда не было [бы и] Сына, но вместе – Отец, вместе – Сын, от Него рожденный. Ибо не мог бы быть назван Отцом Тот, Кто лишен Сына. А если Он существовал, не имея Сына, то не был Отцом; и если после этого получил

Сына, то после этого сделался и Отцом, прежде этого не будучи Отцом, и из положения, в котором Он не был Отцом, изменился в такое, в котором Он сделался Отцом, что [говорить] – хуже всякого богохульства. Ибо невозможно сказать о Боге, что Он лишен естественной способности к рождению. Способность же к рождению – это рождать из Самого [себя], то есть, из собственной сущности, подобного по природе.

Итак, относительно рождения Сына нечестиво говорить, что в средине [между нерождением и рождением Его] протекло время, и что бытие Сына наступило после Отца. Ибо мы говорим, что рождение Сына – от Него, то есть из природы Отца. И если мы не допустим, что искони вместе с Отцом существовал рожденный от Него Сын, то введем изменение Ипостаси Отца, так как, не будучи Отцом, Он стал Отцом после; ибо тварь, если и произошла после этого, однако произошла не из существа Бога, а приведена в бытие из не сущего волею и силою Его, и изменение не касается естества Божия. Ибо рождение состоит в том, что из существа рождающего выводится рождаемое, подобное по существу. Творение же и произведение состоит в том, чтобы извне и не из существа того, кто творит и производит, произошло творимое и производимое, совершенно неподобное по существу.

Следовательно, в Боге, Который один только бесстрастен и неизменяем, и непреложен, и всегда существует одинаковым образом, бесстрастно и рождение, и творение; ибо, будучи по природе бесстрастен и постоянен, как простой и несложный, не склонен по природе терпеть страсть или течение ни в рождении, ни в творении, и не нуждается ни в чьем содействии; но рождение – безначально и вечно, является делом природы и выходит из Его существа, чтобы Рождающий не потерпел изменения, и чтобы не было Бога *первого* и Бога *позднейшего*, и чтобы Он не получил приращения. Творение же в Боге, будучи делом воли, не совечно Богу; так как то, что выводится в бытие из не сущего, по природе не способно быть совечным безначальному и всегда сущему. Следовательно, подобно тому как не одинаковым образом производят человек и Бог, ибо человек не выводит ничего в бытие из не сущего, но то, что делает, делает из раньше существовавшего вещества, не только пожелав, но и прежде обдумав и представив в уме имеющее быть, потом потрудившись руками и перенеся утомление и изнурение, а часто и не достигнув цели, когда усердное делание не окончилось, как он желает. Бог же, только восхотев, вывел все из не сущего в бытие; так неодинаковым образом и рождают Бог и человек. Ибо Бог, будучи безлетным и безначальным, и бесстрастным, и свободным от течения, и бестелесным, и единым только, и бесконечным, также и рождает безлетно и безначально, и бесстрастно, и без истечения, и вне сочетавания; и непостижимое Его рождение не имеет ни начала, ни конца. И рождает безначально потому, что Он неизменен, а без истечения потому, что бесстрастен и бестелесен; вне сочетавания как опять потому, что бестелесен, так и потому, что Он один только есть Бог, не нуждающийся в другом; бесконечно же и непрестанно потому, что Он – безначален и безлетен, и бесконечен, и всегда существует одинаковым образом. Ибо что безначально, то и бесконечно, а что бесконечно по благодати, то никак не безначально, как [например] Ангелы.

Поэтому всегда сущий Бог рождает Свое Слово, Которое – совершенно, – без начала и без конца, чтобы не рождал во времени Бог, имеющий высшие времени и природу, и бытие. А что человек рождает противоположным образом, ясно, так как он подлежит рождению и гибели, и течению, и увеличению, и облечен телом, и в своей природе имеет мужеский пол и женский. Ибо мужеский пол нуждается в помощи женского. Но да будет милостив Тот, Который выше всего и Который превосходит всякое разумение и понимание!

Итак, Святая Кафолическая и Апостольская Церковь излагает учение вместе об Отце и вместе о Единородном

Сыне Его, от Него рожденном *безлетно* и без истечения, и бесстрастно, и непостижимо, как знает один только Бог всего. Подобно тому как существуют одновременно огонь и одновременно происходящий от него свет, и не сначала огонь и после этого свет, но вместе; и как свет, всегда рождающийся из огня, всегда в нем находится, никаким образом не отделяясь от него, так и Сын рождается от Отца, вовсе не разлучаясь с Ним, но всегда в Нем пребывая. Однако свет, рождающийся от огня неотделимо и в нем всегда пребывающий, не имеет своей собственной ипостаси по сравнению с огнем, ибо он есть природное качество огня. Единородный же Сын Божий, рожденный от Отца нераздельно и неразлучно и в Нем всегда пребывающий, имеет Свою собственную Ипостась сравнительно с Ипостасью Отца.

Итак, Сын называется Словом и сиянием потому, что рожден от Отца без сочетавания и бесстрастно, и *безлетно*, и без истечения, и нераздельно. Сыном же и образом Отеческой Ипостаси – потому, что Он – совершенен и ипостасен и во всем равен Отцу, кроме нерождаемости. Единородным же – потому, что Он один только от одного только Отца единственным образом рожден. Ибо нет и другого рождения, которое уподобляется рождению Сына Божия, так как нет и другого Сына Божия. Ибо хотя и Дух Святой исходит от Отца, но исходит не по образу рождения, но по образу исхождения. Это – иной образ происхождения, и непостижимый, и неведомый, подобно тому как и рождение Сына. Поэтому и все, что имеет Отец, принадлежит Ему, то есть Сыну, кроме нерождаемости, которая не показывает различия существа, не показывает и достоинства, но образ бытия; подобно тому как и Адам, который – не рожден, ибо он – создание Божие, и Сиф, который – рожден, ибо он – сын Адама, и Ева, которая вышла из ребра Адамова, ибо она не была рождена, различаются друг от друга не по природе, ибо они суть люди, но по образу происхождения.

Ибо должно знать, что τὸ αγένητον, которое пишется через одну букву «ν», обозначает несотворенное, то есть не происшедшее; а τὸ αγέννητον, которое пишется через две буквы «νν», означает нерожденное. Поэтому, согласно с первым значением, сущность от сущности различается, ибо иная есть сущность несотворенная, то есть αγένητον; через одну букву «ν», и другая – γενητή, то есть сотворенная. Сообразно же со вторым значением сущность от сущности не различается, ибо первое существо всякого рода живых существ есть αγέννητον (нерожденно), но не αγένητον (т.е. не несотворенно). Ибо они созданы Творцом, будучи приведены в бытие Словом Его, но не рождены, так как прежде не существовало другого однородного, из которого они могли бы быть рождены.

Итак, если иметь в виду первое значение, то три *пребожественные* Ипостаси Святого Божества участвуют [в несозданности]; ибо Они – единосущны и несотворенны. Если же иметь в виду второе значение, то никоим образом, ибо один только Отец – нерожденный, потому что бытие у Него не есть от другой Ипостаси. И один только Сын – рожденный, ибо Он безначально и безлетно рожден из существа Отца. И один только Дух Святой – исходящ, не рождаемый, но исходящий из существа Отца (см. Ин. 15, 26). Хотя так учит Божественное Писание, однако образ рождения и исхождения – непостижим.

Но должно знать и то, что имя отечества и сыновства и исхождения не от нас перенесено на блаженное Божество, а, напротив, нам передано оттуда, как говорит божественный апостол: *сего ради преклоняю колена моя ко Отцу, из Негоже всяко отечество на небесех и на земли* (Еф. 3, 14–15).

Если же говорим, что Отец – начало Сына и *болий* Его, то не показываем, что Он первенствует над Сыном по времени или природе (Ин. 14, 28), ибо через Него Отец *веки сотвори* (Евр. 1, 2). Не первенствует и в каком-либо другом отношении, если не относительно *причины*; то есть потому что Сын рожден от Отца, а не Отец от Сына, и потому, что Отец естественным образом – причина Сына; подобно тому как не говорим, что огонь выходит из света, но что, лучше, свет – из огня. Итак, всякий раз как услышим, что Отец – начало и *болий* Сына, то да разумеем это в смысле причины. И подобно тому как не говорим, что огонь принадлежит одной сущности и свет – иной, так нельзя говорить и того, что Отец – одной сущности и Сын – другой; но – одной и той же самой. И подобно тому как говорим, что огонь сияет через выходящий из него свет, и не полагаем с своей стороны, что служебным органом огня является проистекающий из него свет, а лучше – естественной силой, так говорим и об Отце, что все, что Он делает, делает через Единородного Сына Его, не как через служебный орган, но – естественную и ипостасную Силу. И подобно тому как говорим, что огонь освещает, и опять говорим, что свет огня освещает, так и все, что *творит* Отец, *и Сын такожде творит* (Ин. 5, 19). Но свет не имеет существования, отдельного по сравнению с огнем; Сын же есть совершенная Ипостась, не отдельная от Отеческой Ипостаси, как выше мы и показали. Ибо невозможно, чтобы среди твари был найден образ, во всем сходно показывающий в себе самом свойства Святой Троицы. Ибо сотворенное и сложное, и скоротечное, и изменчивое, и описуемое, и имеющее внешний вид, и тленное каким образом ясно покажет свободную от всего этого *пресущественную* Божественную сущность? А ясно, что вся тварь одержима большими, чем эти, [состояниями,] и вся она по своей природе подлежит уничтожению.

Веруем равным образом и в Духа Святого, Господа Животворящего, от Отца исходящего и в Сыне почивающего, со Отцом и Сыном *спокланяема* и *сславима*, как единосущного, и совечного; Духа – от Бога, Духа *правого*, владычествующего, Источника мудрости, жизни и освящения; Бога со Отцом и Сыном сущего и называемого; несотворенного, Полноту, Творца, все держащего, все совершающего, всесильного, бесконечно могущественного, неограниченно господствующего над всею тварью, не подчиненного [ничьей] власти; в Духа – боготворящего, не боготворимого; наполняющего, не наполняемого; восприемлемого, не восприемлющего; освящающего, не освящаемого; Утешителя, как приемлющего неотступные мольбы всех; во всем подобного Отцу и Сыну; от Отца исходящего и через Сына раздаваемого, и воспринимаемого всею тварью, и через Себя Самого творящего, и осуществляющего все без изъятия, и освящающего, и содержащего; воипостасного, то есть существующего в Своей собственной Ипостаси, Который не отделяется и не расстается с Отцом и Сыном и имеет все, что имеет Отец и Сын, кроме нерождаемости и рождения. Ибо Отец – *безвиновен* и нерожденный, потому что не есть от кого-либо, так как бытие имеет от Самого Себя, и из того, что только имеет, ничего не имеет от другого; напротив того, Он Сам есть для всего начало и причина того образа, как оно от природы существует. Сын же от Отца – по образу рождения; а Святой Дух и Сам также от Отца, но не по образу рождения, а по образу исхождения. И что, конечно, есть различие между рождением и исхождением, мы узнали; но какой образ различия, никак [не знаем]. Но и рождение Сына от Отца, и исхождение Святого Духа происходят одновременно.

Итак, все, что имеет Сын, и Дух от Отца имеет, даже самое бытие. И если [что-либо] не есть Отец, [то] не есть и Сын, не есть и Дух; и если чего-либо не имеет Отец, не имеет и Сын, не имеет и Дух. И по причине Отца, то есть по причине бытия Отца существуют Сын и Дух. И по причине Отца имеет Сын, также и Дух, все, что имеет, то есть потому, что Отец имеет это, – кроме нерождаемости и рождения, и исхождения. Ибо одними этими только ипостасными свойствами различаются между Собою три Святые Ипостаси, нераздельно различающиеся не по сущности, а по отличительному свойству отдельного Лица.

Говорим же, что каждое из трех Лиц имеет совершенную Ипостась, для того чтобы нам не принять совершенной природы за одну — сложенную из трех несовершенных, но за единую простую сущность в трех совершенных Ипостасях, которая — выше и впереди совершенства. Ибо все, составленное из несовершенного, непременно есть сложно. Но невозможно, чтобы произошло сложение из совершенных Ипостасей. Посему и не говорим о виде из Ипостасей, но — в Ипостасях. Сказали же: «из несовершенного», [то есть] что не сохраняет вида вещи, совершаемой из этого. Ибо камень, и дерево, и железо, каждое само по себе — совершенно по своей природе; по отношению же к совершаемому из них жилищу каждое — несовершенно, ибо каждое из них само по себе не есть дом.

Поэтому исповедуем, конечно, совершенные Ипостаси, чтобы не помыслить о сложении в Божественной природе. Ибо сложение — начало раздора. И опять говорим, что три Ипостаси находятся Одна в Другой, чтобы не ввести множества и толпы богов. Через три Ипостаси понимаем несложное и неслиянное; а через единосущие и бытие Ипостасей — Одной в Другой, и тождество как воли, так и деятельности, и силы, и могущества, и, чтобы так мне сказать, движения понимаем неразделимое и бытие единого Бога. Ибо поистине — один Бог, Бог, и Слово, и Дух Его.

О различии трех Ипостасей; и о деле, и разуме, и мысли. — Должно же знать, что иное — созерцание делом, и другое — разумом и мыслью. Итак, во всех созданиях различие лиц созерцается делом. Ибо [самым] делом созерцаем, что Петр отличен от Павла. Общность же, и связь, и единство созерцается разумом и мыслью. Ибо умом замечаем, что Петр и Павел — одной и той же природы и имеют одно общее естество. Ибо каждый из них — живое существо, разумное, смертное; и каждый есть плоть, одушевленная душою как разумною, так и одаренною рассудительностью. Итак, эта общая природа может быть созерцаема разумом. Ибо ипостаси не находятся друг в друге, но каждая – особо и порознь, то есть поставлена отдельно сама по себе, имея весьма многое, отличающее ее от другой. Ибо они и отделяются местом, и различаются по времени, и отличаются по уму и по силе, и по наружности, то есть форме, и по состоянию, и темпераменту, и достоинству, и образу жизни, и по всем характеристическим особенностям; более же всего отличаются тем, что существуют не друг в друге, но – отдельно. Почему и называются и двумя, и тремя человеками, и многими.

Это же можно усмотреть и во всей твари. Но в Святой и *пресущественной*, и высшей всего, и непостижимой Троице – противоположное. Ибо там общность и единство созерцается [самым] делом, по причине совечности [Лиц] и тождества Их существа, и деятельности, и воли, и по причине согласия познавательной способности, и – тождества власти, и силы, и благости. Я не сказал: подобия, но: тождества, также – единства происхождения движения. Ибо – одна сущность, одна благость, одна сила, одно желание, одна деятельность, одна власть, одна и та же самая, не три, подобные друг другу, но одно и то же самое движение Трех Лиц. Ибо каждое из Них не в меньшей степени имеет единство с другим, чем Само с Собою; это – потому, что Отец, и Сын, и Святой Дух суть во всем единое, кроме нерождаемости, и рождения, и исхождения; мыслию же разделенное. Ибо мы знаем единого Бога; но замечаем мыслию различие в одних только свойствах как отечества, так и сыновства и исхождения; как относительно причины, так и того, что ею произведено, и *исполнения* Ипостаси, то есть образа бытия. Ибо в отношении к неописуемому Божеству мы не можем говорить ни о местном расстоянии, как в отношении к нам, потому что Ипостаси находятся Одна в Другой, не так, чтобы Они сливались, но так, что тесно соединяются, по слову Господа, сказавшего: *Аз во Отце, и Отец во Мне* (Ин. 14, 11); ни о различии воли, или разума, или деятельности, или силы, или чего-либо другого, что в нас производит действительное и совершенное разделение. Поэтому об Отце, и Сыне, и Святом Духе говорим не как о трех богах, но вернее как об едином Боге, Святой Троице, так как Сын и Дух возводятся к единому Виновнику, [но] не слагаются и не сливаются согласно Савеллиеву сокращению, ибо Они соединяются, как мы говорили, не так, чтобы сливались, но так, что тесно примыкают – Один к Другому, и имеют взаимное проникновение без всякого слияния и смешения; и так как Они не существуют – Один вне Другого, или со стороны Своего существа не разделяются, согласно Ариеву разделению. Ибо Божество, если должно кратко сказать, в разделенном – нераздельно, и как бы в трех солнцах, тесно примыкающих одно к другому и не разделенных промежутками, одно и смешение света, и соединение. Итак, всякий раз как посмотрим на Божество, и первую причину, и единодержавие, и одно и то же самое, чтобы так сказать, и движение Божества, и волю, и тождество сущности, и силы, и деятельности, и господства, видимое нами будет *одно*. Когда же посмотрим на то, в чем есть Божество, или, точнее сказать, что есть Божество, и на то, что оттуда – из первой причины происходит вечно и равнославно, и нераздельно, то есть на Ипостаси Сына и Духа, то будет Три [Лица], Которым мы поклоняемся. Один Отец – Отец и безначальный, то есть *безвиновный*, ибо Он не есть от кого-либо. Один Сын – Сын, и не безначальный, то есть не *безвиновный*, ибо Он – от Отца. А если бы ты представлял себе происхождение Его с известного времени, то и безначальный, ибо Он – Творец времен, а не в зависимости от времени. Один Дух – Святой Дух, хотя являющийся от Отца, но не по образу Сыновнему, а по образу исхождения, причем ни Отец не лишился нерождаемости, потому что родил, ни Сын – рождения, потому что рожден от Нерожденного; ибо каким образом [это могло случиться]? Ни Дух оттого, что Он произошел, и оттого, что Он – Бог, не изменился или в Отца, или в Сына, потому что свойство – неподвижно, или как свойство могло бы твердо стоять, если бы оно приходило в движение и изменялось? Ибо если Отец – Сын, то Он не есть Отец в собственном смысле, потому что один в собственном смысле есть Отец. И если Сын – Отец, то Он не есть в собственном смысле Сын, ибо один в собственном смысле есть Сын и один Дух Святой.

Должно же знать, что мы не говорим, что Отец происходит от кого-либо, но Самого называем Отцом Сына. Не говорим, что Сын – причина, не говорим и того, что Он – Отец, но говорим, что Он – и от Отца, и Сын Отца. О Духе же Святом и говорим, что Он – от Отца, и называем Его Духом Отца. Но не говорим, что Дух – от Сына; Духом же Сына Его называем: *аще же кто Духа Христова не имать*, говорит божественный Апостол, *сей несть его* (Рим. 8, 9). И исповедуем, что Он через Сына открылся и раздается нам: ибо *дуну*, говорит [святой Иоанн Богослов], *и глагола* Своим ученикам: *приимите Дух Свят* (Ин. 20, 22), подобно тому как из солнца и солнечный луч, и свет, ибо само оно есть источник солнечного луча и света; и через солнечный луч нам сообщается свет, и этот есть освещающий нас и воспринимаемый нами. О Сыне же не говорим ни того, что Он – Сын Духа, ни того, конечно, что Он – от Духа.

ГЛАВА 9. О ТОМ, ЧТО ГОВОРИТСЯ О БОГЕ

Божество – просто и несложно. То же, что состоит из многого и различного, сложно. Итак, если несозданность, и безначальность, и бестелесность, и бессмертие, и вечность, и благость, и творческую силу, и подобное мы назовем существенными различиями в Боге, то состоящее из столь многого не будет просто, но – сложно, что [говорить о Божестве] – дело крайнего нечестия. Поэтому должно думать, что каждое в отдельности из того, что говорится о Боге, обозначает не то, что Он есть по существу, но показывает или то, что Он не есть, или некоторое отношение к чему-либо из того, что Ему противопоставляется, или что-либо из сопровождающего Его природу, или – деятельность.

Поэтому кажется, что из всех имен, приписываемых Богу, более главное – *Сый*, как и Сам Он, отвечая Моисею на горе, говорит: *тако речеши сыном Израилевым: Сый посла мя* (Исх. 3, 14). Ибо все совместив в Себе, Он имеет бытие, как бы некоторое море сущности – беспредельное и неограниченное. А как говорит святой Дионисий, [главнейшее имя Бога –] *Благий*. Ибо в отношении к Богу нельзя сказать сначала о бытии и тогда [уже] о том, что Он – Благ.

Второе же имя – ὁ Θεός *(Бог)*, которое производится от θέειν – бежать и – окружать все, или от αἴθειν, что значит жечь. Ибо Бог есть огнь, поядающий (Втор. 4, 24) всякую неправду. Или – от θεᾶσθαι – созерцать все. Ибо от Него нельзя чего-либо утаить, и Он – *всевидец* (2Мак.

9, 5). Ибо Он созерцал *вся прежде бытия их* (Дан. 13, 42) от века замыслив, и каждое в отдельности происходит в предопределенное время согласно с Его вечною, соединенною с волею, мыслью, которая есть предопределение, и образ, и план.

Итак, первое имя показывает, что Он *существует*, а не то, *что́* Он есть. Второе же показывает – деятельность. А безначальность и нетленность, и несотворенность или же несозданность, и бестелесность, и невидимость, и подобное показывает то, *что́* Он *не есть*, то есть, что Он не начал бытия и не уничтожается, и не создан, и не есть тело, и не видим. Благость же и праведность, и святость, и подобное сопутствует Его природе, но не показывает самого существа Его. Господь же и Царь, и подобные [имена] показывают отношение к тому, что Ему противопоставляется. Ибо над теми, над которыми Он господствует, Он называется Господом, и над теми, над которыми царствует, Царем, и в отношении к тому, что творит, Творцом, и над теми, которых пасет, Пастырем.

ГЛАВА 10. О БОЖЕСТВЕННОМ СОЕДИНЕНИИ И РАЗДЕЛЕНИИ

Итак, все это вместе должно быть принимаемо в отношении ко всему Божеству и одинаковым образом, и просто, и нераздельно, и совокупно; отдельно же должны быть принимаемы Отец, и Сын, и Дух; и то, что *безвиновно*, и то, что есть от причины, и нерожденное, и рожденное, и исходящее; что не показывает сущности, но отношение [Лиц] между Собою и образ бытия.

Итак, зная это и, как бы рукою, ведомые этим к Божественной сущности, мы постигаем не самую сущность, но то, что – около сущности; подобно тому как, если нам известно, что душа – бестелесна, и не имеет количества, и не имеет формы, то [через это] мы уже не постигли ее сущности; не постигли мы сущности и тела, даже если нам известно, что оно – белое или черное, но – то, что около сущности. Истинное же слово учит, что Божество – просто и имеет единую простую деятельность, благую и во всем все совершающую, подобно солнечному лучу, который все согревает и в каждой в отдельности вещи действует сообразно с естественным ее свойством и ее способности к восприятию, получив таковую силу от Бога, Который его сотворил.

Отдельно же есть то, что относится к Божественному и человеколюбивому воплощению Божественного Слова. Ибо в этом никаким образом не участвовали ни Отец, ни Дух, разве только благоволением и неизреченным чудотворением, которое производил и сделавшийся подобно нам человеком Бог Слово как неизменяемый Бог и Сын Божий.

ГЛАВА 11. О ТОМ, ЧТО ГОВОРИТСЯ О БОГЕ ТЕЛЕСНЫМ ОБРАЗОМ

А так как мы находим, что в Божественном Писании весьма многое символически сказано о Боге очень телесным образом, то должно знать, что нам, как людям и облеченным этою грубой плотью, невозможно мыслить или говорить о Божественных, и высоких, и невещественных действиях Божества, если бы мы не воспользовались подобиями, и образами, и символами, соответствующими нашей природе. Поэтому, то, что сказано о Боге очень телесным образом, сказано символически, и имеет очень возвышенный смысл, ибо Божество – просто и не имеет формы. Итак, очи Божии, и вежди, и зрение да поймем как силу Его – созерцательницу всего, с одной стороны, и – с другой, как знание Его, от которого ничто не скроется, да поймем вследствие того, что у нас при посредстве этого чувства происходит и более совершенное знание, и более полное убеждение. Уши же и слух – как склонность Его к милости и как расположенность к принятию нашего моления. Ибо и мы проявляем благосклонность к умоляющим через посредство этого чувства, радушнее наклоняя к ним ухо. Уста же и речь – как то, что изъясняет Его волю, вследствие того, что у нас заключающиеся в сердце помышления показываются через посредство уст и речи. А пищу и питие – как наше проворное стремление к Его воле. Ибо и мы через чувство вкуса исполняем необходимое желание, свойственное природе. Обоняние же – как то, что показывает направленную к Нему мысль [нашу] и расположение, вследствие того, что у нас через посредство этого чувства происходит восприятие благоухания. Лицо же – и как откровение, и как обнаружение Его через дела, вследствие того, что мы даем знать о себе посредством лица. Руки же – как успешность деятельности Его. Ибо и мы посредством своих рук совершаем полезные и особенно более превосходные дела. Правую же руку – как помощь Его при справедливых делах, вследствие того, что и мы пользуемся правою рукою скорее в делах – более прекрасных и более превосходных и требующих для себя весьма большой силы. Осязание же – как точнейшее Его и распознавание, и исследование даже и очень мелких и очень тайных вещей, вследствие того, что у нас те, кого мы осязаем, не могут скрывать в себе ничего. А ноги и хождение – и как прибытие, и как явление для помощи нуждающимся, или для отмщения врагам, или для какого-либо другого дела, вследствие того, что у нас совершается приход посредством пользования ногами. Клятву же – как непреложность Его решения, вследствие того, что у нас посредством клятвы подкрепляются договоры друг с другом. Гнев же и ярость – и как ненависть к пороку, и как отвращение. Ибо и мы, ненавидя то, что противоположно [нашему] убеждению, приходим в гнев. Забвение же, и сон, и дремоту – как отсрочку отмщения врагам и как медление в деле обычной помощи Своим друзьям. И просто сказать, все то, что телесным образом сказано о Боге, имеет некоторый сокровенный смысл, посредством того, что бывает с нами, научающий тому, что выше нас, если не сказано чего-либо о телесном пришествии Бога Слова. Ибо Он ради нашего спасения восприял всего человека, разумную душу и тело, и свойства человеческой природы, и естественные и беспорочные страсти.

ГЛАВА 12. О ТОМ ЖЕ

Итак, этому мы научились из священных изречений, как говорил божественный Дионисий Ареопагит, что Бог – причина и начало всего; сущность того, что существует; жизнь того, что живет; разум того, что разумно; ум того, что обладает умом; и как возвращение, так и восстановление тех, которые от Него отпадают; и обновление, и преобразование тех, которые губят то, что согласно с природою; тех же, которые потрясаются каким-либо злочестивым волнением, святое утверждение; и стоящих – безопасность; и отправляющихся к Нему – путь и руководство, которым они возводятся вверх. Присоединю же и то, что Он – Отец тех, которые Им сотворены. Ибо Бог, приведший нас из не сущих в бытие, в более собственном смысле – наш Отец, чем те, которые нас родили, от Него получившие и бытие, и способность к произведению. Он – Пастырь тех, которые следуют за Ним и пасутся Им; освещаемых – освещение; посвящаемых в [святые] таинства – высочайшее таинство; для тех, которые обожествляются, щедрый Даятель Божества; разделяющихся – мир; и стремящихся к простоте – простота; и пекущихся об единении – единение; всякого начала – *пресущественное* и *преначальное* – начало; и тайного Своего, то есть принадлежащего Ему знания, – благое уделение, насколько [это] можно и доступно для каждого.

Еще о Божественных именах, подробнее

Божество, будучи непостижимым, непременно будет и безымянно. Итак, не зная существа Его, да не станем отыскивать имени Его существа, ибо имена годны к показанию дел; но Бог, будучи Благим и для того, чтобы мы были участниками Его благости, приведя нас из небытия в бытие и сделав нас способными к познаванию, как не сообщил нам существа Его, так не сообщил и знания Его существа. Ибо невозможно, чтобы природа совершенно познала лежащую выше нее природу. А если и знания относятся к тому, что существует, то как будет познано *пресущественное*? Поэтому Он по неизреченной благости благоволил называться сообразно с тем, что свойственно нам, для того чтобы мы не были совершенно непричастными принадлежащему Ему знанию, но имели хотя бы темное о Нем представление. Итак, поскольку Бог непостижим, Он и безымянен. А как Виновник всего и содержащий в Себе условия и причины всего сущего, Он и называется сообразно всему сущему и даже – противоположному [одно другому], как, например, свету и тьме, воде и огню, для того чтобы мы узнали, что не это – Он по существу, но что Он – *пресущественный* и безымянный, и что, как Виновник всего сущего, называется соответственно тому, что произошло от Него – как Причины.

Поэтому одни из Божественных имен называются через отрицание, изъясняя то, что *пресущественно*, как, например: не имеющий существа, *безлетный*, безначальный, невидимый; не потому, что Бог меньше чего-либо или что Он лишен чего-либо, ибо все – Его и произошло от Него и через Него, *и в Нем состоится* (Кол. 1, 17), но потому, что Он превосходным образом отличен от всего сущего. Ибо Он не есть что-либо из сущего, но – выше всего. Называемые же через утверждение имена говорят о Нем, как о Виновнике всего. Ибо как Виновник всего сущего и всякой сущности, Он называется и Сущим, и сущностью; и как Виновник всякого разума, и мудрости, и разумного, и мудрого, Он называется Разумом и разумным, Мудростью и мудрым; равным образом – Умом и умным, Жизнью и живым, Силою и сильным; подобным образом называется и сообразно со всем остальным; вернее: более соответственным образом Он будет называться сообразно с тем, что более превосходно и что приближается к Нему. Более превосходно и более приближается к Нему невещественное, нежели вещественное, и чистое, нежели нечистое, и святое, нежели беззаконное, так как оно и более соединено с Ним. Поэтому гораздо более соответственным образом Он будет называться солнцем и светом, нежели тьмою; и днем, нежели ночью; и жизнью, нежели смертью; и огнем, и воздухом, и водою, как исполненными жизни, нежели землей; и прежде всего, и больше всего – благостью, нежели пороком; а [это] – то же самое, [что] сказать: тем, что существует, нежели тем, что не существует. Ибо благо – бытие и причина бытия; зло же – лишение блага или же бытия. И это – отрицания и утверждения; но весьма приятно и соединение, бывающее из обоих, как, например, *пресущественная* сущность, *пребожественное* Божество, преначальное начало и подобное. Есть же и некоторое такое, что говорится о Боге утвердительно, но имеет силу превосходного отрицания, как, например, [когда Бога называем] тьмою, не потому, что Бог – тьма, но потому, что Он не есть свет, а выше света.

Итак, Бог называется Умом, и Разумом, и Духом, и Мудростью, и Силою, как Виновник этого, и как Невещественный, и как Совершитель всего, и Всемогущий. И это, говоримое как отрицательно, так и утвердительно, говорится вообще о всем Божестве. И о каждой из Ипостасей Святой Троицы говорится равным образом и точно так же, и непрестанно. Ибо всякий раз как я подумаю об одной из Ипостасей, я понимаю Ее совершенным Богом, совершенной сущностью; когда же соединю и буду вместе считать три Лица, то понимаю Их как единого совершенного Бога. Ибо Божество не сложно, но в Трех совершенных Лицах Оно – одно совершенное, неделимое и несложное. Когда же подумаю об отношении Ипостасей между Собою, то я понимаю, что Отец – *пресуще-*

ственное Солнце, Источник благости, Бездна сущности, разума, мудрости, могущества, света, Божества; Источник, рождающий и производящий скрытое в Нем благо. Итак, Он – Ум, Бездна разума, Родитель Слова и через Слово Изводитель Духа, Который Его открывает; и чтобы не говорить много, у Отца нет [иного] слова, мудрости, силы, желания, кроме Сына, Который – одна только Сила Отца, предначинающая творение всех вещей, как совершенная Ипостась, рождающаяся от совершенной Ипостаси так, как знает Сам, Который и есть Сын, и называется. Дух же Святой – Сила Отца, открывающая сокровенное Божество; исходящая от Отца через Сына так, как знает Он Сам, [однако], не по рождению. Посему и Дух Святой – Совершитель творения всех вещей. Итак, что приличествует Виновнику – Отцу, Источнику, Родителю, должно приличествовать одному только Отцу. А что – произведенному, рожденному Сыну, Слову, Силе предначинающей, желанию, мудрости, то должно приличествовать Сыну. Что же – произведенному, исходящему, открывающему, совершающей Силе, то должно приличествовать Святому Духу. Отец – Источник и Причина Сына и Святого Духа; но одного только Сына Он – Отец, а Святого Духа – Изводитель. Сын есть Сын, слово, мудрость, сила, образ, сияние, изображение Отца и Он – от Отца. Не Сын же Отца – Дух Святой; Он – Дух Отца, как от Отца исходящий. Ибо никакое возбуждение не бывает без Духа. Но Он – Дух также и Сына, не как от Него исходящий, но как исходящий от Отца через Него. Ибо один только Отец – Виновник.

ГЛАВА 13. О МЕСТЕ БОЖИЕМ И О ТОМ, ЧТО ОДНО ТОЛЬКО БОЖЕСТВО НЕОПИСУЕМО

Телесное место есть граница объемлющего, которою замыкается то, что объемлется; как, например, воздух объемлет, тело же объемлется. Но не весь объемлющий воздух есть место тела, которое объемлется, а граница объемлющего воздуха, прикасающаяся к объемлемому телу. И то, что объемлет, вовсе не находится в том, что объемлется.

Есть же и духовное место, где мысленно представляется и где находится духовная и бестелесная природа; где именно она пребывает и действует, и не телесным образом объемлется, но духовным образом. Ибо она не имеет внешнего вида, для того чтобы быть объятой телесным образом. Следовательно, Бог, будучи невещественным и неописуемым, не находится в месте. Ибо Он Сам – место Себя Самого, все наполняя, и будучи выше всего, и Сам содержа все. Однако говорится, что и Он находится в месте, также говорится и о месте Божием, где обнаруживается Его деятельность. Ибо Сам Он через все проникает, не смешиваясь [с этим], и всему уделяет Свою деятельность, сообразно со свойством каждой в отдельности вещи и ее способностью к восприятию; говорю же я как об естественной, так и обусловливаемой доброю волею чистоте. Ибо невещественное более чисто, чем вещественное, и добродетельнее, чем то, что соединено с пороком. Итак, местом Божиим называется то, которое больше причастно Его деятельности и благодати. Поэтому, небо – Его престол. Ибо на нем находятся творящие волю Его Ангелы и всегда Его прославляющие (см. Ис. 6, 1 и далее). Ибо это для него – покой, и *земля подножие ног Его* (Ис. 66, 1). Ибо на ней во плоти *с человеки поживе* (Вар. 3, 38). Ногою же Божиею названа святая Его плоть. Называется же местом Божиим и Церковь; ибо мы отделили это место для славословия Его, как бы некоторый храм, в котором и совершаем направленные к Нему молитвы. Равным образом называются местами Божиими и те места, в которых обнаружилась для нас Его деятельность или во плоти, или без тела.

Должно же знать, что Божество – неделимо, так что Оно все всецело повсюду находится, и не часть в части, разделяемая телесным образом, но – все во всем и все выше всего.

О месте Ангела и души и о неописуемом

Ангел же, хотя телесным образом не заключается в месте, так чтобы имел форму и принимал вид, однако о нем говорится, что он находится в месте, вследствие того, что он присутствует духовно и действует сообразно с его природою, и не находится в другом месте, но там мысленно ограничивается, где и действует. Ибо он не может в одно и то же время действовать в различных местах. Ибо одному только Богу свойственно в одно и то же время повсюду действовать. Ибо Ангел действует в различных местах вследствие быстроты, присущей его природе, и вследствие того, что легко, то есть скоро переходит [с одного места на другое]; а Божество, будучи везде и выше всего, в одно и то же время различным образом действует единым и простым действием.

Душа же соединена с телом – вся со всем, а не часть с частью; и она не объемлется им, но объемлет его, подобно тому как огонь – железо; и, находясь в нем, совершает свойственные ей действия.

Описуемо то, что обнимается местом, или временем, или пониманием; неописуемо же то, что не обнимается ничем из этого. Следовательно, одно только Божество неописуемо, так как Оно безначально и бесконечно, и все объемлет и никаким пониманием не объемлется. Ибо только одно Оно непостижимо и неограниченно, никем не познается, но только Само созерцает Себя Самого. Ангел же ограничивается и временем, ибо он начал свое бытие, и местом, хотя и в духовном смысле, как мы раньше сказали, и постижимостью. Ибо они некоторым образом знают и природу друг друга, и совершенно ограничиваются Творцом. А тела ограничиваются и началом, и концом, и телесным местом, и постижимостью.

Свод [сказанного] о Боге: и Отце, и Сыне, и Святом Духе. И о Слове и Духе.

Итак, Божество совершенно непреложно и неизменяемо. Ибо все, что не в нашей власти, Оно предопределило вследствие Своего предведения, каждую в отдельности вещь соответственно свойственному ей и приличествующему времени и месту. И поэтому *Отец не судит никомуже, но суд весь даде Сынови* (Ин. 5, 22). Ибо судил, без сомнения, Отец, также и Сын, как Бог, также и Дух Святой; но Сын Сам телесным образом, как человек, сойдет и *сядет на престоле славы* (Мф. 25, 31), ибо схождение и седение свойственны ограниченному телу, и будет судити вселенней *в правде* (Деян. 17, 31).

Все — далеко от Бога не по месту, но по природе. В нас: благоразумие, и мудрость, и решение являются и исчезают, как свойства; но не в Боге, ибо в Нем ничто не возникает и не убывает, потому что Он неизменяем и непреложен, и в отношении к Нему не должно говорить о случайности. Ибо благо Бог имеет сопутствующим Его существу. Кто всегда устремляет свое желание к Богу, тот видит Его, ибо Бог есть во всем, потому что то, что существует, зависит от Сущего; и не может существовать что-либо, если оно не имеет своего бытия в Сущем; потому что Бог, как содержащий природу, соединен со всеми вещами; а со святою Своею плотью Бог Слово соединен ипостасно, и с нашей природой сблизился неслиянно.

Никто, кроме Сына и Духа, не видит Отца (см. Ин. 6, 46).

Сын – воля, и мудрость, и сила Отца. Ибо в отношении к Богу не должно говорить о качестве, для того чтобы нам не сказать, что Он – сложен из сущности и качества.

Сын – от Отца, и все, что Он имеет, имеет от Него; поэтому, Он и не может о Себе *творити ничесоже* (Ин. 5, 30). Ибо Он не имеет деятельности, особенной по сравнению с Отцом.

А что Бог, по природе будучи невидимым, делается видимым через Свои действия, мы знаем из устройства мира и управления (см. Прем. 13, 5 и далее).

Сын – образ Отца и Сына образ – Дух, через Которого Христос, вселяясь в человеке, дает ему то, что есть соответственно образу [Божию].

Бог Дух Святой – средний между Нерожденным и Рожденным и соприкасается с Отцом через Сына. Он называется Духом Бога, Духом Христа, Умом Христа, Духом Господа, Самим Господом, Духом *сыноположения*, истины, свободы, мудрости (ибо Он есть производящий все это); все наполняющим Своим существом, все содержащим; делающим Своим существом мир полным; невместимым для мира по Своему могуществу.

Бог есть вечная Сущность и неизменная, Которая есть Творец сущего и Которой поклоняется благочестивый ум. Бог и Отец, всегда сущий, нерожденный, как ни от кого не родившийся, но родивший равновечного Сына; Бог есть и Сын, всегда сущий вместе с Отцом, рожденный от Него безлетно и вечно, и вне истечения, и бесстрастно, и неразлучно. Бог есть также и Дух Святой, Сила освятительная, ипостасная, от Отца исходящая неразлучно и в Сыне почивающая, единосущная с Отцом и Сыном.

Слово – такое, Которое самостоятельно всегда пребывает вместе с Отцом. Слово, в свою очередь, есть и естественное движение ума, согласно с которым он движется, и мыслит, и рассуждает; оно есть как бы свет его и сияние. С своей стороны, бывает слово внутреннее, произносимое в сердце. И опять: слово произносимое есть вестник мысли. Итак, Бог Слово есть и самостоятельно, и ипостасно; остальные же три слова суть силы души, которые не созерцаются в их собственной ипостаси: первое из них есть естественное порождение ума, естественным образом всегда из него изливающееся; второе же называется внутренним, а третье – произносимым.

Дух понимается многоразличным образом. [Ибо этим именем называется и] Святой Дух. Называются же духами и силы Духа Святого. Дух также и добрый Ангел; дух – и демон; дух – и душа; иногда же называется духом и ум; дух – и ветер; дух – и воздух.

ГЛАВА 14. СВОЙСТВА БОЖЕСТВЕННОЙ ПРИРОДЫ

[Бог – Существо] несозданное, безначальное, бессмертное и беспредельное, и вечное, невещественное, благое, обладающее творческой силою, праведное, освещающее, неизменное, бесстрастное, неописуемое, необъемлемое, неограниченное, неопределяемое, невидимое, недоступное для ума, [ни в чем] не нуждающееся, самодержавное и независимое, вседержительное, жизнеподательное, всесильное, бесконечно могущественное, освящающее и подающее, обнимающее и содержащее все вместе и обо всем промышляющее. Все это и подобное Божественная природа имеет по естеству, не получив ниоткуда, но сама раздавая всякое благо своим собственным творениям, соответственно силе, в какой каждое в отдельности может принимать.

Есть и пребывание, и нахождение Ипостасей – одной в другой; ибо Они неразлучны и неудалимы Одна от Другой, имея взаимное проникновение неслиянным; не так, чтобы Они смешивались или сливались, но так, что Они тесно соединяются между Собою; ибо Сын находится в Отце и Духе; и Дух – в Отце и Сыне; и Отец – в Сыне и Духе, хотя не происходит никакого уничтожения [отдельных Лиц], или смешения, или слияния. Есть и единство, и тождество движения, ибо одно – устремление и одно – движение трех Ипостасей, чего именно усмотреть в созданной природе невозможно.

[Сюда присоединяется и то,] что Божественное блистание и деятельность, которая есть одна и проста, и неделима и которая благовидно разнообразится в том, что – делимо, и всему раздает то, что составляет собственную [каждой вещи] природу, – остается простою, конечно, увеличиваясь в делимых вещах неделимо и делимое сводя и обращая к простоте ее самой. Ибо все стремится к ней и в ней имеет свое бытие. И она всем вещам подает бытие, сообразно с природою [каждой] из них; и она есть бытие того, что существует, и жизнь того, что живет, и разум того, что – разумно, и ум того, что – умно, сама будучи выше ума, и выше разума, и выше жизни, и выше сущности.

Еще же [должно присоединить] и то, что Божественная природа через все проникает, не смешиваясь [с этим], а через нее самое – ничто. Еще и то, что простым ведением она узнает все. И Божественным, и всесозерцающим, и невещественным Своим оком просто видит вся, как настоящее, так и прошедшее, также и будущее *прежде бытия их* (Дан. 13, 42); она – непогрешима, и прощает грехи, и спасает; [должно присоединить] также и то, что хотя она может все, что хочет, однако не желает того, сколь великое может. Ибо она может погубить мир, но не хочет.

КНИГА ВТОРАЯ

ГЛАВА 1 (15). О ВЕКЕ

Сам сотворил века – бывший прежде веков, к Которому божественный Давид говорит: *от века и до века Ты еси* (Пс. 89, 2). И божественный апостол: *Имже и веки сотвори* (Евр. 1, 2).

Однако же, должно знать, что имя века – многозначаще; ибо оно обозначает весьма много. Ибо называется веком и жизнь каждого из людей. Опять веком называется и время тысячи лет. Опять называется веком вся настоящая жизнь, веком – также и будущая, бесконечная после воскресения (Мф. 12, 32; Лк. 20, 34). Веком опять называется не время и не какая-либо часть времени, измеряемая движением и бегом солнца, то есть составляемая днями и ночами, но как бы некоторое временное движение и расстояние, которое тянется подле и вместе с тем, что – вечно. Ибо что именно есть время для того, что находится в зависимости от времени, этим для вечного служит век.

Итак, говорят о семи веках этого мира, то есть: от сотворения неба и земли до общего как конца [бытия] людей, так и воскресения. Ибо есть, с одной стороны, частный конец, смерть каждого; с другой стороны, есть и общий, и совершенный конец, когда будет общее воскресение людей. Восьмой же век – будущий век.

Прежде же устроения мира, когда не было солнца, разделяющего день от ночи, не было и века, который можно было измерять, но было как бы некоторое временное движение и расстояние, которое тянулось подле и вместе с тем, что вечно; и в этом, конечно, смысле один век, поскольку и Бог называется вечным, но Он называется и предвечным, ибо Он сотворил и самый век; потому что Бог, один только будучи безначальным, Сам есть Творец всего, как веков, так и всего сущего. Ясно же, что, сказав о Боге, разумею Отца и Единородного Сына Его, Господа нашего Иисуса Христа, и Всесвятого Духа Его, единого Бога нашего.

Говорят же и о веках веков, поскольку и семь веков настоящего мира обнимают много веков, то есть человеческих жизней, и о веке одном, который вмещает в себе все века; и веком века называется нынешний век и будущий; вечная же жизнь и вечное наказание показывают бесконечность будущего века. Ибо и время после воскресения не будет исчисляться днями и ночами. Напротив того, будет один *невечерний* день, так как Солнце правды будет светло сиять праведным; для грешников же будет глубокая и бесконечная ночь. Поэтому каким образом [тогда] будет исчисляться тысячелетнее время оригеновского восстановления? Итак, Бог, Который и все без изъятия сотворил, и существует прежде веков, есть один Творец всех веков.

ГЛАВА 2 (16). О ТВОРЕНИИ

Как только Благий и Преблагий Бог не удовольствовался созерцанием Себя Самого, но по преизбытку благости восхотел, чтобы произошло нечто, что в будущем пользовалось бы Его благодеяниями и было причастно Его благости, Он приводит из не сущего в бытие и творит все без изъятия, как невидимое, так и видимое, также и человека, составленного из видимого и невидимого. Творит же Он, мысля, и мысль эта, дополняемая Словом и завершаемая Духом, становится делом.

ГЛАВА 3 (17). ОБ АНГЕЛАХ

Сам Он – Создатель и Творец Ангелов, приведший их в бытие из не сущего, создавший их по образу Своему бестелесной природою, как бы некоторым духом и невещественным огнем, как говорит божественный Давид: *творяй Ангелы Своя духи, и слуги Своя пламень огненный* (Пс. 103, 4), – описывая их легкость, и пламенение, и пылкость, и весьма большую проницательность, и стремительность, с какою они и желают Бога, и служат Ему, и направление вверх, и свободу от всякого вещественного помышления.

Итак, Ангел есть сущность, одаренная умом, всегда движущаяся, обладающая свободною волею, бестелесная, служащая Богу, по благодати получившая для своей природы бессмертие, каковой сущности вид и определение знает один только Создатель. Бестелесной же она называется, также и невещественной по сравнению с нами, ибо все, сопоставляемое с Богом, Который один только несравним [ни с чем], оказывается и грубым, и вещественным, потому что одно только Божество поистине – невещественно и бестелесно.

Итак, Ангел есть природа разумная, и одаренная умом, и обладающая свободной волею, изменчивая по желанию, то есть добровольно изменчивая. Ибо все, что создано, и изменчиво; неизменно же одно только то, что несотворенно. И все разумное одарено свободной волею. Итак, Ангел, как природа, одаренная разумом и умная, обладает свободной волею; а как созданная, изменчива, имея власть и оставаться, и преуспевать в добре, и изменяться в худшую сторону.

Он не способен к раскаянию, потому что бестелесен. Ибо человек получил раскаяние по причине немощи тела.

Он бессмертен не по природе, но по благодати, ибо все то, что началось, также и оканчивается по причине своей природы. Но один только Бог есть вечно Сущий, вернее же: Он даже выше, чем вечность. Ибо Творец времен не находится в зависимости от времени, но Он – выше времени.

Ангелы – вторые, постигаемые только умом, *светы*, имеющие свет от первого и безначального Света; не имеющие нужды в языке и слухе, но без произносимого слова сообщающие друг другу собственные мысли и решения.

Далее, все Ангелы сотворены через Слово и достигли полноты при содействии Святого Духа через освящение, соответственно своему достоинству и *чину*, имея участие в свете и благодати.

Они описуемы, ибо когда они находятся на небе, их нет на земле; и, посылаемые Богом на землю, они не остаются на небе; но они не ограничиваются стенами, и дверями, и дверными запорами, и печатями, ибо они – неограничены. Неограниченными же называю потому, что они являются людям достойным, которым Бог пожелает, чтобы они являлись, не таковыми, каковы они суть, но в измененном виде, смотря по тому, как могут видеть смотрящие. Ибо по природе и в собственном смысле неограничено одно только то, что не создано. Ибо всякое создание ограничивается создавшим его Богом.

Освящение они имеют от иного, чем от своего существа: от Духа; пророчествуют они при содействии Божественной благодати; не имеют нужды в браке, так как они не суть смертны.

А так как они – умы, то находятся и в местах, постигаемых только умом, не телесным образом будучи описуемы, ибо что касается их природы, то они не принимают вида так, как тела, и не имеют троякого измерения, но тем, что духовно присутствуют и действуют, где бы ни было им приказано, и не могут в одно и то же время находиться здесь и там и действовать.

Равны ли они по существу, или различаются друг от друга, не знаем. Знает же один только сотворивший их Бог, Который знает все. Различаются же они друг от друга светом и положением; или соответственно свету имеют положение, или соответственно положению участвуют в свете; и освещают друг друга по причине превосходства чина или природы. Но ясно, что те Ангелы, которые стоят выше, сообщают стоящим ниже и свет, и знание.

Они – сильны и готовы к исполнению Божественной воли, и вследствие быстроты, присущей их природе, тотчас повсюду оказываются, где бы ни повелело Божественное мановение; и оберегают области земли; и управляют народами и странами, смотря по тому, как повелено им Творцом; и распоряжаются нашими делами, и помогают нам. Вообще же и по Божественной воле, и по Божественному повелению они – выше нас и всегда находятся около Бога.

Они – трудно склоняемы ко злу, хотя не непоколебимы; но теперь даже и непоколебимы, не по природе, а по благодати и привязанности к одному только благу.

Они видят Бога, насколько для них возможно, и имеют это пищею.

Будучи выше нас, как бестелесные и свободные от всякой телесной страсти, они, однако, не бесстрастны, ибо бесстрастно одно только Божество.

Преображаются же они, во что бы только ни повелел Господь Бог, и таким образом являются людям, и открывают им Божественные тайны.

Они пребывают на небе и имеют одно занятие: воспевать хвалы Богу и служить Божественной Его воле.

А как говорит святейший и священнейший, и превосходнейший в богословии Дионисий Ареопагит, все богословие, то есть Божественное Писание, назвало девять небесных сущностей; божественный священнонаставник разграничивает их на три тройственных класса. И он говорит, что первый класс – тот, который всегда находится около Бога и которому позволено быть соединенным с Ним ближайшим образом и непосредственно: класс шестокрылых Серафимов, *многоочитых* Херувимов и святейших Престолов. Второй же: класс Господств, Сил и Властей; а третий и последний: класс Начал, Архангелов и Ангелов.

Некоторые, конечно, говорят, что Ангелы произошли прежде всякой твари; подобно тому как говорит Григорий Богослов: «Прежде всего Он вымышляет ангельские и небесные силы, и мысль эта стала делом». Другие же говорят, что они произошли после возникновения первого неба. А что они произошли прежде образования человека – все согласны. Я же соглашаюсь с Богословом. Ибо надлежало, чтобы прежде всего была создана постигаемая только умом сущность, и при таких обстоятельствах – сущность, воспринимаемая чувством, и тогда этот самый человек, состоящий из той и другой.

Те же, которые говорят, что Ангелы – творцы какой бы то ни было сущности, эти суть уста отца их – диавола. Ибо, будучи творениями, Ангелы не суть творцы. Создатель же всего и Промыслитель, и Сохранитель есть Бог, Который один только – несотворенный, воспеваемый и прославляемый в Отце и Сыне и Святом Духе.

ГЛАВА 4 (18). О ДИАВОЛЕ И ДЕМОНАХ

Из этих ангельских сил тот ангел, который стоял во главе земного чина и которому со стороны Бога была вверена охрана земли, не родившись злым по природе, но быв добрым, и произойдя для благой цели, и совершенно не получив в себя самого со стороны Творца и следа порочности, – не перенесши как света, так и чести, которую ему даровал Творец, по самовластному произволению изменился из того – что согласно с природою, в то – что против природы, и возгордился против сотворившего Его Бога, восхотев воспротивиться Ему; и первый, пав от блага, очутился во зле. Ибо зло и не есть [что-либо] другое, кроме лишения блага, подобно тому как и тьма – лишение света; ибо благо есть свет духовный; равным образом и зло есть тьма духовная. Итак, свет, созданный Творцом и происшедший хорошим, ибо *виде Бог вся, елика сотвори: и се добра зело* (Быт. 1, 31), по самовластному желанию сделался тьмою. Но вместе было увлечено, и последовало за ним, и вместе пало бесконечное множество стоявших под его властью Ангелов. Итак, будучи одной и той же природы с Ангелами, они сделались злыми, добровольно отклонив расположение сердца от блага ко злу.

Далее, они не имеют ни власти, ни силы в отношении к кому-либо, если не получают позволения от Бога для осуществления целей Его домостроительства, подобно тому как [случилось] с Иовом (см. Иов. 1, 12), и таким образом, как написано в Евангелии о свиньях (см. Мк.

5, 13). При позволении же со стороны Бога они и имеют силу, и изменяются, и преображаются в тот вид, в какой хотят сообразно со своим воображением.

И будущего, конечно, не знают ни Ангелы Божии, ни демоны; однако они предсказывают: Ангелы, когда Бог открывает им и повелевает предсказывать; почему то, что они говорят, сбывается. Предсказывают же и демоны: иногда, потому что видят то, что происходит вдали, иногда же потому, что догадываются; почему они часто и лгут, и им не должно верить, даже если они много раз и говорят истину таким способом, о каком мы сказали. Знают же они и Писания.

Итак, всякий порок придуман ими, также и нечистые страсти; и хотя им позволено нападать на человека, но поступать насильственно с кем-либо они не имеют власти, ибо от нас зависит выдержать нападение и не выдержать; посему диаволу и его демонам, также и последователям его уготован огнь неугасимый и наказание вечное (см. Мф. 25, 41).

Должно же знать, что чем именно служит для людей смерть, этим для Ангелов служит падение. Ибо после падения для них невозможно покаяние, подобно тому как и для людей оно невозможно после смерти.

ГЛАВА 5 (19). О ВИДИМОМ ТВОРЕНИИ

Сам Бог наш, прославляемый в Троице и Единице, сотворил *небо и землю, и вся яже в них* (Пс. 145, 6), приведя из не сущего в бытие все без изъятия: одно — из вещества, которого прежде не существовало, как, например, небо, землю, воздух, огонь, воду; другое же — из этих, происшедших от него [(вещества) элементов], как, например, животных, растения, семена. Ибо это по повелению Творца произошло из земли, и воды, и воздуха, и огня.

ГЛАВА 6 (20). О НЕБЕ

Небо есть то, что облекает как видимые, так и невидимые творения. Ибо внутри него заключаются и ограничиваются и постигаемые только умом силы Ангелов, и все то, что подлежит чувствам. Неописуемо же одно только Божество, Которое все наполняет, и все обнимает, и все ограничивает, так как Оно выше всего и все сотворило.

Посему – так как Писание говорит *о небе* и *небе небесе* (Пс. 113, 24), и *небесах небес* (Пс. 148, 4), и блаженный Павел повествует, что он *был восхищен до третьего небесе* (2Кор. 12, 2), – мы говорим, что под созданием неба при сотворении всего мира мы понимаем то небо, которое внешние мудрецы, присвоив себе положения Моисеевы, называют беззвездным шаром. А сверх того, небом назвал Бог и *твердь* (Быт. 1, 8) и повелел ему быть *посреде воды*, приказав ему *разлучать между водою, яже бе над твердью, и между водою, яже бе под твердью* (Быт. 1, 6–7). Божественный Василий, наставленный Божественным Писанием, говорит, что естество этого [т.е. неба] – тонко, как дым (см. Ис. 40, 22). Другие же говорят, что оно имеет вид воды, потому что оно было помещено *посреде вод*; иные говорят, [что оно состоит] из четырех стихий; иные говорят, что оно – пятое тело и различное в сравнении с теми четырьмя.

Некоторые, конечно, думали, что небо заключает все в круге, и что оно – шарообразно, и что оно отовсюду – самая высшая часть [мира]; а что самый центр объемлемого им места – более низкая часть [мира]; и что легкие и подвижные из тел получили в удел от Творца горнее положение; а что тяжелые и несущиеся вниз – более низкую область, которая есть средняя. Более легкая и более несущаяся вверх стихия есть, конечно, огонь, который именно поэтому и был помещен, – говорят они, – прямо после неба; и его они называют эфиром, более низкое за которым – воздух. Земля же и вода, как более тяжелые и более несущиеся вниз, говорят они, висят в самой средней части, так что земля и вода находятся внизу – насупротив, однако, вода – легче земли, от чего она – удобоподвижнее этой; сверху же отовсюду, как покрывало, находится кругом воздух, и около воздуха отовсюду – *эфир*; извне же всего кругом – небо.

С другой стороны, говорят, что небо движется кругообразно и крепко связывает то, что находится внутри, и таким образом это [последнее] остается твердым и неколеблющимся.

Сверх того, говорят, что есть семь поясов неба: один – выше другого. И рассказывают, что оно – тончайшей природы, как дым, и что в каждом поясе находится одна из планет. Ибо утверждали, что есть семь планет: Солнце, Луна, Юпитер, Меркурий, Марс, Венера и Сатурн. Венерой, с другой стороны, называют то Утреннюю звезду, то Вечернюю, которые являются [на небе]. А планетами назвали те [семь звезд] потому именно, что они совершают свое движение противоположным образом, чем небо; ибо в то время как небо и прочие звезды движутся с востока на запад, эти одни только имеют движение от запада на восток. И это мы узна́ем по Луне, которая в продолжении вечера несколько отступает [к востоку].

Посему те, которые сказали, что небо – шарообразно, говорят, что оно одинаково удалено и отстоит от земли как сверху, так и с боков, также и снизу. Говорю же: «снизу» и «с боков», насколько дело идет о суждении нашего чувства; так как, согласно с понятием последовательности, небо отовсюду занимает верхнее место и земля – нижнее. И говорят, что небо шарообразно окружает землю и быстрейшим своим движением носит кругом вместе [с собою] и солнце, и луну, и звезды; и когда солнце находится над землею, то здесь бывает день, когда же – под землею, ночь. Когда же солнце спускается под землю, то здесь бывает ночь, а там день.

Другие же вообразили себе, что небо – полушарие, на основании того, что *богоглаголивый* Давид говорит: *простираяй небо яко кожу* (Пс. 103, 2), что именно обозначает палатку; и блаженный Исаия: *поставивый небо яко камару* (Ис. 40, 22). Также и потому, что как солнце, так и луна, так и звезды, заходя, обходят землю от запада к северу и таким образом опять приходят на восток. Однако этим ли образом, или тем [это бывает, но] все без исключения и произошло, и утвердилось по Божественному повелению, и непоколебимым основанием имеет как Божественную волю, так и Божественное намерение. *Яко Той рече, и быша: Той повеле, и создашася. Постави я в век и в век века: повеление положи, и не мимо идет* (Пс. 148, 5–6).

Небо небесе, без сомнения, есть первое небо, находящееся поверх тверди. Вот [уже] – два неба; ибо небом назвал Бог также и твердь (Быт. 1, 8). Божественному Писанию обычно также называть небом и воздух, потому что он – видим вверху. Ибо, говорит оно, *благословите, все птицы небесные* (Дан. 3, 80), разумея птиц воздуха. Ибо воздух – дорога птиц, а не небо. Вот три неба, о которых говорил божественный Апостол (2Кор. 12, 2). Если же пожелаешь и семь поясов понять, как семь небес, то это нисколько не оскорбляет слова истины. Обычно же и еврейскому языку называть небо множественно: небесами. Поэтому, желая сказать о небе неба, он сказал о *небесах небес*, что именно означает *небо неба* (Пс. 148, 4), находящееся поверх тверди, а также и во́ды, находящиеся поверх небес [то есть] или воздуха и тверди, или семи поясов тверди, или тверди, по обычаю, свойственному еврейскому языку, называемой множественно: небесами.

Конечно, все, что существует по причине рождения, подлежит уничтожению, сообразно с последовательностью, принадлежащей природе; также – и небеса, но благодатью Божиею они и содержатся, и сохраняются. Одно же только Божество по Своей природе и безначально, и бесконечно; поэтому и сказано: *та погибнут, ты же пребываеши* (Пс. 101, 27); однако небеса будут уничтожены не до конца, ибо *вся яко риза обетшают, и яко одежду свиеши я, и изменятся* (Пс. 101, 27), и будет *небо ново и земля нова* (Откр. 21, 1).

Но небо значительной мерою больше земли. Однако не должно разыскивать сущности неба, так как мы не можем ее узнать.

Никто же да не думает, что небеса или светила – одушевленны, ибо они – бездушны и бесчувственны. Поэтому, если Божественное Писание и говорит: *да возвеселятся небеса, и радуется земля* (Пс. 95, 11), то оно призывает к веселию находящихся на небе Ангелов и находящихся на земле людей, ибо Писание умеет олицетворять и о том, что – бездушно, говорить как об одушевленном, каково, например, изречение: *море виде и побеже, Иордан возвратися вспять* (Пс. 113, 3). И [другое]: *что ти есть, море, яко побегло еси; и тебе, Иордане, яко возвратился еси вспять* (Пс. 113, 5)? Также и горы, и холмы спрашиваются о причинах *взыграния* (Пс. 113, 4), подобно тому как и мы имеем обыкновение говорить: *собрался город*, желая указывать не здания, но жителей города. И [еще изречение]: *небеса поведают славу Божию* (Пс. 18, 1), не тем, что издают звук, слышимый чувственными ушами, но тем, что своею собственною величиною показывают нам могущество Творца; замечая их красоту, мы прославляем Творца, как прекрасного Художника.

ГЛАВА 7 (21). О СВЕТЕ, ОГНЕ, СВЕТИЛАХ, КАК СОЛНЦЕ, ТАК ЛУНЕ, ТАК И ЗВЕЗДАХ

Огонь есть одна из четырех стихий, и легкая, и более остальных несущаяся вверх, и жгучая вместе, и освещающая, созданная Творцом в первый день. Ибо Божественное Писание говорит: *и рече Бог: да будет свет. И бысть свет* (Быт. 1, 3). Как некоторые говорят, огонь не есть [что-либо] другое, кроме света. Другие же утверждают, что этот мировой огонь, который они называют эфиром, находится выше воздуха. Итак, *в начале*, то есть в первый день, Бог сотворил свет – убранство и украшение всей видимой твари. Ибо отними свет, и все останется во тьме нераспознаваемым, не могущим показать своего собственного благолепия. И нарече Бог свет день, а тьму нарече ночь (Быт. 1, 5). Тьма же есть не сущность какая-либо, но случайность, ибо она – лишение света, потому что воздух не имеет в своей сущности света. Итак, Бог назвал тьмою самое отъятие у воздуха света; и тьма не есть сущность воздуха, но лишение света, что именно скорее указывает на случайность, нежели на сущность. И не ночь была названа первою, а день, так что день – первый, а ночь – последняя. Таким образом, ночь следует за днем; и от начала дня до начала другого дня – одни сутки; ибо Писание говорит: *и бысть вечер, и бысть утро, день един* (Быт. 1, 5).

В три [первых] дня и день, и ночь произошли, конечно, вследствие того, что свет, по Божественному повелению, распространялся и сокращался. В четвертый же день Бог сотворил *светило великое*, то есть солнце, *в начала* и власть *дне* (Быт. 1, 16), ибо при посредстве его происходит день, так как день бывает в то время, когда солнце находится над землею; и мерою дня служит бег солнца над землей от восхода его до захождения. [В этот же день Бог сотворил] и *светило меньшее*, то есть луну и звезды, *в начала* и власть *ночи*, для того чтобы освещать ее. Ночь же бывает в то время, когда солнце находится под землею; и мерою ночи служит бег солнца под землею от захождения его до восхода. Итак, луна и звезды поставлены для того, чтобы освещать ночь (Быт. 1, 14–18), не потому, что днем они всегда находятся под землею, ибо и в течение дня звезды находятся на небе – над землею, но солнце, своим очень ясным сиянием скрывая их вместе и луну, не позволяет им быть видимыми.

В эти светила Творец вложил первосозданный свет, не потому, что Он имел недостаток в ином свете, но для того, чтобы тот свет не оставался праздным. Ибо светило есть не самый свет, но вместилище света.

Семь из этих светил, говорят, суть планеты; и рассказывают, что они имеют движение, противоположное [движению] неба; поэтому и назвали их планетами; ибо небо, говорят, движется от востока к западу, планеты же – от запада к востоку; однако небо своим движением, как более быстрым, вместе с собою носит кругом и семь планет. Имена же семи планет: Луна, Меркурий, Венера, Солнце, Марс, Юпитер, Сатурн. Сверх того, говорят, что в каждом поясе неба находится одна из семи планет.

В первом, то есть более верхнем, находится Сатурн
Во втором же – Юпитер
В третьем же – Марс
А в четвертом – Солнце
В пятом же – Венера
В шестом же – Меркурий
А в седьмом и низшем – Луна

Бег же они совершают непрестанный, какой назначил им Творец и как основал их, подобно тому как говорит божественный Давид: *луну и звезды, яже Ты основал еси* (Пс. 8, 4). Ибо через выражение: *Ты основал еси* он обозначил твердость и неизменяемость данных им Богом и порядка, и непрерывного течения. Ибо Он поставил их *во времена, и в знамения, и во дни, и в лета* (Быт. 1, 14). Ибо при посредстве солнца происходят четыре изменения [времен]: и первое – весеннее, ибо во время него Бог сотворил все без изъятия; и [на это] указывает то обстоятельство, что и доныне произрастание цветов происходит в течение его, которое и есть изменение равноденственное, ибо оно делает и день, и ночь двенадцатичасовыми. Оно образуется, когда солнце восходит в центре востока, – и отличается благорастворенностью, умножает кровь, будучи теплым и влажным; и посредствует собою, с одной стороны, между зимою и, с другой, между летом, будучи теплее и суше зимы, но холоднее и влажнее лета. А простирается это время года от марта и до 24-го июня. Потом, когда восход солнца возвышается к более северным странам, следует летнее изменение, посредствующее, с одной стороны, между весною и, с другой, между осенью, от весны имеющее теплоту, а от осени сухость. Ибо оно – тепло и сухо, и умножает желтую желчь. Оно, далее, имеет величайший день, в пятнадцать часов; ночь же весьма малейшую, измеряемую девятью часами. Сверх того, это время года простирается от 24 июня до 25 [числа] месяца сентября. Затем, когда [восход] солнца опять возвращается к центру востока, выступает на смену летнего изменения осеннее изменение, некоторым образом будучи средним как между холодом, так и жаром, и сухостью, и влажностью, и посредствуя между летним изменением, с одной стороны, и зимним изменением, с другой, от летнего имея сухость, а от зимнего – холод. Ибо оно – холодно и сухо, и обыкновенно умножает черную желчь. Это изменение, в свою очередь, есть равноденственное, имеющее из двенадцати часов как день, так и ночь; простирается же оно от 25 сентября до 25 декабря. Когда же солнце спускается к более незначительному и более низменному, то есть к южному восхождению, наступает зимнее изменение, которое — и холодно, и влажно, и посредствует, с одной стороны, между осенним изменением и, с другой, между весенним, от осеннего имея холод, а от весеннего владея влажностью. Это, далее, имеет самый малый день, в котором — девять часов, ночь же — самую большую, которая состоит из пятнадцати часов; и оно — умножает мокроту (в теле; продолжается же и это изменение [три месяца, т.е.] от 25 декабря до 21 марта. Ибо Творец мудро предусмотрел, чтобы мы, переходя от высочайшего холода или жара, или влажности, или сухости к высочайшему противоположному свойству, не впали в жестокие болезни, потому что разум знает, что внезапные перемены — опасны.

Таким образом, следовательно, солнце производит изменения и через них год; а также и дни, и ночи: первые — восходя и находясь над землею, а вторые — погружаясь под землю; и, удаляясь, оно поручает свет остальным светилам: как луне, так и звездам.

Говорят же и то, что на небе находятся двенадцать знаков зодиака из звезд, которые имеют движение, противоположное [движению] и Солнца, и Луны, и остальных пяти планет, и что семь планет проходят через эти двенадцать созвездий. Солнце в каждом знаке зодиака проводит, без сомнения, один месяц, и в продолжение двенадцати месяцев проходит через двенадцать созвездий. Имена же этих двенадцати созвездий, также и месяцы их — следующие:

Овен принимает Солнце в месяце марте, 21 дня.
Телец в месяце апреле, 23 дня.
Близнецы в месяце мае, 24 дня.
Рак в месяце июне, 24 дня.
Лев в месяце июле, 25 дня.
Дева в месяце августе, 25 дня.
Весы в месяце сентябре, 25 дня.
Скорпион в месяце октябре, 25 дня.

Стрелец в месяце ноябре, 25 дня.
Козерог в месяце декабре, 25 дня.
Водолей в месяце январе, 25 дня.
Рыбы в месяце феврале, 24 дня.

Луна же в каждый месяц проходит через двенадцать созвездий, потому что она – ниже и идет через них скорее; ибо, подобно тому как если ты сделаешь круг внутри другого круга, то внутренний круг окажется меньшим, так и бег Луны, потому что она – ниже [Солнца], незначительнее, и совершается скорее.

Эллины, конечно, говорят, что через восхождение, и захождение, и сближение этих звезд и Солнца, и Луны устраиваются все наши дела; ибо астрология занимается этим; однако, мы утверждаем, что хотя от них и получаются предзнаменования дождя и бездождия, как холода, так и жара, как влажности, так и сухости, также ветров и подобного, но никоим образом не предзнаменования наших дел. Ибо мы, происшедши от Творца одаренными свободной волею, бываем господами наших дел. Ибо если мы все делаем вследствие течения звезд, то по необходимости совершаем то, что делаем; а то, что происходит по необходимости, ни добродетель, ни порок; если же мы не имеем ни добродетели, ни порока, то не достойны ни похвал, ни наказаний, а также и Бог окажется несправедливым, доставляя одним блага, а другим бедствия. Но Бог даже не будет ни управлять Своими творениями, ни промышлять о них, если все управляется и увлекается необходимостью. Сверх того, и разум будет в нас излишним, ибо мы, не будучи господами никакого дела, излишне обдумываем про себя; но разум дан нам непременно для обсуждения, почему все разумное одарено также и свободной волею.

Мы же говорим, что они [т.е. звезды] не суть причина чего-либо из того, что случается, ни рождения того, что рождается, ни гибели того, что гибнет; но скорее служат предзнаменованиями как дождей, так и перемены воздуха. А может быть, кто-либо скажет, что они являются хотя и не причинами войн, но предзнаменованиями; ибо качество воздуха, производимое солнцем, и луною, и звездами, [также] иным и иным образом, созидает различные соединения, и состояния, и расположения [между людьми]; однако эти состояния принадлежат к числу того, что находится в нашей власти, ибо они подчиняются разуму и им управляются и изменяются.

Часто же показываются и кометы — некоторые знамения, объявляющие о смерти царей; они не принадлежат к числу звезд, происшедших искони, но, по Божественному повелению, в самое надлежащее время образуются и опять уничтожаются; ибо и звезда, явившаяся магам во время человеколюбивого и спасительного ради нас рождения Господа во плоти, не была из числа звезд, которые произошли в начале. И [это] ясно из того обстоятельства, что она совершала свой бег то с востока на запад, то с севера на юг и что она то скрывалась, то показывалась. Ибо это несвойственно порядку или природе звезд.

Должно же знать, что Луна освещается Солнцем не потому, что Бог был не в состоянии дать ей отдельный свет, но для того, чтобы были вложены в тварь соразмерность и порядок, когда [т.е. один] начальствует, а [другой] повинуется, и для того, чтобы и мы научились делиться друг с другом и раздавать, также и подчиняться, прежде всего, конечно, Создателю и Творцу — Богу и Господу, а потом и поставляемым Им начальникам; и не расследовать, почему этот начальствует, а я нет, но все, бывающее от Бога, принимать с благодарностью и благоразумно.

Затмеваются же Солнце и Луна, совершенно уличая безумие тех, которые поклоняются *твари паче Творца* (Рим. 1, 25), и уча, что они — изменчивы и переменны. А все изменчивое — не Бог, ибо все без изъятия, что изменчиво, по своей природе — тленно.

А затмевается Солнце тогда, когда тело Луны делается как бы некоторой промежуточной стеною, и производит тень, и не позволяет, чтобы его свет разливался среди нас. Итак, сколь долго тело Луны окажется скрывающим

Солнце, столь долго бывает и затмение. Если же тело Луны – меньше, то не приди в изумление, ибо и Солнце, говорят некоторые, гораздо более Земли, а святые отцы говорят, что оно – равно Земле; и [однако] часто оно закрывается малым облаком или даже незначительным холмом, или стеной.

Затмение же Луны происходит от тени, бросаемой Землею, когда Луна будет пятнадцатидневной и окажется с противоположной стороны – в высочайшем центре, Солнце, конечно, под Землею, а Луна над землею. Ибо Земля производит (падающую) тень, и солнечный свет не достигает, чтобы осветить Луну, и отсюда она затмевается.

Должно же знать, что Луна создана Творцом полною, то есть пятнадцатидневной, ибо надлежало, чтобы она произошла совершенной. А Солнце, как мы говорили, создано в четвертый день. Следовательно, Луна опередила Солнце на одиннадцать дней. Ибо от четвертого дня до пятнадцатого – одиннадцать дней; почему и, в отношении к времени, двенадцать лунных месяцев меньше двенадцати солнечных месяцев на одиннадцать дней. Ибо солнечные месяцы имеют триста шестьдесят пять дней с четвертью. Посему, когда эта четверть слагается [раз] в каждые четыре года, то получается в результате один день, который называется високосным. И тот год имеет триста шестьдесят шесть дней. Лунные же годы состоят из трехсот пятидесяти четырех дней; ибо Луна, с того времени как она родится, то есть возобновится, растет, пока она не будет четырнадцати дней с половиной и четвертью от роду; и [после этого] начинает уменьшаться до двадцати девяти дней с половиной (*от роду*), и делается совершенно темною. И [тогда], снова соединяясь с Солнцем, она возрождается и возобновляется, неся напоминание о нашем воскресении. Итак, каждогодне она отдает одиннадцать дней Солнцу. Поэтому у евреев через три года бывает вставочный месяц, и тот год получается из тринадцати месяцев, вследствие присоединения тех одиннадцати дней [сложенных три раза].

Ясно же, что и Солнце, и Луна, и звезды – сложны и по своей природе подлежат разрушению. Но природы их мы не знаем. Некоторые, конечно, говорят, что огонь вне какого-либо вещества – невиден, почему он, погашаемый, и исчезает. Другие же утверждают, что он, гасимый, изменяется в воздух.

Зодиакальный круг движется по косой линии, и разделен на двенадцать частей, которые называются знаками зодиака; знак же зодиака имеет тридцать частей и из них три главных – по одной в каждой десяти. Часть же имеет шестьдесят мелких долей. Итак, небо имеет триста шестьдесят частей [или градусов]; находящееся над землею полушарие – сто восемьдесят частей, также и полушарие, находящееся под землею, сто восемьдесят.

Жилища планет: Овен и Скорпион – жилище Марса; Телец и Весы – Венеры; Близнецы и Дева – Меркурия; Рак – Луны; Лев – Солнца; Стрелец и Рыбы – Юпитера; Козерог и Водолей – Сатурна.

Высоты: Овен – Солнца; Телец – Луны; Рак – Юпитера; Дева – Марса; Весы – Сатурна; Козерог – Меркурия; Рыбы – Венеры.

Виды Луны: О Луне говорится, что она находится в соединении, всякий раз как она будет в той части [или градусе], в какой находится Солнце; она рождается, когда отстоит от Солнца на пятнадцать градусов; восход бывает, всякий раз как она будет видима серпообразной, что, конечно, случается дважды, когда она отстоит от солнца на шестьдесят градусов; дважды бывает она полной до половины, всякий раз как отстоит от Солнца на девяносто градусов; дважды бывает она выпуклой с обеих сторон, когда отстоит от Солнца на сто двадцать градусов; дважды бывает она полной Луной и имеющей полный свет, всякий раз как отстоит от Солнца на сто пятьдесят градусов; совершенно полной луна бывает, когда отстоит от солнца на сто восемьдесят градусов. Сказали же мы: дважды: один раз, когда она растет, и другой, когда она убывает. Каждый знак зодиака Луна проходит в продолжение двух с половиной дней.

ГЛАВА 8 (22). О ВОЗДУХЕ И ВЕТРАХ

Воздух есть тончайшая стихия, как влажная, так и теплая, более тяжелая, чем огонь, но более легкая, нежели земля и воды, причина дыхания и речи, бесцветная, то есть не имеющая от природы цвета, светлая, прозрачная, ибо она может принимать свет; и служит трем нашим чувствам, ибо через нее мы видим, слышим, обоняем; она может принимать и теплоту, и холод, и сухость, и влажность; в ней происходят все местные движения: вверх, вниз, внутрь, вне, вправо, влево, также и движение круговое.

От себя воздух не имеет света, но освещается солнцем и луной, и звездами, и огнем. И это есть то, что сказало Писание: *тьма [бе] верху бездны* (Быт. 1, 2), желая показать, что не от себя воздух имеет свет, но что существует некоторая другая сущность, откуда идет свет.

Ветер же есть движение воздуха. Или ветер – течение воздуха, меняющий названия вследствие изменения мест, откуда он течет.

Сверх того, место ветра – в воздухе. Ибо местом каждого тела служит то, что облекает его. А что, кроме воздуха, облекает тела? Места же, откуда происходит движение воздуха, от которых и ветры имеют свои названия, различны. А всех ветров – двенадцать. Говорят же, что воздух – погашенный огонь или пар нагретой воды. Поэтому воздух по своей природе горяч. Холодным же он делается вследствие смежности, в какой он бывает в отношении к воде и земле, так что нижние его части холодны, а верхние теплы.

Дуют ветры: от летнего восхода солнца – северо-восточный ветер, также и ветер, дующий между тем и *бореем*. От равноденственного восхода солнца – восточный ветер. От зимнего восхода солнца – юго-восточный ветер. От зимнего захождения солнца – юго-западный ветер; от равноденственного захождения солнца – западный ветер; от летнего захождения солнца – северо-западный (*аргестис* или *олимпиас*, он также и *япикс*). Потом – южный ветер и северный, дующие друг против друга. Есть же и средний между северным и северо-восточным ветрами: *борей*. А средний между юго-восточным ветром и южным – *феникс*, называемый *эвронотом*. Средний между южным и юго-западным ветрами – *ливонотос*, он также и *левконотос*. Средний же между северным и северо-западным – *фракийский*, или соседями, живущими около [этой страны], называемый *керкиосом*.

Народы же, населяющие пределы [вселенной, следующие]: к восточному ветру живут бактриане; к юго-восточному – индийцы; к ветру, среднему между юго-восточным и южным, находятся Красное море и Эфиопия; к ветру, среднему между юго-западным и южным, живут гараманты, находящиеся выше Сирта; к юго-западному – эфиопы и западные мавры; к западному находятся Геркулесовы столбы и концы Ливии и Европы; к северо-западному находится Иверия, нынешняя Испания; а к ветру, среднему между северным и северо-западным, живут кельты и сопредельные племена; к северному ветру – скифы, находящиеся выше Фракии; к борею находятся Понт, Мэотийское озеро и Сарматы; к северо-восточному ветру – Каспийское море и Саки.

ГЛАВА 9 (23). О ВОДАХ

А также и вода есть одна из четырех стихий, прекраснейшее творение Божие. Вода – стихия и влажная, и холодная, и тяжелая, и стремящаяся вниз, – удоборазливаемая. О ней упоминает и Божественное Писание, говоря: *и тма [бе] верху бездны, и Дух Божий ношашеся верху воды* (Быт. 1, 2). Ибо бездна – ничто другое, кроме большого изобилия воды, предел которой – непостижим для людей. В начале вода, конечно, находилась на поверхности всей земли. И прежде всего Бог сотворил твердь, разлучающую *между водою, яже бе под твердию, и между водою, яже бе над твердию* (Быт. 1, 7). Ибо она, по Господнему повелению, была укреплена в средине бездны вод. Посему и сказал Бог, чтобы произошла твердь, и она произошла (Быт. 1, 6–7). Но для чего Бог поместил воду *над твердью*? По причине сильнейшего воспламенительного свойства солнца и эфира. Ибо прямо под твердью был распростерт эфир, а также и солнце с луною и звездами находятся на тверди. И если бы не была помещена сверху вода, то твердь, вследствие жара, сгорела бы.

Потом Бог повелел, чтобы воды собрались *в собрание едино* (Быт. 1, 9). То же обстоятельство, что [Писание] говорит о едином собрании, не указывает на то, что они собрались в одном месте; ибо после этого оно – смотри! – говорит: *и собрания вод нарече моря* (Быт. 1, 10); но это слово [Писания] показало то, что воды вместе – в тот же момент были особо отделены от земли. Итак, воды собрались *в собрания своя, и явися суша* (Быт. 1, 9). Отсюда [произошли] два моря, окружающие Египет, ибо этот лежит в средине между двумя морями. Собрались различные моря, имеющие и горы, и острова, и мысы, и гавани, и заключающие в себе различные заливы и имеющие вокруг как песчаные берега, так и утесистые и глубокие (αιγιαλούς τε, και ακτάς). Ибо морским берегом [выражаемым по-гречески:] αιγιαός называется песчаный берег; берегом же моря [выражаемым словом:] ακτή называется утесистый и глубокий, имеющий глубину прямо в начале. Подобным образом [явилось] и море, находящееся к востоку, которое называется Индийским; также и северное, которое называется Каспийским. Поэтому же собрались также и озера.

Есть же и океан, как бы некоторая река, окружающая всю землю, о котором, мне кажется, Божественное Писание сказало, что *река исходит из Едема* (Быт. 2, 10), имеющая годную для питья и сладкую воду. Он доставляет морям воду, которая, долго оставаясь в морях и будучи неподвижной, делается горькой, так как солнце, также и смерчи постоянно увлекают к себе вверх тончайшую ее часть, по какой причине и образуются облака и происходят дожди: через испарение сладкой воды.

Он также *разлучается в четыре начала* (Быт. 2, 10), то есть на четыре реки. Одной имя – Фисон (Быт. 2, 11); это – Ганг, Индийская река. И второй имя – Геон (Быт. 2, 13); это – река Нил, ниспадающая из Эфиопии в Египет. И третьей – имя Тигр, а имя четвертой – Евфрат (Быт. 2, 14). Есть же и другие реки, весьма многочисленные и весьма великие, из которых одни изливаются в море, другие же исчезают в земле. Посему вся земля – просверлена и обильна углублениями, как будто бы имеющая некоторые жилы, через которые принимая из моря воды, выпускает источники. Поэтому, сообразно со свойством земли, бывает и вода источников [различной]. Ибо морская вода просачивается и процеживается через землю, и таким образом делается сладкой. Если же место, откуда источник вытекает, случится горькое или соленое, то, сообразно с землею, поднимается вверх и вода. Часто же, будучи стесняема и силою прорываясь, вода согревается; и, вследствие этого, поднимаются вверх горячие от природы воды.

Итак, по Божественному повелению, произошли в земле пустоты, и таким образом воды собрались *в собрания своя* (Быт. 1, 9); вследствие этого также произошли и горы. Затем первоначальной воде Бог повелел *извести душу живу* (Быт. 1, 24), так как Он намеревался через воду и *носившегося в начале* над водами Святого Духа (Быт. 1, 2) обновлять человека. Ибо это говорил божественный Василий. Она же произвела живых существ: и малых, и великих, китов, драконов, рыб, ходящих в водах, и крылатых птиц. Следовательно, через птиц соединяются и вода, и земля, и воздух, ибо они произошли из вод, а живут на земле и в воздухе летают. С другой стороны, вода — прекраснейшая стихия и очень полезная, и очищающая от нечистоты, не только телесной, но и душевной, если [кто-либо] сверх того еще получит благодать Духа.

О морях

Геллеспонт, оканчивающийся у Абида и Сеста, принимает к себе [с противоположной стороны] Эгейское море; потом [лежат] Пропонтида, оканчивающаяся у Халкидона и Византии, где находится узкий пролив, от которого начинается Понт. Затем — Мэотийское озеро. С другой же стороны, от начала Европы и Ливии — Иверийское море, простирающееся от Геркулесовых столбов до Пиренейской горы; далее Лигурийское, простирающееся до пределов Этрурии. Потом — Сардинское, лежащее выше Сардинии, наклоняющееся вниз к Ливии. Далее — Тирренское, которое оканчивается у Сицилии, начинаясь от крайних пределов Лигурийской страны. Потом — Ливийское; затем — Критское, и Сицилийское, и Ионийское, и Адриатическое, излившееся из Сицилийского моря; залив, который называют заливом Коринфским или Алкионийским морем. Море же, замыкаемое мысом Сунием и мысом Скиллэем, есть Сароническое. Затем – Миртойское море и Икарово; в котором находятся и Кикладские острова. Потом – Карпафийское море и Памфилийское, и Египетское. Выше же Икарова моря непосредственно разливается море Эгейское. А плавание вдоль Европы от устьев реки Танаиса до Геркулесовых столбов составляет 609709 стадий; вдоль же Ливии – от Тинга до западного устья Нила – 209252 стадии; а вдоль Азии – от Канова до реки Танаиса вместе с заливами плавание составляет 4111 стадий. Морской берег, взятый в совокупности, вместе с заливами населяемой в наше время земли составляет 1309072 стадии.

ГЛАВА 10 (24). О ЗЕМЛЕ И О ТОМ, ЧТО ИЗ НЕЕ РОЖДАЕТСЯ

Земля есть одна из четырех стихий, как сухая, так и холодная, также тяжелая и неподвижная, в первый день приведенная Богом из не сущего в бытие. Ибо *в начале*, говорит Писание, *сотвори Бог небо и землю* (Быт. 1, 1), о местопребывании которой и основании никто из людей не был в состоянии сказать. Ибо одни объявляют, что она утверждена и укреплена на водах, как говорит божественный Давид: *Утвердившему землю на водах* (Пс. 135, 6). Другие же, что – на воздухе. Иной же говорит: *Повешаяй землю ни на чемже* (Иов. 26, 7). И опять *богоглаголивый* Давид, как бы от лица Творца, говорит: *Аз утвердих столпы ея* (Пс. 74, 4), столпами назвав ту силу, которая ее содержит. Изречение же: *на морях основал ю есть* (Пс. 23, 2) показывает, что кругом земли отовсюду разлилось естество воды. Итак, допустим ли, что она утверждена на самой себе, или на воздухе, или на водах, или ни на чем, должно не отступать от благочестивого образа мыслей, но исповедовать, что все вместе сохраняется и содержится силою Творца.

Итак, *в начале*, как говорит Божественное Писание, земля покрывалась водами и была неустроена (см. Быт. 1, 2), то есть лишена украшения. Когда же Бог повелел, произошли вместилища вод и тогда возникли горы, и земля, по Божественному повелению, восприяла свое украшение, украсившись всякого рода злаками и растениями, в которые Божественное повеление вложило и силу, способствующую к возрастанию, и силу питающую, и – заключающую в себе семя, то есть способную к рождению подобного [каждому из них]. По повелению же Творца, земля произвела и разнообразные роды живых существ, как пресмыкающихся, так и зверей, и домашнего скота. Всех – к благовременному пользованию со стороны человека; но одних из этих земля произвела в пищу ему, как, например, оленей, мелкий скот, серн и другое подобное; других же – для служения ему, как, например, верблюдов, волов, лошадей, ослов и другое подобное; иных же – для увеселения, как, например, обезьян; и из птиц как сорок, так и попугаев, и другое подобное. А также и из растений и трав одни земля произвела приносящими плоды, другие – съедобными, иные – благоухающими и цветущими, дарованными нам для наслаждения, как, например, розу и другое подобное; иные – для излечения болезней. Ибо нет ни одного живого существа, ни растения, в которое не вложил бы Творец какой-либо силы, годной для человеческого употребления. Ибо [Бог], *сведый вся прежде бытия их* (Дан. 13, 42), зная, что человек имеет самовольно нарушить [Божескую заповедь] и предаться погибели, создал все: и то, что на тверди, и что на земле, и что в водах, для того, чтобы он благовременно пользовался [этим].

Прежде нарушения [Божественной заповеди], конечно, все было послушно человеку. Ибо Бог поставил его начальником над всем, что на земле и в водах. А также и змий был дружественен к человеку больше остальных [живых существ], приходя к нему и своими приятными движениями беседуя с ним. Посему виновник зла – диавол через него предложил прародителям самый злой совет (см. Быт. 3, 1), а, с другой стороны, земля сама собою приносила плоды для того чтобы ими пользовались подчиненные человеку живые существа; также не было на земле ни дождя, ни зимы. После же преступления, когда *[человек] приложися скотом несмысленным и уподобися им* (Пс. 48, 13), как скоро он сделал так, что неразумная похоть в нем стала управлять одаренной разумом душою, когда он стал ослушником Господней заповеди, – подчиненная тварь восстала против избранного Творцом начальника; и ему было назначено *в поте* возделывать землю, из которой он был взят (Быт. 3, 19).

Но и теперь не бесполезно сношение со зверями, наполняющее [человека] ужасом и приводящее его к познанию и призыванию Бога, Который его сотворил. Сверх того, после преступления произросло из земли терние, согласно с изречением Господним, по которому даже с приятностью розы соединено вместе терние, приводящее нас к воспоминанию о преступлении, по причине которого земля была осуждена на произведение для нас терний и волчцов (см. Быт. 3, 18).

Что это так, должно верить вследствие того, что слово Господа, которое Он сказал: *раститеся и множитеся, и наполните землю* (Быт. 1, 28), содействует непрестанному существованию [всего] того до настоящего времени.

Далее, некоторые говорят, что земля шаровидна, другие же, что она конусообразна. Но она меньше, и даже совершенно незначительнее неба, вися в центре его, словно как некоторая точка. Однако и она *прейдет* и изменится (Мк. 13, 31). Блажен же наследующий землю *кротких* (Мф. 5, 5). Ибо земля, долженствующая принимать к себе святых, бессмертна. Следовательно, кто мог бы достойно выразить удивление как беспредельной, так и непостижимой мудрости Творца? Или кто мог бы воздать соответственную благодарность Даятелю столь великих благ?

Известных же [нам] областей земли, или сатрапий, в Европе – тридцать четыре; но в Азии, великом материке, областей – сорок восемь, [а так называемых] канонов – двенадцать.

ГЛАВА 11 (25). О РАЕ

А после того как Бог вознамерился по образу и по подобию Своему сотворить человека как из видимой, так и невидимой природы, как некоторого царя и начальника всей земли и того, что есть на ней, то прежде поставил для него как бы некоторый царский дворец, живя в котором он имел бы блаженную и вполне счастливую жизнь. И этим является Божественный рай, руками Бога насажденный в Эдеме, хранилище веселия и всякой радости. Ибо Эдем переводится: *наслаждение*. Лежа на востоке – выше всей земли, будучи благорастворенным и освещаемый кругом тончайшим и чистейшим воздухом, красуясь вечно цветущими растениями, насыщенный благовонием, наполненный светом, превышая мысль о всякой чувственной прелести и красоте, он – истинно Божественное место и жилище, достойное того, кто создан по образу Божию; в нем не пребывало ни одно из бессловесных существ, а один только человек – создание Божественных рук.

А в середине этого места Бог насадил древо жизни и древо познания (см. Быт. 2, 9). Древо познания – как некоторое испытание и пробу, и упражнение послушания и непослушания человека. Посему оно и названо древом разумения *доброго и лукавого* (Быт. 2, 9), или потому, что вкушавшим от него оно давало способность к познанию их собственной природы, что именно – прекрасно для людей совершенных, но худо – для очень несовершенных и для тех, которые в очень большой степени обладают сластолюбивым желанием, подобно тому как твердая пища – для тех, которые еще нежны [по возрасту] и нуждаются в молоке. Ибо сотворивший нас Бог не желал, чтобы мы заботились и суетились относительно многого, ни того, чтобы мы пеклись и промышляли о своей жизни, что именно подлинно и испытал Адам. Ибо вкусивши, он узнал, что был наг, и сделал себе пояс, потому что, взяв листья смоковницы, он препоясался. Прежде же вкушения *беста оба нага*, как Адам, так и Ева, *и не стыдястася* (Быт. 2, 25). Бог желал, чтобы мы были такими же бесстрастными, ибо то свойственно высочайшему бесстрастию; еще же Он желал, чтобы мы были и свободными от забот, имеющими одно дело, дело Ангелов: неусыпно и непрестанно воспевать хвалы Творцу, и наслаждаться Его созерцанием, и на Него возлагать свою заботу, что именно Он и возвестил нам через пророка Давида, говоря: *возверзи на Господа печаль твою, и Той тя препитает* (Пс. 54, 23). И в Евангелии, наставляя Своих учеников, Он говорит: *не пецытеся душею вашею, что ясте... ни телом вашим, во что облечется* (Мф. 6, 25). И опять: *ищите же прежде Царствия Божия и правды его, и сия вся приложатся вам* (Мф. 6, 33). И к Марфе: *Марфо, Марфо, печешися и молвиши о мнозе, едино же есть на потребу. Мария же благую часть избра, яже не отъимется от нея* (Лк. 10, 41–42) именно: сидение у ног Его и слушание Его слов.

Древо же жизни было древом, имевшим силу, подававшую жизнь или годным для еды одним только тем, которые были достойны жизни и не подлежали смерти. Некоторые, конечно, представляли себе рай чувственным, другие же – духовным. Однако мне, по крайней мере, кажется, что, подобно тому как человек сотворен был состоящим из чувственной вместе и из духовной природы, так и священнейший его храм был чувственным вместе и духовным и имевшим двоякий вид; ибо телом пребывая, как мы рассказали, в месте Божественнейшем и прекрасном, душою же он жил в высшем и более прекрасном месте, жившего в нем Бога имея своим жилищем и Его также имея своим славным покровом, и будучи облечен Его благодатью и наслаждаясь одним только сладчайшим плодом: созерцанием Его, подобно тому как какой-либо иной Ангел, – и питаясь этим созерцанием, что именно, конечно, и названо достойно древом жизни. Ибо сладость Божественного соединения сообщает тем, которые участвуют, жизнь, не прекращаемую смертью, что именно Бог назвал и всяким древом, сказавши: *от всякого древа, еже в раи, снедию снесе* (Быт. 2, 16; ср. 17). Ибо Сам Он – все, *в Нем* и через Него *всяческая состоятся* (Кол. 1, 17).

Древо же познания добра и зла есть рассмотрение многоразличного зрелища, то есть познание собственной природы, которое прекрасно для людей совершенных и твердо стоящих в Божественном созерцании, обнаруживая собою великолепие Творца; для людей, не боящихся перехода в другое [т.е. худшее] состояние вследствие того, что, в силу продолжительного упражнения они дошли до некоторого навыка к такого рода созерцанию; но не прекрасно для людей еще юных и в очень большой степени обладающих сластолюбивым желанием, которых обыкновенно влечет к себе и отвлекает попечение о собственном теле, вследствие нетвердости пребывания их в том, что более превосходно, и вследствие того что они еще некрепко утвердились в привязанности к одному только прекрасному.

Таким образом, Божественный рай, я думаю, был двойной, и истинно передали богоносные отцы, как те, которые учили одним образом, так и те, которые учили иным. Возможно же понять *всякое древо*, как познание Божественного могущества, возникающее благодаря сотворенным вещам, подобно тому как говорит божественный апостол: *невидимая бо Его от создания мира творенми помышляема видима суть* (Рим. 1, 20). Но из всех размышлений и созерцаний этих более возвышенное то, которое есть о нас; я говорю о том, которое касается нашего устройства, подобно тому как говорит божественный Давид: *удивися разум твой от Мене* (Пс. 138, 6), то есть *от* моего устройства. Однако это познание для Адама, который был недавно сотворен, было не лишено опасности вследствие причин, о которых мы сказали.

Иначе древо жизни можно понять как ту весьма Божественную мысль, которая рождается из всех чувственных вещей, и как происходящее через посредство их возведение ума к Родоначальнику всего, и Творцу, и Причине, что именно Он назвал и *всяким древом*, полным и нераздельным, и приносящим одно только пользование прекрасным. Древо же познания *доброго и лукавого* можно понять, как чувственную и доставляющую удовольствие пищу, которая хотя по-видимому и является приятной, однако на самом деле того, кто ее принимает, доставляет в общение со злом. Ибо Бог говорит: *от всякого древа, еже в раи, снедию снеси* (Быт. 2, 16), объявляя, думаю [как бы так]: через посредство всех творений возвысься ко Мне, Творцу, и от всего собери себе один плод: Меня, Который есмь истинная жизнь; все да приносит тебе плод: жизнь, и наслаждение Мною делай себе началом собственного бытия. Ибо таким образом ты будешь бессмертным. *От древа же, еже разумети доброе и лукавое, не снесте от него: а в оньже аще день снесте от него, смертию умрете* (Быт. 2, 17). Ибо чувственная пища, согласно с законами природы, есть дополнение того, что исчезло, и она удаляется в нижний проход и гибнет. И невозможно, чтобы оставался нетленным тот, кто питается чувственной пищей.

ГЛАВА 12 (26). О ЧЕЛОВЕКЕ

Таким, следовательно, образом Бог сотворил духовную сущность: я говорю об Ангелах и всех находящихся на небе чинах. Ибо они, совершенно ясно, суть духовной и бестелесной природы; бестелесной, однако, говорю, по сравнению с грубостью вещества, ибо одно только Божество поистине невещественно и бестелесно. Еще же сотворил Бог и чувственную природу, как небо, так и землю, и то, что лежит между ними. Итак, одну природу Он сотворил родственной Себе (ибо родственна Богу разумная природа и постижимая для одного только ума), другую же – лежащей, конечно, по всем направлениям весьма далеко, так как она, естественно, доступна чувству. «Надлежало же, – как говорит повествующий о Боге Григорий, – чтобы произошло и смешение из обеих – образец высшей мудрости и великолепия в отношении к природам, как бы некоторая связь как видимой, так и невидимой природы». Говорю же слово: надлежало, обозначая волю Творца, ибо она есть закон и постановление наиболее пристойное: и никто не скажет Творцу: зачем Ты сотворил меня таким образом? Ибо горшечник имеет власть приготовлять из своей глины различные сосуды (Рим. 9, 21; ср. 20) для доказательства своей мудрости.

А так как это было таким образом, то Бог Своими руками творит человека и из видимой, и невидимой природы как по Своему образу, так и подобию: тело образовав из земли, душу же, одаренную разумом и умом, дав ему посредством Своего *вдуновения* (Быт. 2, 7; 1, 26–27), что именно, конечно, мы и называем Божественным образом; ибо выражение по образу обозначает разумное и одаренное свободной волею; выражение же по подобию обозначает подобие через добродетель, насколько это возможно [для человека].

Далее, тело и душа сотворены в одно время; а не так, как пустословил Ориген, что одна прежде, а другое после.

Итак, Бог сотворил человека непричастным злу, прямым, нравственно добрым, беспечальным, свободным от забот, весьма украшенным всякою добродетелью, цветущим всякими благами, как бы некоторый второй мир: малый в великом, – другого Ангела, смешанного [т.е. из двух природ] почитателя, зрителя видимого творения, посвященного в таинства того творения, которое воспринимается умом, царя над тем, что находится на земле, подчиненного горнему Царю, земного и небесного, преходящего и бессмертного, видимого и постигаемого умом, среднего между величием и ничтожностью, в одно и то же время – духа и плоть: духа – по благодати, плоть – по причине гордости; одного для того, чтобы он оставался в живых и прославлял Благодетеля, другую для того, чтобы он страдал, и, страдая, надоумлялся, и, гордясь величием, был наказываем; живое существо, здесь, то есть в настоящей жизни, руководствуемое [известным образом и переходящее в другое место, то есть, в век будущий; и – высшая степень таинства! – вследствие своего тяготения к Богу делающееся богом; однако делающееся богом в смысле участия в Божественном свете, а не потому, что оно переходит в Божественную сущность.

Сотворил же его Бог по природе безгрешным и по воле независимым. Но безгрешным называю не потому, что он не был восприимчив к греху, ибо одно только Божество не допускает греха, а потому что совершение греха обусловливалось не природою его, но скорее свободной волей, то есть он имел возможность пребывать и преуспевать в добре, получая содействие со стороны Божественной благодати, равно как и отвращаться от прекрасного и очутиться во зле по причине обладания свободной волей, при позволении со стороны Бога. Ибо добродетель не есть что-либо, совершаемое по принуждению.

Итак, душа есть сущность живая, простая и бестелесная, по своей природе невидимая для телесных глаз, бессмертная, одаренная и разумом, и умом, не имеющая формы, пользующаяся снабженным органами телом и доставляющая ему жизнь, и приращение, и чувствование, и производительную силу, имеющая ум, не иной по сравнению с нею самой, но чистейшую часть ее, ибо как глаз в теле, так ум в душе [одно и то же]; независимая и одаренная способностью желания, также и способностью действования, изменчивая, то есть обладающая слишком изменчивой волей, потому что она – и сотворенна, получившая все это естественно от благодати Сотворившего ее, от которой она получила и то, что существовала, и то, что была таковой по природе.

О бестелесном где бы ни было. Бестелесное же, и невидимое, и не имеющее формы понимаем двояким образом. Одно – бестелесно по сущности, а другое – по благодати; и одно – по природе, другое же по сравнению с грубостью вещества. В отношении к Богу говорят о бестелесности, конечно, по природе; в отношении же к Ангелам, и демонам, и душам – по благодати и сообразно с грубостью материи.

А тело есть то, что состоит из троякого измерения, то есть имеет длину, и ширину, и глубину или толщину. Всякое же тело составлено из четырех стихий; а тела живых существ – из четырех влаг.

Должно же знать, что есть четыре стихии: земля, которая суха и холодна; вода, которая холодна и влажна; воздух, который влажен и горяч; огонь, который горяч и сух. Подобным образом есть также и четыре влаги, которые соответствуют четырем стихиям: черная желчь, которая соответствует земле, ибо она, желчь, суха и холодна; слизь, соответствующая воде, ибо она, слизь, холодна и влажна; кровь, которая соответствует воздуху, ибо она влажна и горяча; желтая желчь, которая соответствует огню, ибо она горяча и суха. Плоды, конечно, состоят из стихий, а влаги [или соки] – из плодов, тела же живых существ – из влаг, и в них разрешаются. Ибо все, что слагается [из чего-либо], в это и разрешается.

О том, что человек имеет общее и с неодушевленными вещами, и бессловесными существами, и с одаренными разумом. Должно знать, что человек и имеет общее с неодушевленными предметами, и участвует в жизни бессловесных существ, и получил мышление существ, одаренных разумом. Ибо с неодушевленными предметами он имеет общее со стороны своего тела, также и потому, что он соединен из четырех стихий; а с растениями как в этом отношении, так и со стороны силы питающей, и произращающей, и заключающей в себе семя или способной рождать; с бессловесными же существами имеет общее и в этом, а сверх того, и в отношении к желанию, то есть гневу и похоти, и в отношении к чувствованию, и в отношении к движению, соответствующему побуждению.

Чувств, конечно, существует пять: зрение, слух, обоняние, вкус, осязание; движению же соответственно побуждению принадлежит способность переходить с места на место, также способность к приведению в движение всего тела, способность к издаванию звука и способность дышать, ибо от нас зависит делать это и не делать.

Через посредство разума человек соединяется с бестелесными и постигаемыми только умом природами, мысля, и обдумывая, и произнося приговор относительно всего порознь, и следуя за добродетелями, и любя благочестие – вершину добродетелей; посему человек и есть малый мир.

Должно же знать, что рассечение, и течение, и изменение – свойственны одному только телу. Изменение [разумею] то, которое бывает относительно качества, именно – согревания и охлаждения и подобного. Течение же – то, которое происходит вследствие опоражнивания, ибо опоражниваются и сухое, и влажное, и дух, и имеют нужду в наполнении. Поэтому и голод, и жажда суть согласные с законами природы чувства. А рассечение есть разобщение влаг одной от другой и разделение на форму и материю.

Душе же свойственны благочестие и мышление. Но добродетели общи душе и телу, и именно потому, что они имеют отношение к душе, так как душа пользуется телом.

Должно знать, что разум по природе владычествует над неразумною частью. Ибо силы души разделяются на ту, которая разумна, и ту, которая неразумна. Но есть две части неразумной стороны души: одна – непослушна разуму, то есть разуму не повинуется; другая – послушна и повинуется разуму. Непослушная и не повинующаяся разуму часть есть, конечно, жизненная сила, которая называется и пульсовой, также сила, заключающая в себе семя, то есть способная рождать, также и сила растительная, которая называется и питающей; а ей принадлежит и сила, способствующая росту, которая и образует тела. Ибо эти управляются не разумом, но природой. Послушная же и повинующаяся разуму часть разделяется на гнев и похоть. А вообще неразумной частью души называется способная к чувствованию и возбуждающая желания. Должно же знать, что и движение, соответствующее побуждению, принадлежит к той части, которая послушна разуму.

А сила питающая, и рождающая, и приводящая в движение артерии, принадлежит той части, которая не повинуется разуму. Растительной же силой называется та, которая способствует росту, и сила питающая, и сила рождающая; жизненной же та, которая приводит в движение артерии.

Сил питающей части, конечно, четыре: притягивающая, которая привлекает пищу; удерживающая, которая задерживает пищу и не дозволяет ей тотчас извергнуться; изменяющая, которая перерабатывает пищу в соки; отделяющая, которая выделяет и выбрасывает извержение через задний проход.

Должно знать, что из тех сил, которые находятся в живом существе, одни суть душевные, другие – растительные, иные – жизненные. И душевные, конечно, те, которые исходят из свободной воли, то есть движение, соответствующее побуждению, и чувствование. Движению же соответственно побуждению принадлежит и способность переходить с места на место, и способность к приведению в движение всего тела, и способность к издаванию звука, и способность дышать; ибо от нас зависит совершение и несовершение этого. Растительные же и жизненные суть те, которые не зависят от свободной воли. И растительные, конечно, суть: сила питающая, и способствующая росту, и заключающая в себе семя; жизненная же есть та, которая приводит в движение артерии. Ибо эти силы действуют и тогда, когда мы желаем, и тогда, когда не желаем.

Должно же знать, что из дел одни хороши, а другие худы. Благо, которое ожидается, конечно, производит желание; присутствующее же благо производит удовольствие; подобным же образом, в свою очередь, ожидаемое зло производит страх, а присутствующее – печаль. Должно же знать, что, сказав здесь о благе, мы сказали как о том, что благо поистине, так и о том, что кажется благом; подобным же образом – и о зле.

ГЛАВА 13 (27). ОБ УДОВОЛЬСТВИЯХ

Из удовольствий одни суть душевные, другие – телесные. И душевные, конечно, суть те, которые свойственны одной только душе самой по себе, каковы – удовольствия, чувствуемые при занятиях науками и при созерцании. Телесные же удовольствия те, которые происходят через участие души и тела и которые поэтому называются телесными: [это] все, касающееся пищи и совокупления и подобного. Но никто не мог бы найти удовольствий, свойственных одному только телу.

С другой стороны, одни из удовольствий истинны, другие ложны; и удовольствия, свойственные одному только уму, состоят в познании и созерцании; те же, которые возникают с помощью тела, касаются чувства. И из удовольствий, возникающих с помощью тела, одни суть естественные, вместе с тем и необходимые, без которых невозможно жить, каковы: пища, восполняющая недостаток, и необходимые одежды; другие же, хотя и естественные, однако не необходимы, каковы – совокупления, согласные с природою и сообразные с законом. Ибо, хотя они содействуют сохранению всего рода, однако возможно без них жить в девстве. Иные же удовольствия ни необходимы, ни естественны, как: пьянство, и сладострастие, и пресыщения, преступающие потребность. Ибо они не содействуют ни сохранению нашей жизни, ни преемству рода, но, напротив, скорее даже вредят. Поэтому тот, кто живет согласно с Божией волей, должен искать удовольствий необходимых, в то же время и естественных; удовольствия естественные и не необходимые полагать на втором месте, допуская их в приличное время, и приличным образом, и в приличной мере. Остальных же удовольствий следует всячески избегать.

Прекрасными же удовольствиями должно признавать те, которые не соединены с печалью, и не возбуждают раскаяния, и не способны производить другого вреда, и не переходят за пределы надлежащей меры, и не отвлекают нас на долгое время от серьезных дел или не порабощают.

ГЛАВА 14 (28). О ПЕЧАЛИ

Печали же – четыре вида: горе, грусть, зависть, сострадание. Горе, конечно, есть такая печаль, которая причиняет лишение голоса; грусть же – печаль, причиняющая боль; а зависть – печаль из-за чужих благ; сострадание же – печаль из-за чужих бедствий.

ГЛАВА 15 (29). О СТРАХЕ

Но и страх разделяется на шесть видов: на нерешительность, на стыдливость, на стыд, на изумление, на ужас, на беспокойство. Нерешительность есть, конечно, страх пред будущей деятельностью. А стыдливость – страх вследствие ожидания порицания; и это чувство – прекраснейшее. Стыд же – страх вследствие совершенного позорного дела; но и это чувство не безнадежно в отношении к спасению [человека]. Изумление же – страх от [какого-либо] великого явления. А ужас – страх от явления необыкновенного. Беспокойство же – боязнь ошибки в своих надеждах, то есть неудачи; ибо, боясь, что не будем иметь успеха в деле, мы испытываем беспокойство.

ГЛАВА 16 (30). О ГНЕВЕ

Гнев есть кипение находящейся около сердца крови, происходящее вследствие испарения желчи или возмущения ее; посему [по-гречески] он и называется χολή и χόλος [словами, обозначающими желчь]. А иногда гнев есть и желание мщения. Ибо, будучи оскорбляемы или думая, что нас оскорбляют, мы огорчаемся; тогда происходит смешанное чувство: из желания и гнева.

А видов гнева три: вспыльчивость, которая называется χολή θ χόλος; также μῆνις θ κότος. Ибо гнев, когда он начинается и возбуждается, называется ὀργή θ χολή, θ χόλος. Μῆνις же — упорно остающийся гнев, то есть злопамятство; а назван он от слова μένειν (оставаться) и потому, что он вверяется памяти (μνήμη). Κότος же — гнев, выжидающий удобный случай для мщения; а назван он от слова κεῖσθαι (бежать).

Далее, гнев — спутник разума, защитник желания. Ибо, всякий раз как мы устремим свое желание на предмет и со стороны кого-либо встретим препятствие, то гневаемся против него, как оскорбленные; так как разум в тех, которые охраняют свое положение, как требует природа, очевидно, решил, что случившееся — достойно негодования.

ГЛАВА 17 (31). О СПОСОБНОСТИ ВООБРАЖЕНИЯ

Способность воображать есть сила неразумной части души, действующая через посредство органов чувств, которая называется и чувством. Воображаемым же и чувствуемым называется то, что подпадает под власть воображения и чувства, как [например] зрение есть самая зрительная сила; видимое же — то, что подпадает под власть зрения, может быть, камень или что-либо из такового. Воображение же есть состояние неразумной души, происходящее по причине чего-либо, действующего на воображательную силу. А призрак есть напрасное состояние, бывающее в неразумных частях души, которое возникает независимо от какой-либо вещи, подлежащей воображению. Органом же способности воображения служит переднее углубление головного мозга.

ГЛАВА 18 (32). О ЧУВСТВЕ

Чувство есть та сила души, которая способна воспринимать материальные вещи, то есть способна различать. Жилищами же чувств служат органы, то есть члены, через посредство которых мы чувствуем; а чувствуемое – то, что подпадает под власть чувства; способным же к чувствованию является живое существо, имеющее чувство. Чувств же пять; равным образом пять и жилищ чувств.

Первое чувство – зрение. Жилищами же чувства и органами зрения служат нервы, идущие из головного мозга, и глаза; а ощущает зрение главным образом цвет; вместе же с цветом оно распознает окрашенное цветом тело, его величину, фигуру, место, где оно находится, промежуточное расстояние, число, движение и спокойное положение; шероховатость и гладкость; ровность и неровность; остроту и притупленность; состав, водянистое ли оно или земляное, то есть влажное или сухое.

Второе чувство – слух, который способен воспринимать слова и звуки. Распознает же он их высоту и низкость, ровность и силу. А органами его служат нежные нервы головного мозга и устройство ушей. Далее, один только человек и обезьяна не приводят в движение ушей.

Третье чувство – обоняние, которое возникает через посредство ноздрей, отправляющих пары к головному мозгу; достигает же оно до границ передних углублений головного мозга. Далее, оно способно чувствовать и воспринимать испарения; а самое родовое различие испарений есть благовоние, зловоние и среднее между ними, что не есть ни благовонно, ни зловонно. Происходит же благовоние тогда, когда находящиеся в телах влаги бывают совершенно сварены. А когда они бывают сварены только посредственно, то происходит среднее состояние. Когда же они сварены более недостаточно или даже совершенно не сварены, тогда происходит зловоние.

Четвертое чувство – вкус; способно же оно воспринимать, то есть ощущать, вкусы. А органами его служат язык и главным образом оконечность его, также и небо /нёбо – электр. Ред./, которое некоторые называют οὐρανίσκον маленьким небом; в них распространены нервы, направляющиеся из головного мозга и возвещающие уму человека о происшедшем восприятии, то есть чувстве. А так называемые вкусовые качества соков суть эти: сладость, острота, кислота, жесткость, терпкость, горечь, соленость, маслянистость, вязкость. Ибо вкус способен к распознаванию этого. Вода же, относительно этих качеств, бескачественна, ибо не имеет ни одного из них. А жесткость есть напряжение и излишество терпкости.

Пятое чувство есть осязание, которое обще и всем живым существам; возникает оно с помощью нервов, направляющихся из головного мозга по всему телу. Посему и все тело, а также и остальные органы чувств владеют чувством осязания; а подлежат осязанию: горячее и холодное; нежное и жесткое, клейкое и твердое, тяжелое и легкое; ибо это узнается через одно только осязание. Обще же осязанию и зрению: шероховатое и гладкое, сухое и влажное, толстое и тонкое, вверх и вниз, место и величина, всякий раз как она бывает таковой, что может обниматься одним прикосновением [органов] осязания; также и как частое, так и редкое или ноздреватое, и круглое, всякий раз как оно бывает небольшое по объему; также и некоторые иные фигуры. Подобным же образом осязание узнает и приближающееся тело, но [конечно] с помощью памяти и мыслительной способности; а точно так же и число до двух или трех и те числа, которые незначительны и легко обхватываются [рукою]. Однако эти скорее воспринимает зрение, нежели осязание.

Надлежит знать, что каждое из остальных органов чувств Творец устроил двойным для того, чтобы если один притупляется, другой восполнял недостаток. Ибо Он устроил два глаза, два уха, два носовых отверстия и два языка; но в одних из живых существ разделенные, как в змеях, в других же соединенные, как в человеке; и, с другой стороны, осязание Он [разлил] во всем теле, кроме костей, нервов, ногтей, рогов, волос, связок и некоторых других.

Должно знать, что зрение видит по прямым линиям; обоняние же и слух [воспринимают] не только по прямой линии, но со всех сторон. А осязание и вкус узнают и не по прямому направлению, и не отовсюду, но тогда только, когда приближаются к самым предметам, подлежащим их восприятию.

ГЛАВА 19 (33). О МЫСЛИТЕЛЬНОЙ СПОСОБНОСТИ

Мыслительной же способности свойственны и решения, и одобрения, и побуждения, направляющие к действию, и отклонения, и бегство от деятельности; особенно же: рассуждения о тех вещах, которые постигаются только умом, и добродетели, и науки, и основания искусств, и советование, и свободный выбор. С другой стороны, эта способность предсказывает нам будущее и именно через сновидения; способность, которая одна только, говорят пифагорейцы, последовав евреям, есть истинный дар прорицания. А органом ее служит среднее углубление головного мозга и находящийся в нем жизненный дух.

ГЛАВА 20 (34). О СПОСОБНОСТИ ПОМНИТЬ

Способность же помнить служит и причиной, и хранилищем памяти и припоминания. Ибо память есть представление, оставленное как каким-либо чувством, так и каким-либо мышлением, обнаруживающимся через действие; или сохранение вещи, воспринятой и чувством, и мышлением. Ибо [если] душа воспринимает или чувствует то, что чувственно, через посредство органов чувств – возникает представление; а то, что постигается только мыслью, через посредство ума – возникает мышление. Итак, всякий раз как она сохраняет образы тех вещей, которые постигла представлением и мышлением, тогда говорят, что она помнит.

Должно же знать, что восприятие постигаемого только умом возникает не иначе, чем через учение или врожденное представление. Ибо оно не происходит посредством чувства, потому что чувственное удерживается памятью само по себе; постигаемое же только умом помним тогда, если что-либо [из этого] изучили. Однако памяти о сущности таких предметов мы не имеем.

Припоминанием же называется восстановление сил памяти, исчезнувшей вследствие забвения. А забвение есть утрата памяти. Итак, способность воображения, воспринимая материальные предметы через посредство чувств, передает мыслительной способности или рассудку, ибо и то, и другое – одно и то же. Он, приняв и обсудив, отсылает способности памяти. Органом же способности памяти служит заднее углубление головного мозга, которое также называют мозжечком, и находящийся в нем жизненный дух.

ГЛАВА 21 (35). О ВНУТРЕННЕМ СЛОВЕ И ПРОИЗНОСИМОМ

А в свою очередь разумная часть души разделяется как на внутреннее слово, так и на произносимое. Внутреннее же слово есть движение души, происходящее в той части, которая рассуждает, без какого-либо восклицания; посему часто, и молча, мы вполне излагаем в себе самих всю речь, также и разговариваем во время сновидений. Поэтому преимущественно мы все и разумны (λογικοί). Ибо и немые от рождения или те, которые потеряли голос по причине какой-либо болезни или страсти, нисколько не менее разумны. Слово же произносимое получает свою силу в звуке и разговорах; то есть слово, которое произносится языком и устами, почему оно и называется произносимым; и оно есть вестник мысли. Поэтому же мы и называемся одаренными способностью речи (λαλητικοί).

ГЛАВА 22 (36). О СТРАСТИ И ДЕЯТЕЛЬНОСТИ (ЭНЕРГИИ)

О страсти говорят в двояком смысле. Ибо говорят и о телесной страсти, как [например] болезнях и ранах; говорят, в свою очередь, о страсти и душевной: как похоти, так и гневе. По общему же мнению и вообще страсть живого существа есть то, за чем следует удовольствие или печаль. Ибо за страстью следует печаль; и не самая страсть есть печаль, потому что бесчувственное, страдая, не скорбит. Итак, не страсть есть боль, а чувствование страсти. Но должно, чтобы эта страсть была значительна, то есть велика, для того чтобы она подпала под власть чувства.

Определение же душевных страстей такое: страсть есть чувственное движение желательной способности, вследствие воображения блага или зла. Или иначе: страсть есть неразумное движение души по причине представления блага или зла. Представление блага, конечно, возбуждает желание; представление же зла – гнев. А родовая, то есть всем принадлежащая страсть определяется таким образом: страсть есть движение, производимое одним в другом. Энергия же есть движение деятельное. Деятельным же называется то, что движется по собственному побуждению. Таким образом и гнев есть энергия [или деятельность] пылкой части, а страсть – энергия двух частей души и, кроме того, всего тела, всякий раз как оно вынужденно ведется гневом к действиям.

Ибо [тогда] в одном произошло движение, причиненное другим, что именно и называется страстью.

Но называется энергия страстью также и другим способом. Ибо энергия есть движение согласно с природой, а страсть — вопреки природе. Итак, в этом смысле энергия называется страстью, когда она возбуждается не согласно с природой, или когда [кто-либо] возбуждается сам от себя или из-за другого. Поэтому пульсовое движение сердца, будучи согласным с законами природы, есть энергия; а то движение, которое происходит скачками, будучи неумеренным и не согласным с природой, есть страсть, а не энергия.

Но не всякое движение страдательной части души называется страстью, а те, которые очень сильны и доходят до [области] чувства; ибо незначительные движения и нечувствительные еще не суть страсти, так как должно, чтобы страсть имела также и величину, которая значительна. Поэтому к определению страсти присоединяется: [страсть —] движение, подлежащее чувствам; ибо незначительные движения, остающиеся незаметными для чувства, не производят страсти.

Должно знать, что наша душа имеет двоякие силы: одни познавательные, другие жизненные. И познавательные суть: ум, мыслительная способность, мнение, воображение, чувство; жизненные же, то есть желательные, воля и свободный выбор. А чтобы говоримое сделалось более ясным, с тонкостью исследуем касающееся этих способностей; и прежде всего скажем о силах познавательных.

О воображении и чувстве, конечно, достаточно уже изложено в вышесказанном. Итак, через посредство чувства в душе происходит настроение, которое называется воображением; вследствие же воображения возникает мнение. Затем мыслительная способность, расследовав мнение, истинно ли оно, или ложно, выделяет то, что истинно; посему она и называется διάνοια от του διανοειν:

от того, что обдумывает и обсуждает. Наконец, истина, обсужденная и определенная, называется умом.

Иначе: должно знать, что первое движение ума называется мышлением; а мышление относительно чего-либо называется мыслью, которая, долго оставаясь и запечатлевая в душе то, что мыслится, называется внимательным обдумыванием. А внимательное обсуждение, твердо держась того же самого предмета, и испытывая себя, и расспрашивая душу относительно того, что мыслится, называется проницательностью. Проницательность же, расширившись, создает умозаключение, называемое внутренним словом, определяя которое говорят, что оно – полнейшее движение души, возникающее в мыслительной способности без какого-либо восклицания; из него, говорят, выходит слово произносимое, которое говорится языком. Итак, сказав о познавательных силах, мы желаем сказать и о жизненных или желательных.

Должно знать, что от природы всеяна в душу та сила, которая стремится к тому, что согласно с природой, и которая сохраняет все то, что существенно находится в природе; сила, которая называется желанием (θέλησις). Ибо сущность стремится и к бытию, и к жизни, и к движению как относительно ума, так и чувства, желая себе свойственного ему – согласного с законами природы и полного бытия. А потому это естественное желание и определяют таким образом: желание есть как разумное, так и жизненное стремление, зависящее от одного того только, что – естественно. Поэтому желание [не иное что есть как] то самое естественное, и жизненное, и разумное стремление ко всему тому, чем обусловливается прочное состояние природы, – простая способность. Ибо стремление бессловесных существ, не будучи разумным, не называется желанием.

А βούλησις (намерение) есть некоторое естественное желание, то есть естественное и разумное стремление к какому-либо делу. Ибо в душе людей находится сила к стремлению сообразно с разумом. Поэтому когда естественным образом возбудится это разумное стремление к какому-либо делу, то оно называется βούλησις; ибо βούλησις [или акт воли] есть разумное стремление и желание какого-либо дела.

Говорится же «βούλησις» как относительно того, что находится в нашей власти, так и относительно того, что не от нас зависит; то есть как в отношении к возможному, так и в отношении к невозможному. Ибо мы часто желаем предаться блуду, или сохранить целомудрие, или заснуть, или чего-либо из такового; и это из числа того, что находится в нашей власти и что возможно. Но желаем мы и стать царями; и это не есть из числа того, что зависит от нас. Желаем же, может быть, и никогда не умереть; это – из того, что невозможно.

Но βούλησις [или акт воли] имеет в виду цель, а не то, что ведет к цели. Цель, конечно, есть то, что может подлежать желанию, как, например, сделаться царем или стать здоровым. К цели же ведет то, о чем можно советоваться, то есть способ, через посредство которого мы должны стать здоровыми или сделаться царями. Потом после акта желания наступает обсуждение и исследование; и после этого, если дело идет о том, что находится в нашей власти, возникает совет или совещание. Совещание же есть стремление пытливое, происходящее относительно того, что может быть сделано в зависимости от нашей власти; ибо совещается [кто-либо] о том, должен ли он домогаться дела, или нет; потом он предпочитает лучшее, и это называется решением. Затем настраивается [в пользу этого] и проявляет любовь к тому, что выбрано вследствие совещания; и это называется γνώμη (стремлением), т.е. избранием душою направления и решимостью следовать ему. Ибо если он сделает выбор и не будет настроен в отношении к тому, что выбрано, то есть не проявит к нему своей любви, то это не называется γνώμη (стремлением). Затем, после [такого] настроения происходит добровольное решение или выбор; ибо свободный выбор есть предпочитание и избирание из двух вещей, которые предлежат, одного пред другим. Потом [человек] устремляется к действию, и это называется возбуждением. Затем пользуется [достигнутой целью], и это называется пользованием. Потом после пользования успокаивается от стремления.

В бессловесных, конечно, существах возникает стремление к чему-либо и тотчас – возбуждение к действию. Ибо стремление бессловесных существ неразумно, и они против воли увлекаются естественным стремлением; посему стремление неразумных существ не называется ни волею (θέλησις), ни актом воли (βούλησις). Ибо θέλησις (воля, желание) есть разумное и свободное естественное стремление; а в людях, которые одарены разумом, естественное стремление скорее ведется, нежели ведет. Ибо оно возбуждается независимо и через посредство разума, так как познавательные и жизненные способности соединены в нем [т.е. человеке]. Итак, он свободно стремится, и свободно желает, и свободно исследует, и рассматривает, и свободно совещается, и свободно решает, и свободно настраивается, и свободно предпочтительно избирает, и свободно устремляется, и свободно поступает в тех делах, которые согласны с природою.

Должно же знать, что мы хотя и говорим о желании в Боге, но не говорим о свободном выборе в собственном смысле. Ибо Бог не совещается, так как советоваться свойственно неведению. Ибо никто не совещается относительно того, что известно. А если совещание свойственно незнанию, то во всяком случае также – и свободный выбор. Бог же, Который все просто знает, не совещается.

Но не говорим о совете или свободном выборе и в душе Господа, потому что Он не имел неведения. Ибо если Он и имел природу, которая не знала будущего, но, однако, она, ипостасно соединенная с Богом Словом, обладала знанием всего, не по благодати, а, как сказано, по причине ипостасного соединения. Ибо Один и Тот же был и Богом, и человеком; посему Он и не имел желания, возникающего из мысли. Ибо хотя Он имел желание естественное, простое, одинаково созерцаемое во всех лицах человеческих, но мнения, то есть того, что могло быть предметом Его желания, противного Божественной Его воле и иного по сравнению с Его Божеским желанием, Его святая душа не имела. Ибо мнение бывает различно вместе с лицами, кроме святого, и простого, и несложного, и нераздельного Божества. Ибо там, так как Ипостаси совершенно не различаются и не разделяются, не различается и то, что может быть предметом желания. И там, так как природа едина, едино и согласное с законами природы желание. А так как и Ипостаси неразлучны, то едино также и то, что может быть предметом желания, и едино движение трех Лиц. А в людях, так как природа их одна, одно и согласное с законами природы желание; но так как лица различны и разделяются друг от друга как по месту, так и времени, и по расположению к делам, и по другому весьма многому, то по этой причине различны их желания и мнения. В Господе же нашем Иисусе Христе, так как природы различны, то различны также и естественные желания Его Божества и Его человечества, или способности желания. А так как едина Ипостась и един Желающий, то един также и предмет желания или едино возникающее из мысли желание, так как человеческая Его воля, разумеется, следует Божественной Его воле и желает того, чего Божественная воля желала, чтобы она хотела.

Должно же знать, что есть θέλησις (воля, желание), а иное – βούλησις (намерение); иное же – τὸ θελητὸν (желаемое), и иное – τὸ θελητικὸν (способный желать), и иное ὁ θέλων (желающий). Ибо θέλησις есть самая простая способность желания. Βούλησις же – желание по отношению к чему-либо. А θελητὸν – предмет, подлежащий желанию, то есть то, что мы желаем. Например, как возбуждается стремление к пище: просто разумное стремление есть θέλησις, стремление же к пище – βούλησις, а самая пища θελητὸν. Τὸ θελητικὸν же – то, что одарено способностью желания, как, например, человек. О θέλων же – сам тот, кто пользуется желанием.

Следует же знать, что θέλημα иногда желание обозначает или способность желания, и называется естественным желанием; иногда же – то, что желаем, и называется желанием, возникающим из мысли.

ГЛАВА 23 (37). ОБ ЭНЕРГИИ [ДЕЙСТВИИ ИЛИ ДЕЯТЕЛЬНОСТИ]

Должно знать, что все способности, о которых мы прежде сказали, как познавательные, так и жизненные, так и естественные, также и искусственные, называются ενέργειαι [т.е. действиями или деятельностями]. Ибо энергия есть естественная каждой сущности сила и движение. И еще: энергия есть естественное, врожденное движение всякой сущности; откуда ясно, что чего сущность одна и та же, того одна и та же и энергия, а чего природы различны, того различны и энергии; ибо невозможно, чтобы сущность была лишена естественной деятельности.

В свою очередь, энергия есть та естественная сила, которою изъясняется каждая сущность. Энергия есть естественная и первая вечно движущаяся сила разумной души, то есть вечно движущийся ее разум, естественным образом постоянно из нее изливающийся. И опять: энергия есть естественная каждой сущности сила и движение, которых лишено одно только не сущее.

Называются же энергиями также и деяния, как, например, говорить, гулять, есть, пить и подобное. Но часто называются энергиями также и естественные чувства, как, например, голод, жажда и подобное. Называется же, в свою очередь, энергией и полнота силы.

Далее, двояким образом говорится [о том, что нечто есть. Оно есть] и в возможности, и в действительности. Ибо мы говорим, что дитя, сосущее грудь, в возможности есть грамматик, ибо оно обладает способностью через посредство учения стать грамматиком.

Говорим опять о грамматике, что он — грамматик и в возможности, и в действительности: в действительности потому, что он обладает знанием грамматики; в возможности же потому, что он может объяснять ее, однако не делает ее изъяснения; говорим опять о грамматике в действительности тогда, когда он действует, то есть изъясняет [грамматику].

Итак, должно знать, что этот второй образ общ как тому, что в возможности, так и тому, что в действительности: второй — в возможности [отвечает] первому — в действительности.

Ради себя самой избираемая, то есть разумная и свободная жизнь, и составляющая наш человеческий вид, есть первое и единственное, и истинное действие [в нас] природы. Те, которые отнимают ее у Господа, не знаю, как называют Его вочеловечившимся Богом.

Энергия есть деятельное движение природы; а деятельным называется то, что движется само собой.

ГЛАВА 24 (38). О ДОБРОВОЛЬНОМ И НЕВОЛЬНОМ

Так как добровольное состоит в каком-либо действии, а также и то, что считается невольным, состоит в каком-либо действии; между тем, почти что многие и то, что на самом деле невольно, полагают не только в страдании, но также и в делании; однако, должно знать, что действие есть деятельность разумная. За действиями, далее, следует похвала или порицание; и одни из них совершаются с удовольствием, другие – с печалью; и одни из них вожделенны для совершающего, другие – отвратительны; из вожделенных же одни – всегда вожделенны, другие – в некоторое время. Подобным образом также и из отвратительных. И опять, одни из действий возбуждают сожаление и получают прощение, другие ненавидятся и наказываются. Конечно, за тем, что добровольно, во всяком случае следует похвала или порицание; потому что оно совершается с удовольствием, и действия для совершающих их бывают вожделенными или всегда, или тогда, когда они совершаются. А за невольным следует то, что оно удостаивается прощения или сожаления, потому что оно совершается с печалью, и [такие действия] не бывают вожделенными, и совершаемое не исполняется ради самого себя [никем], хотя бы он и был принуждаем [к этому] силой.

Далее, одно из невольного бывает по причине насилия, другое – по причине неведения. По причине насилия – всякий раз, как производящее начало или причина бывает извне, то есть всякий раз, как мы бываем вынуждаемы другим, совершенно не склоняясь на его убеждения [к этому], и всякий раз, как мы и не содействуем своим собственным усердием, и совершенно не помогаем, а не тогда, когда делаем то, к чему нас принуждают, сами собою; что определяя, мы и говорим: невольное – то, чего начало извне, когда тот, кто принуждается, нисколько не содействует своим собственным усердием. Началом же мы называем причину производящую. А невольное вследствие неведения бывает всякий раз, когда не мы сами доставляем причину незнания, но когда [дело] так случится. Ибо если кто-либо, будучи пьяным, совершит убийство, то он убил не ведая, однако не невольно, ибо он сам произвел причину своего неведения, то есть опьянение. Если же кто-либо, стреляя в обычном [для стрельбы] месте, убил отца, который проходил мимо, то о нем говорят, что он совершил это невольно – по неведению.

Поэтому что невольно, двояко: одно – по причине насилия, другое – по причине неведения, а добровольное противоположно и тому, и другому. Ибо добровольное есть то, что происходит ни по причине насилия, ни по причине неведения. Поэтому добровольное есть то, чего начало, то есть причина находится в самом [делающем], знающем все в отдельности, через посредство чего [совершается] действие и в чем оно заключается. А все в отдельности есть то, что у ораторов называется обстоятельственными членами; как, например, кто, то есть тот, кто совершил; кого, то есть того, кто потерпел; что, то есть то самое, что сделано, быть может, [кто-либо] совершил убийство; чем, то есть орудием; где, то есть в [каком] месте; когда, то есть в какое время; как, [то есть какой] образ действия; почему, то есть по какой причине.

Должно знать, что вынужденное необходимостью занимает середину между добровольным и невольным; что, хотя оно неприятно и тягостно, мы принимаем ради [избежания] большего зла; как, например, ради [избежания] кораблекрушения сбрасываем [в море] то, что находится на корабле.

Должно знать, что, хотя дети и неразумные животные поступают добровольно, но, однако, конечно, не по свободному выбору; и то, что делаем мы вследствие гнева, не посоветовавшись с собою прежде, совершаем добровольно, однако, конечно, не по свободному выбору. И [когда] друг является внезапно, то он является к нам, принимающим его охотно, однако, конечно, не по нашему решению. И тот, кто неожиданно нашел сокровище, нашел добровольно, однако, разумеется, не по свободному выбору. Все это, конечно, добровольно, вследствие того, что мы радуемся по причине его, однако, оно происходит, конечно, не по свободному выбору, потому что не вследствие совещания. Должно же, чтобы совет непременно предшествовал свободному выбору, как и сказано.

ГЛАВА 25 (39). О ТОМ, ЧТО НАХОДИТСЯ В НАШЕЙ ВЛАСТИ, ТО ЕСТЬ О СВОБОДНОМ РЕШЕНИИ

Слово о свободном решении, то есть о том, что находится в нашей власти, прежде всего исследует: находится ли что-либо в зависимости от нас. Ибо много таких, которые противостоят касательно этого. Во-вторых же: что есть то, что находится в нашей власти и над чем мы имеем власть. В-третьих, слово должно исследовать причину, по которой сотворивший нас Бог создал нас свободными. Итак, начав о первом вопросе, прежде всего скажем, доказывая, что из того, что теми признается, нечто находится в нашей зависимости, и скажем таким образом.

Причина всего того, что происходит, есть, говорят, или Бог, или необходимость, или судьба, или природа, или счастье, или случай. Но Божие дело – существование [вещей] и промышление [о них]; дело необходимости же – движение того, что всегда одним и тем же образом существует; а дело судьбы – то, чтобы происходящее при ее содействии совершалось по необходимости. Ибо и она вносит необходимость. Дело же природы – рождение, произращение, уничтожение растений и живых существ; а счастья – то, что редко и неожиданно. Ибо счастье определяют как встречу и стечение двух причин, которые, имея начало от свободного выбора, производят нечто иное в сравнении с тем, что приготовлено природою; как, например, [если] копающий ров нашел сокровище, ибо ни тот, кто положил сокровище, не положил так [то есть, с тою целью], чтобы его нашел другой, ни тот, кто нашел, не копал так, чтобы найти сокровище; но один положил, для того чтобы взять для себя, всякий раз как он пожелает, другой копал, для того чтобы вырыть ров; случилось, между тем, нечто иное в сравнении с тем, что оба себе предполагали. Дело же случая – то, что приключается с бездушными вещами или неразумными животными без содействия природы и искусства. Так говорят они сами. Итак, чему из этого мы хотим подчинить то, что происходит через людей, если в самом деле человек не есть виновник и начало действия? Ибо нельзя приписывать постыдных иногда деяний и неправедных ни Богу, ни необходимости, потому что действие не принадлежит к числу того, что всегда бывает одним и тем же образом; ни судьбе, ибо говорят, что свойственное судьбе есть не из числа того, что бывает допускаемо, но из числа того, что необходимо; ни природе, ибо дела природы: живые существа и растения; ни счастью, ибо деяния людей не суть редки и неожиданны; ни случаю, ибо говорят, что случайные приключения бывают с бездушными предметами или неразумными животными. Остается, конечно, что сам действующий и поступающий человек есть начало своих собственных действий и что он одарен свободою решения.

Сверх того, если человек не есть начало никакого деяния, то напрасно ему и дана способность советоваться, потому что, не будучи господином ни одного действия, для чего он будет пользоваться совещанием? Ибо всякое совещание происходит ради действия. Однако объявлять, что прекраснейшее и драгоценнейшее из того, что есть в человеке, излишне, было бы крайне бессмысленно. Поэтому, если человек совещается, то совещается ради действия, ибо всякое совещание бывает относительно действия и по причине действия.

ГЛАВА 26 (40). О ТОМ, ЧТО СЛУЧАЕТСЯ

Из того, что случается, одно находится в зависимости от нас, другое – не в нашей власти. В нашей власти, конечно, находится то, что мы свободны как делать, так и не делать, то есть все то, что добровольно совершается через нас, ибо если бы действие не находилось в нашей власти, то не говорилось бы, что оно совершается нами добровольно; и одним словом: в нашей власти находится то, за чем следует порицание или похвала и из-за чего бывают побуждение и закон. В собственном же смысле в нашей власти находится все то, что касается души и относительно чего мы совещаемся; а совещание касается того, что одинаково может случаться [и так, и иначе]. Одинаково же возможное бывает [тогда, когда] мы в состоянии [делать] как это самое, так и то, что противоположно ему. А выбор этого производит наш ум; и он есть начало действия. Итак, это есть то, что находится в нашей власти: что одинаково может случаться [и так, и иначе]; как, например, двигаться и не двигаться, устремляться и не устремляться, желать того, что не необходимо, и не желать, говорить неправду и не лгать, давать и не давать, радоваться по причине того, из-за чего следует, и равным образом не радоваться, также и по причине того, из-за чего не следует, и прочее подобное, в чем состоят дела, свойственные добродетели и пороку. Ибо мы свободны в отношении к ним. К тому же, что одинаково может случаться [и так, и иначе], принадлежат также и искусства, ибо в нашей власти – заняться тем из них, которым мы пожелали бы, также и не заняться.

Должно же знать, что выбор того, что может быть делаемо, всегда находится в нашей власти; но деяние часто не допускается некоторым образом [проявлениями] Божественного Промысла.

ГЛАВА 27 (41). О ТОМ, ПО КАКОЙ ПРИЧИНЕ МЫ ПРОИЗОШЛИ СО СВОБОДНОЙ ВОЛЕЙ

Итак, мы говорим, что вместе с разумом тотчас входит свободная воля и что перемена и превращение по природе находятся в связи с тем, что рождено. Ибо все, что рождено, есть также и изменчиво. Ибо [если] источник происхождения чего получил свое начало вследствие изменения, то необходимо этому быть изменчивым. Изменение же бывает тогда, когда что-либо приведено из не сущего в бытие и когда из подлежащего вещества произошло нечто другое.

Бездушные предметы и неразумные животные, конечно, изменяются сообразно с теми телесными переменами, о которых мы сказали прежде; разумные же существа — по своей свободной воле. Ибо разуму принадлежит, с одной стороны, созерцательная способность, с другой — способность действовать. Созерцательная способность — та, которая рассматривает сущее, в каком положении оно находится; способность же действовать — та, которая обсуждает, та, которая устанавливает правильный смысл тому, что должно быть делаемо. И созерцательную способность называют умом, способность же действовать — разумом; и также созерцательную способность называют мудростью, способность же действовать — благоразумием. Итак, всякий совещающийся человек, потому что выбор того, что должно быть сделано, находится в его власти, совещается о том, чтобы избрать то, что вследствие совещания было признано лучшим, и, избрав, привести в исполнение. Если же это [таково], то по необходимости свобода решения соединена с разумом, потому что или человек не будет разумным существом, или, будучи разумным, будет господином своих действий и независимым. Посему неразумные существа и не суть свободны, ибо они более ведутся природой, нежели ведут, вследствие чего они и не сопротивляются естественному стремлению, но одновременно с тем, как они пожелают чего-либо, устремляются к действию. Человек же, будучи разумным, скорее ведет природу, нежели ведется ею, вследствие чего и желая [чего-либо], если только хочет, имеет власть подавить свое желание или последовать за ним. Почему неразумные существа не хвалятся, ни порицаются; а человек и бывает хвалим, и бывает порицаем.

Должно знать, что Ангелы, будучи разумными, суть свободны, и, как сотворенные, также и изменчивы. И [это] показал диавол, который был создан от Творца добрым, но самовластно сделался изобретателем порока, также и те силы, которые отпали вместе с ним, то есть демоны; между тем, остальные чины Ангелов пребыли в добре.

ГЛАВА 28 (42). О ТОМ, ЧТО НЕ НАХОДИТСЯ В НАШЕЙ ВЛАСТИ

Из того же, что не находится в нашей власти, одно имеет свои начала или причины в том, что находится в зависимости от нас, то есть воздаяния за наши действия как в настоящем веке, так и в будущем; все же остальное находится в зависимости от Божественной воли. Ибо происхождение всех вещей – от Бога; а разрушение сверх этого было еще введено по причине нашего греха для наказания и пользы. *Яко Бог смерти не сотвори, ни веселится о погибели живых* (Прем. 1, 13). Напротив того, смерть произошла через человека, то есть через преступление Адама, равным образом также и остальные наказания. А все прочее [т.е. кроме этого] должно быть приписано Богу. Ибо и происхождение наше есть дело творческого Его могущества; продолжение существования нашего – дело содержащей Его силы; управление, и спасение – дело промыслительной Его силы; вечное наслаждение благами – дело благости Его для тех, которые соблюдают то, что согласно с природою, ради чего мы и созданы. А так как некоторые не признают Промысла, то мы хотим дальше сказать немногое и о Промысле.

ГЛАВА 29 (43). О ПРОМЫСЛЕ

Итак, Промысл есть имеющее место со стороны Бога попечение в отношении к тому, что существует. И опять: Промысл есть воля Божия, по которой все сущее целесообразным способом управляется. Если же воля Божия есть Промысл, то совершенно необходимо, чтобы все бывающее вследствие Промысла, согласно с здравым смыслом, происходило и наиболее прекрасно, и наиболее соответственно Божию достоинству, и так, что не могло бы произойти более лучшим образом. Ибо необходимо, что Один и Тот же есть Творец сущего и Промыслитель; потому что неприлично и непоследовательно то, что один — творец сущего, а другой — промыслитель; ибо при этих условиях оба безусловно находятся в бессилии: один — творить, другой — промышлять. Поэтому Бог есть и Творец, и Промыслитель; и творческая Его сила, также и содержащая [все], и промыслительная есть благая Его воля: *ибо вся елика восхоте Господь, сотвори на небеси и на земли* (Пс. 134, 6); и воли Его не противитися никто (Рим. 9, 19). Он восхотел, чтобы произошло все, и оно произошло; Он желает, чтобы образовался мир, и он образуется; и все, что Он желает, происходит.

А что Бог промышляет и что Он промышляет прекрасно, правильнее всего кто-либо мог бы обсудить таким образом. Один только Бог — по природе Благ и Мудр. Итак, как Благий, Он промышляет, ибо кто не промышляет, тот не благ. Ибо и люди, и неразумные животные по природе пекутся о своих собственных детях, и кто не печется, тот порицается.

А как Мудрый, Он заботится о сущем наилучшим образом.

Поэтому должно, чтобы те, которые обращают внимание на это, всему удивлялись, все хвалили, все то, что дела Промысла, с радостью принимали, без исследования, хотя бы большинству они и казались неправедными, вследствие того, что Промысл Божий неведом и непостижим, и помыслы наши, и деяния, и будущее известны одному только Ему. Говорю же я обо всем том, что не находится в нашей власти; ибо то, что находится в нашей власти, есть дело не Промысла, но нашей свободной воли.

Но одно из того, что подлежит Промыслу, бывает по благоволению, другое – по снисхождению. По благоволению – то, что беспрекословно хорошо; видов же снисхождения – много. Ибо часто Бог попускает, чтобы и праведник впал в несчастия, для того чтобы показать остальным скрытую в нем добродетель, как было с Иовом (см. Иов. 1, 12). Иногда Он попускает, чтобы было совершено что-либо из числа странного, для того чтобы через посредство действия, кажущегося странным, было устроено нечто великое и достойное удивления, как, например, через крест – спасение людей. И иным образом Он попускает, чтобы святой тяжко страдал, для того чтобы он не потерял правой совести или также, вследствие данной ему силы и благодати, не впал в гордость, как было с Павлом (см. 2Кор. 12, 7).

Покидается кто-либо на время для исправления другого, чтобы, наблюдая то, что происходит с ним, остальные воспитывались, как [то видим] на Лазаре и богатом (см. Лк. 16, 19). Ибо видя, что некоторые люди страдают, мы, по влечению нашей природы, приходим в уныние. Покидается кто-либо и для славы другого, не за грех свой собственный или родителей, как слепой от рождения (см. Ин. 9, 1), а для славы Сына

Человеческого. Опять позволяется кому-либо пострадать для возбуждения соревнования в душе другого, чтобы, после того как слава того, кто пострадал, стала великою, страдание и для остальных сделалось бесстрашным, вследствие надежды на будущую славу и желания будущих благ, как [видим] на мучениках. Попускается кому-либо иногда впасть даже в постыдное деяние для исправления худшей страсти другого; как, например, бывает кто-либо такой, который превозносится своими добродетелями и отменными поступками; Бог попускает, чтобы этот впал в блуд для того, чтобы он, через падение придя к пониманию собственной немощи, смирился и, взывая, исповедал Господа.

Следует же знать, что выбор того, что должно быть делаемо, находится в нашей власти; а исполнение добрых дел [должно быть приписано] содействию Бога, сообразно с предведением Своим, достойно помогающего тем, которые своею правою совестью добровольно избирают добро; порочных же дел – не обращению внимания со стороны Бога, Который, опять по предведению Своему, достойно покидает [дурного человека].

А оставления без внимания два вида, ибо бывает оставление в целях домостроительства [Божия] и воспитательное, бывает также и оставление совершенное, происходящее вследствие отвержения. Оставление в целях домостроительства Божия и воспитательное – то, которое бывает для исправления и спасения и славы страдающего, или также и для возбуждения других к соревнованию и подражанию, или также и для славы Божией. Совершенное же оставление бывает тогда, когда человек, в силу своего произволения, останется нечувствительным и неизлеченным, лучше же: неизлечимым, после того как Бог сделал все, клонящееся к его спасению. Тогда он предается на совершенную погибель, как Иуда (см. Мф. 27,1–10). Да пощадит нас Бог и да избавит от подобного оставления!

Должно же знать, что много образов Божия Промысла и что они не могут быть ни выражены словом, ни постигнуты умом.

Следует знать, что все печальные, угрожающие нам случаи по отношению к тем, которые принимают их с благодарностью, навлекаются для их спасения и непременно бывают доставляющими пользу.

Должно же знать, что Бог предварительно желает, чтобы все спаслись и сделались участниками Его Царства (см. 1Тим. 2, 4). Ибо Он создал нас не для того, чтобы наказывать, но как Благий, для того чтобы мы приняли участие в Его благости. А чтобы согрешающие были наказываемы, этого Он желает как Правосудный.

Итак, говорят, что первое, предшествующее желание и благоволение – от Него; второе же – сопутствующее желание и позволение [имеет начало] из нашей вины. И оно двояко: одно – в целях домостроительства Божия и воспитательное, для спасения; другое, происходящее вследствие отвержения, как мы сказали, для совершенного наказания. И это о том, что не находится в нашей власти.

Из того же, что находится в нашей власти, Бог предварительно желает и одобряет дела добрые. Порочных же дел и действительно злых Он не желает ни предварительно, ни потом, но позволяет свободной воле. Ибо то, что бывает вследствие насилия, не есть разумно и не есть добродетель. Бог промышляет о всей твари и через посредство всей твари благодетельствует и воспитывает, и даже часто через самых демонов, как [видим] на Иове и свиньях (см. Мф. 8, 30).

ГЛАВА 30 (44). О ПРЕДВЕДЕНИИ И ПРЕДОПРЕДЕЛЕНИИ

Должно знать, что Бог все наперед знает, но не все предопределяет. Ибо Он наперед знает то, что в нашей власти, но не предопределяет этого. Ибо Он не желает, чтобы происходил порок, но не принуждает к добродетели силою. Поэтому предопределение есть дело Божественного повеления, соединенного с предведением. Но, по причине предведения Своего, Бог предопределяет и то, что не находится в нашей власти. Ибо по предведению Своему Бог уже предрешил все, сообразно со Своею благостью и правосудием.

Следует же знать, что добродетель передана нашей природе от Бога, и что Сам Он – Начало и Причина всякого блага, и что помимо Его содействия и помощи нам невозможно пожелать или совершить что-либо доброе. Но в нашей власти находится или пребыть в добродетели и последовать за Богом, Который призывает к этому, или оставить добродетель, что именно и есть – очутиться во грехе и последовать за диаволом, который без принуждения призывает к этому. Ибо порок не есть что-либо другое, кроме удаления от добра, подобно тому как и тьма есть удаление от света. Итак, оставаясь в том, что согласно с природой, мы пребываем в добродетели; уклоняясь же от того, что согласно с природой, то есть от добродетели, мы идем к тому, что противно природе, и появляемся во грехе.

Раскаяние есть возвращение от того, что противно природе, к тому, что согласно с природою, и от диавола к

Богу, происходящее при помощи подвижнической жизни и трудов.

Далее, Творец создал этого человека мужем, сделав его участником Своей Божественной благодати и через это допустив его до общения с Собою. Почему он, пророчески, как господин, и сделал наименование живых существ, которые были даны ему как рабы. Ибо, произойдя по образу Божию одаренным как разумом, так и умом, также и свободой воли, он естественно имел в своих руках от общего всех Творца и Господа власть над тем, что находилось на земле.

Но обладающий предведением Бог, зная, что он очутится в преступлении и будет подлежать тлению, сотворил из него жену, помощницу ему и подобную ему: помощницу же для того, чтобы после преступления род (человеческий) сохранялся через посредство рождения, сменяя один другой. Ибо первое образование называется творением, а не рождением. Ибо творение есть первое образование, своим Виновником имеющее Бога; рождение же есть наступившая после осуждения [человека] на смерть по причине его преступления замена одного другим.

Этого Бог поместил в раю, который был как духовным, так и чувственным. Ибо, живя телесно в чувственном раю – на земле, духовно он обращался с Ангелами, возделывая Божественные мысли и питаясь ими, будучи нагим вследствие своей внутренней простоты и жизни безыскусственной, через посредство тварей возвышаясь к одному только Творцу и как услаждаясь созерцанием Его, так и веселясь.

Итак, потому что Бог его по природе украсил независимой волей, Он дает ему закон: не вкусить от древа познания; о каковом древе мы, соответственно нашей по крайней мере силе, достаточно сказали в главе *О рае*. Он дает ему эту заповедь, пообещав, что если он сохранит достоинство своей души, предоставляя победу разуму, признавая Создателя и соблюдая повеление Его, то он будет наслаждаться вечным блаженством и будет жить во век, сделавшись сильнее смерти; а если он, действительно, и душу свою подчинит телу, и будет особенно ценить радости тела, не *уразумев* своей собственной *чести, приложися скотом несмысленным, и уподобися им* (Пс. 48, 13), сбросив с себя ярмо *Сотворшаго* и презрев Божественное Его повеление, то будет подвластен смерти и тлению, и будет подвержен необходимости трудиться, влача бедственную жизнь. Ибо не было полезно, чтобы он, будучи еще неискушенным и не испытанным (см. Сир. 34, 10), получил нетление, из опасения того, чтобы он не впал в гордость и *осуждение* диавола (1Тим. 3,6); ибо тот по причине своего бессмертия, после добровольного отпадения, возымел постоянство во зле, неизменное и непоколебимое, подобно тому как, с другой стороны, опять также и Ангелы, после добровольного выбора добродетели, возымели, при содействии благодати, неподвижное пребывание в добре.

Итак, надлежало, чтобы человек прежде был подвергнут испытанию; *ибо муж... иже не искусися*, не испытанный, не имеет никакой цены (Сир. 34, 10); и чтобы, достигнув совершенства путем испытания через соблюдение заповеди, он таким образом добыл себе бессмертие, как награду за подвиг добродетели. Ибо, произойдя занимающим середину между Богом и материей, соединившись с Богом по своему образу жизни через соблюдение заповеди после удаления от врожденного расположения к сущему, он должен был получить непоколебимое постоянство в отношении к прекрасному; а через преступление особенно устремившись к материи и отвлекши свой ум от своей Причины, то есть Бога, надлежало, чтобы он сближался с тлением и делался подверженным страстям, вместо бесстрастного, и смертным, вместо бессмертного, и имел нужду в сочетании и преходящем рождении, и, вследствие желания жизни, был привязан к приятному, как будто в самом деле устраивающему ее; а чтобы к тем, которые заботились об отрицании этого [т.е.

приятного], бесстыдно питал ненависть; и чтобы стремление, по оставлении Бога, к материи и склонность он переносил от того, кто поистине враг нашего спасения, на свой род. Итак, человек побежден завистью диавола; ибо завистливый и ненавидящий прекрасное демон не выносил того, чтобы он сам был внизу по причине своей гордости, а мы получили вышние блага. Почему этот лжец и прельщает несчастного [т.е. Адама] надеждою на [получение] божеского достоинства, и, возведя его до своей собственной высоты гордости, он погружает в одинаковую же пропасть падения.

КНИГА ТРЕТЬЯ

ГЛАВА 1 (45). О БОЖЕСТВЕННОМ ДОМОСТРОИТЕЛЬСТВЕ И О ПОПЕЧЕНИИ В ОТНОШЕНИИ К НАМ, И О НАШЕМ СПАСЕНИИ

Итак, человека, обольщенного этим нападением виновника зла – демона и не соблюдшего заповеди Творца; лишившегося благодати и совлекшего с себя дерзновение, которое он имел к Богу; прикрытого суровостью бедственной жизни, ибо это [обозначали] листья смоковницы (см. Быт. 3, 7); облеченного мертвенностью, то есть смертностью и грубостью плоти, ибо это обозначало облечение в кожи (см. Быт. 3, 21); по праведному Божию суду, ставшего изгнанным из рая; осужденного на смерть и подчиненного тлению, – не презрел Сострадательный, давший ему бытие и даровавший блаженное бытие. Но [человек] прежде воспитан многими способами и призван к обращению через стенание и страх, водный потоп и совершенную гибель всего почти человеческого рода (см. Быт. 6, 13), через смешение и разделение языков (см. Быт. 11, 7), надзор ангельский (см. Быт. 18, 1), сожигание городов (см. Быт. 19, 1), преобразовательные Богоявления, войны, победы, поражения, знамения и чудеса, разнообразные силы, через закон, через пророков. Через это было искомо: истребление греха, многоразлично разлитого и поработившего себе человека и нагромоздившего для жизни всякий вид порока, также и возвращение человека к блаженной жизни; так как смерть вошла в мир через грех (см. Рим. 5, 12), подобно тому как какой-либо дикий и свирепый зверь, терзающий человеческую жизнь, причем надлежало, чтобы Намеревающийся искуплять был непогрешимым и не подвластным через грех смерти, а сверх того, надлежало, чтобы природа [человека] была укреплена и обновлена, и самым делом наставлена и научена пути добродетели, уводящему от тления, ведущему же к жизни вечной. Бог, наконец, показывает в отношении к нему великое море человеколюбия. Ибо Сам и Творец, и Господь берет на Себя борьбу за Свое собственное создание, и самым делом становится Учителем. И так как враг прельщает человека надеждою на [получение] божественного достоинства, то Он снабжается одеянием плоти как приманкой, и выказывает вместе благость и мудрость, и праведность, и могущество Божие. Благость, потому что Он не презрел немощи Своего собственного создания, но сжалился над ним, павшим, и простер руку. Праведность же потому, что после того как человек был побежден, Он не делает, чтобы другой победил тирана, и не вырывает человека силою из рук смерти, но того, кого некогда смерть порабощает себе через грех, этого Благий и Праведный опять сделал победителем и, что именно было затруднительно, подобного привел в первобытное состояние посредством подобного. А мудрость потому, что Он нашел самое благоприличное уничтожение затруднительного. Ибо, по благоволению Бога и Отца, единородный Сын и Слово Божие, и Бог, *сый в лоне* Бога и Отца (Ин. 1, 18), единосущный со Отцом и Святым Духом, предвечный, безначальный, Который был в начале, и был у Бога и Отца, и был Богом (см. Ин. 1, 1), *Иже во образе Божии сый* (Флп. 2, 6), наклонив небеса, нисходит, то есть неуничижимую Свою высоту неуничиженно уничижив, нисходит для пользы Своих слуг таким снисхождением, которое было и неизреченно, и непостижимо; ибо это обозначает слово: нисхождение. И, будучи совершенным Богом, Он делается совершенным человеком, и совершается дело, новейшее из всего нового, дело, которое одно только – ново под солнцем (см. Еккл. 1, 10) и через которое открывается беспредельное могущество Божие. Ибо что больше того, что Бог сделался человеком? Слово, не потерпев изменения, стало плотью: от Святого Духа и Святой Марии, Приснодевы и Богородицы. Оно называется Посредником между Богом и людьми, едино только человеколюбивое, зачатое в непорочной утробе Девы не от желания или похоти, или соединения с мужем (см. Ин. 1, 13), или рождения, связанного с удовольствием, но от Святого Духа и первого Источника Адамова. Оно делается послушным Отцу, через то, что Оно стало подобно нам, и через то, что приняло от нас [наше], врачуя наше непослушание и становясь для нас Образцом повиновения, вне которого невозможно получить спасение.

ГЛАВА 2 (46). ОБ ОБРАЗЕ ЗАЧАТИЯ СЛОВА И О БОЖЕСТВЕННОМ ЕГО ВОПЛОЩЕНИИ

Ибо Ангел Господень был послан ко Святой Деве, происходящей из Давидова племени (Лк. 1, 26, 27). Яве бо, яко от колена Иудова возсия Господь наш *(Евр. 7, 14), из какового колена* никтоже приступи ко олтарю *(Евр. 7, 13), как говорил божественный Апостол, о чем позже скажем подробнее. Итак, благовествуя ей, он говорил:* радуйся, Благодатная! Господь с Тобою *(Лк. 1, 28).* Она же смутися о словеси*; и говорит к Ней Ангел:* не бойся, Мариам: обрела бо еси благодать у Бога... и родиши Сына, и наречеши имя Ему Иисус *(Лк. 1, 29–31).* Той бо спасет люди Своя от грех их *(Мф. 1, 21). Почему и имя Иисус переводится как Спаситель. Когда же Она недоумевала:* како будет Мне сие, идеже мужа не знаю *(Лк. 1, 34), то Ангел снова говорит к Ней:* Дух Святый найдет на Тя, и сила Вышнего осенит Тя. Темже и рождаемое *от Тебя* свято, наречется Сын Божий *(Лк. 1, 35). Она же говорит к нему:* се Раба Господня: буди Мне по глаголу твоему *(Лк. 1, 38).*

Действительно, после того как Святая Дева изъявила согласие, на Нее, по слову Господню, которое сказал Ангел, сошел Святой Дух, очищающий Ее и дарующий Ей силу для принятия Божества Слова, а вместе и для рождения Его. И тогда ипостасная Мудрость и Сила Всевышнего Бога, Сын Божий, единосущный со Отцом, осенил Ее, как бы Божественное семя, и из непорочных и чистейших Ее кровей образовал Себе плоть, одушевленную душою, одаренной как разумом, так и умом, начатки нашего смешения; не по образу рождения через семя, но творческим образом, через Святого Духа; не так что внешний вид создавался понемногу через прибавления, но так что он был окончен в один момент. Само Слово Божие для плоти сделалось Ипостасью. Ибо Божественное Слово соединилось не с такою плотью, которая прежде сама по себе существовала, но, вселившись в утробе Святой Девы, Оно в Своей Ипостаси неописуемо восприняло Себе от чистых кровей Приснодевы плоть, одушевленную душою, одаренную и разумом, и умом, взяв Себе начатки человеческого *смешения*, Само Слово сделалось для плоти Ипостасью. Итак, в одно и то же время – плоть, в то же время – плоть Слова Божия, вместе с тем – плоть одушевленная, одаренная и разумом, и умом. Почему и говорим не о человеке обоготворенном, а о Боге вочеловечившемся. Ибо Кто был по природе совершенным Богом, Тот же Самый сделался по природе совершенным человеком: не изменившись относительно Своей природы, также не призрачно только воплотившись, но с плотью, восприятой от Святой Девы, одушевленной душою как разумной, так и умной, и в Нем получившей свое бытие, соединившись ипостасно, [но] неслитно, и неизменно, и нераздельно, не изменив природы Своего Божества в сущность Своей плоти, ни сущности Своей плоти – в природу Своего Божества, и из Божественной Своей природы и той человеческой природы, которую Он восприял Себе, не соделав одной сложной природы.

ГЛАВА 3 (47). О ДВУХ ЕСТЕСТВАХ, ПРОТИВ МОНОФИЗИТОВ

Ибо естества соединились друг с другом непреложно и неизменно, между тем как ни Божественное естество не лишилось своей собственной простоты, ни человеческое, конечно, как не изменилось в естество Божества, так и не перешло в несуществование в действительности, и из двух не образовалось одно сложное естество. Ибо сложное естество не может быть единосущно ни с одним из тех двух естеств, из которых оно сложено, будучи соделанным из иного, как нечто новое сравнительно с тем. Как, например, тело, сложенное из четырех стихий, не называется единосущным с огнем, не именуется огнем, не называется воздухом, ни водою, ни землею, и не единосущно ни с чем из этого. Следовательно, если, согласно с мнением еретиков, Христос после соединения принял одно сложное естество, то Он изменился из простого естества в сложное, и Он не единосущен ни с Отцом, Который имеет простое естество, ни с Матерью, ибо Она не сложена из Божества и человечества. И Он не будет существовать, конечно, в Божестве и человечестве; и называться Он будет не Богом, не человеком, а только Христом; и слово Христос будет имя не ипостаси, а одного, согласно с их мнением, естества.

Мы же постановляем, что Христос был не с одним сложным естеством и что Он не был чем-то новым сравнительно с тем другим, из чего Он образовался, подобно тому как человек состоит из души и тела или как тело

– из четырех стихий; но [во Христе] было из иного то же самое [сравнительно с этим «иным"]. Ибо мы исповедуем, что из Божества и человечества совершенный Бог и совершенный человек и есть, и называется [тем и другим именем] Один и Тот же, и что Он – из двух естеств и существует в двух естествах. Словом же Христос называем имя Ипостаси, которое понимается не как что-либо одного рода, но как служащее для обозначения двух естеств. Ибо Сам Он помазал Себя: помазывая Свое Тело Своим Божеством, как Бог; будучи же помазываем – как человек; ибо Сам Он есть это и то. Помазание же человечества – Божество. Ибо если Христос, будучи одной сложной природы, единосущен с Отцом, то, следовательно, и Отец будет сложен и единосущен с плотью, что совершенно нелепо и полно всякого богохульства.

Но также каким образом одно естество будет способно к принятию существенных различий – противоположных [одно другому]? Ибо каким образом возможно, чтобы одна и та же природа в одно и то же время была сотворенной и несозданной, смертной и бессмертной, описуемой и неописуемой?

Если же те, которые говорят, что во Христе – одно естество, назвали бы это простым, то они или будут согласны с тем, что Он – один только Бог, и введут призрак, а не [действительное] вочеловечение, или будут согласны с тем, что Он – один только человек, как говорил Несторий. И где то, что совершенно в Божестве и совершенно в человечестве? А также когда скажут о Христе, что Он был с двумя естествами, те, которые говорят, что после соединения Он был с единым сложным естеством? Ибо что Христос прежде соединения был с одним естеством, всякому, конечно, ясно.

Но это есть то, что для еретиков служит причиною их заблуждения: утверждение, что естество и лицо – одно и то же. Ибо, хотя мы говорим, что естество людей – одно, однако, должно знать, что говорим это, не обращая своего взора на понятие души и тела, ибо невозможно говорить, что душа и тело, сравниваемые друг с другом, суть одного естества, но потому, что хотя существуют весьма многие лица людей, однако все люди владеют естеством, понимаемым в одном и том же смысле, ибо все сложены из души и тела и все получили естество души и владеют сущностью тела, также и общим видом. [Почему и] говорим, что естество весьма многих и различных лиц — одно, хотя каждое лицо, разумеется, имеет два естества и достигает полноты в двух естествах: в естестве души, то есть, и тела.

Но в Господе нашем Иисусе Христе нельзя допустить общего вида. Ибо и не было, и нет, и никогда не будет другого Христа, состоящего как из Божества, так и человечества, пребывающего в Божестве и человечестве, Который Один и Тот же — совершенный Бог и совершенный человек. Поэтому нельзя сказать, что в Господе нашем Иисусе Христе — едино естество, так чтобы, подобно тому как говорим о неделимом, составленном из души и тела, так говорили и о Христе, Который состоит из Божества и человечества. Ибо там — неделимое, а Христос — не неделимое, ибо Он не имеет и вида [или свойства] «Христовства», [подобно тому свойству], о котором говорилось [выше в отношении к людям]. Почему, конечно, и говорим, что из двух совершенных естеств: как Божеского, так и человеческого, произошло соединение, не по образу обагрения или не через слияние, или смешение, или растворение, как говорили отверженный Богом Диоскор, и Евтихий, и Север, и их беззаконное общество; и не личное или относительное, или в смысле достоинства, или в отношении к одинаковой воле, или равночестности, или одноименности, или благоизволению, как говорили богоненавистный Несторий, и Диодор, и Феодор Мопсуэтский, и бесовское их собрание; но через сочетание, именно ипостасное, [которое произошло] непреложно и неслиянно, и неизменно, и нераздельно, и неразлучно; и в двух естествах, которые — совершенны, исповедуем одну Ипостась Сына Божия воплотившегося, одной и той же считая Ипостась

Божества и человечества Его и исповедуя, что два естества в целости сохраняются в Нем после соединения; не полагая каждого естества отдельно и порознь, но соединенными друг с другом в одной сложной Ипостаси. Ибо мы говорим, что соединение есть существенное, то есть истинное и не в смысле призрака. Существенным же считаем не потому, что два естества соделали одно сложное естество, но потому, что они поистине соединились друг с другом в одну сложную Ипостась Сына Божия и что существенное их различие сохраняется в целости. Ибо сотворенное пребыло сотворенным и несозданное – несозданным. Смертное осталось смертным и бессмертное – бессмертным; описуемое – описуемым; неописуемое – неописуемым; видимое – видимым и невидимое – невидимым. Одно блистает чудесами, другое подпало под оскорбления.

Далее, то, что свойственно человечеству, Слово присваивает Себе, ибо Ему принадлежит то, что принадлежит святой Его плоти; и плоти уделяет то, что ей принадлежит, по образу взаимного общения, по причине проникновения частей друг в друга и ипостасного соединения, и потому что был Один и Тот же Самый, в каждом из двух образов совершавший с участием другого и Божеское, и человеческое. Почему именно и говорится, что был распят Господь славы (см. 1Кор. 2, 8), хотя Божеское Его естество не испытало страданий; и о Сыне Человеческом объявлено, что Он прежде страдания был на небе, как сказал Сам Господь (см. Ин. 3, 13). Ибо был Один и Тот же Самый Господь славы, Который сделался по естеству и поистине Сыном Человеческим, то есть человеком; и мы знаем об Его чудесах и страданиях, хотя Он творил чудеса в одном отношении [т.е. одним Своим естеством] и Он же Сам терпел страдания в другом отношении [т.е. другим Своим естеством]. Ибо мы знаем, что как одна Его Ипостась, так и существенное различие естеств сохраняются в целости. Но как было бы сохранено в целости различие, если бы не сохранялись в целости те, которые имели различие в отношении друг к другу. Ибо различие есть различие тех вещей, которые – различны. Итак, в том отношении, в каком различаются друг от друга [два] естества Христа, то есть в отношении сущности, Он, говорим мы, соприкасается с краями, [т.е.] насколько дело идет о Божестве, то с Отцом и Духом, а насколько – о человечестве, то с Матерью и всеми людьми. А в каком отношении естества Его соприкасаются, в том Он, говорим мы, различается и от Отца, и от Духа, и от Матери, и от остальных людей; ибо естества Его соприкасаются через Ипостась, имея одну сложную Ипостась, в отношении к которой Он различается от Отца, от Духа, от Матери и от нас.

ГЛАВА 4 (48). ОБ ОБРАЗЕ ВЗАИМНОГО ОБЩЕНИЯ СВОЙСТВ

Итак, что одно есть сущность, другое – ипостась [или лицо], мы сказали весьма много раз; также и о том, что сущность показывает вид общий и вмещающий в себе однородные лица; как, например: Бог, человек; лицо же обозначает неделимое, то есть Отца, Сына, Святого Духа, Петра, Павла. Поэтому должно знать, что имя Божества и человечества показывает сущности или естества; имя же: Бог и человек употребляется и об естестве, подобно тому как говорим: Бог есть сущность непостижимая и что один – Бог; употребляется же оно и в отношении к лицам, когда более частное принимает имя более общего, подобно тому как Писание говорит: *сего ради помаза Тя, Боже, Бог твой* (Пс. 44, 8); ибо – смотри! – оно [здесь] указало на Отца и Сына; подобно тому как оно говорит: *человек некий бяше во стране Авситидийстей* (Иов. 1, 1), ибо оно [здесь] указало на одного только Иова.

Поэтому, так как в Господе нашем Иисусе Христе мы знаем, конечно, два естества, но одну – сложную из обоих Ипостась, то когда в Нем рассматриваем естества, тогда называем Божество и человечество, когда же – сложенную из естеств Ипостась, тогда то называем Христа, состоящего из обоих вместе: и Бога, и в то же самое время человека, и Бога воплотившегося; а то по одной из частей – только Бога и Сына Божия и только человека и Сына Человеческого; и то соответственно возвышенному только [т.е. Божескому Его естеству], а то соответственно только низменному [т.е. человеческому Его естеству]; ибо Один – Тот, Который одинаково есть и то, и это: первым всегда безвинно будучи от Отца, другим же сделавшись после по человеколюбию.

Итак, говоря о Божестве, мы не приписываем Ему тех свойств, которые присущи человечеству. Ибо мы не говорим, что Божество – подвержено страстям или сотворено. Но и плоти или человечеству не приписываем свойств Божества; ибо не говорим, что плоть или человечество – несозданно. А когда речь идет об Ипостаси, то, назовем ли Ее по обоим вместе естествам, или по одной из частей, придаем Ей свойства обоих естеств. Ибо Христос – то и другое вместе, называется и Богом, и человеком, и сотворенным, и несозданным, и подверженным страстям, и бесстрастным. И всякий раз как Он называется по одной из частей Сыном Божиим и Богом, принимает свойства сосуществующего естества, то есть плоти, будучи называем Богом – подверженным страданиям, и Господом славы – распятым (см. 1Кор. 2, 8): не поскольку Он – Бог, но поскольку Он же Сам также и человек. И всякий раз как Он называется человеком и Сыном Человеческим, Он принимает свойства Божественного естества и украшения: предвечный младенец, безначальный человек: не поскольку Он – младенец и человек, но поскольку, будучи предвечным Богом, Он в последние дни (см. Евр. 1, 2) сделался младенцем. И это – образ взаимного общения, когда каждое из двух естеств то, что ему свойственно, предлагает в обмен другому по причине тождества Ипостаси и проникновения их одного в другое. Поэтому мы можем о Христе сказать: *Сей Бог наш... на земли явися и с человеки поживе* (Вар. 3, 36, 38); и человек этот есть несозданный, и неподверженный страстям, и неописуемый.

ГЛАВА 5 (49). О ЧИСЛЕ ЕСТЕСТВ

Но подобно тому как, с одной стороны, исповедуем в Божестве едино естество, а с другой, говорим, что поистине есть три Ипостаси; и все то, конечно, что естественно и существенно, называем простым, а различие Ипостасей познаем в одних только трех свойствах: в том, что Один безвиновен и есть Отец, а Другой произошел от Причины и Сын, и Третий произошел от Причины и – исходящ; причем мы убеждены, что Они [т.е. Ипостаси] не могут быть удалены и разлучены Одна от Другой, и что Они соединены и неслитно проникают Одна в Другую, и, с одной стороны, соединены неслитно, ибо Они суть три, хотя и соединены, а с другой, неразлучно разделяются, ибо хотя Каждая существует Сама по Себе, то есть совершенная есть Ипостась и имеет свойственную Ей особенность, то есть различный образ бытия, однако Они соединены как сущностью, так и естественными свойствами, и тем, что Они не разделяются и не удаляются из Отеческой Ипостаси, и как суть, так и называются единым Богом; таким же самым образом и в Божественном и таинственном, и превосходящем всякий ум и понимание домостроительстве исповедуем хотя два естества единого из Святой Троицы Бога Слова и Господа нашего Иисуса Христа: как Божеское, так и человеческое, соединившиеся одно с другим и ипостасно объединенные, но одну сложную Ипостась, соделанную из [двух] естеств. Далее, говорим, что два естества и после соединения сохраняются в целости, в единой сложной Ипостаси, то есть в едином Христе, и что они, как и природные их свойства, существуют поистине, будучи, конечно, соединены неслитно, и нераздельно, как различаясь, так и будучи исчисляемы. И подобно тому как три Ипостаси Святой Троицы и неслитно соединены, и нераздельно разделены и исчисляются, и число это не производит в Них разделения или разлучения, или отчуждения и рассечения, ибо мы знаем единого Бога: Отца, и Сына, и Святого Духа; таким же самым образом и естества Христа, хотя они и соединены, но соединены неслитно; хотя они и проникают друг в друга, но не допускают как изменения, так и превращения одного в другое. Ибо каждое из двух сохраняет свое природное свойство неизменяемым. Почему они и исчисляются, и [однако] число это не вводит разделения. Ибо один – Христос, совершенный как в Божестве, так и в человечестве; потому что число по своей природе не является виновником разделения или соединения, но оно служит к обозначению количества тех вещей, которые исчисляются, или соединенных, или разделенных: соединенных, когда [например] эта стена состоит из пятидесяти камней; разделенных же, когда [например] пятьдесят камней лежат на этом поле; и [опять, например] соединенных, потому что две природы находятся в угле; разумею природу огня и дерева; разделенных же, потому что природа огня – одна, а природа дерева – другая, так как соединяет и разделяет их иной образ, а не число. Следовательно, подобно тому как невозможно три Ипостаси Божества, хотя Они и соединены Одна с Другою, назвать одною Ипостасью, ради того, чтобы [в противном случае] не произвести слияния и уничтожения различия Ипостасей, так и два естества Христа, ипостасно соединенные, невозможно назвать одним естеством, для того чтобы [иначе] нам не произвести уничтожения, и слияния, и несуществования в действительности их различия.

ГЛАВА 6 (50). О ТОМ, ЧТО ВСЕ БОЖЕСКОЕ ЕСТЕСТВО В ОДНОЙ ИЗ СВОИХ ИПОСТАСЕЙ СОЕДИНЕНО СО ВСЕМ ЧЕЛОВЕЧЕСКИМ ЕСТЕСТВОМ, А НЕ ЧАСТЬ С ЧАСТЬЮ

То, что обще и всеобще, называется так в отношении к частному, положенному в основание для него. Итак, сущность, как вид, общее; а лицо – частное. Однако, оно частное не потому, что [одну] часть естества имеет, а [другой] части не имеет, но потому, что оно, как неделимое, частно по числу; ибо о лицах говорят, что они различаются по числу, а не по естеству. Итак, сущность называется так в отношении к лицу, потому что в каждом из однородных лиц сущность – совершенна. Почему лица и не различаются друг от друга по сущности, но по случайностям, которые являются характеристическими их свойствами; но характеристическими свойствами лица, а не естества. Ибо лицо определяют как сущность вместе со случайными особенностями; так что лицо имеет то, что есть обще, вместе с тем, что есть особенно, также и самостоятельное бытие; сущность же не существует самостоятельно, но созерцается в лицах. Поэтому, когда страдает одно из лиц, то говорится, что вся сущность, будучи страждущей, насколько пострадало это лицо, [также] пострадала в одном из своих лиц, однако при всем этом не необходимо, чтобы вместе со страждущим лицом страдали и все принадлежащие к одному роду лица.

Таким образом, следовательно, мы исповедуем, что естество Божества – все совершенным образом находится в каждом из Его Лиц: все в Отце, все в Сыне, все в Святом Духе; поэтому и Отец есть совершенный Бог, совершенный Бог и Сын, совершенный Бог и Дух Святой. Таким образом и в вочеловечении единого из Святой Троицы Бога Слова, говорим, все и совершенное естество Божества в одном из Своих Лиц соединилось со всем человеческим естеством, а не часть с частью. Действительно, божественный апостол говорит, что *в Том живет всяко исполнение Божества телесне* (Кол. 2, 9), то есть в плоти Его; и богоносный ученик того и сильный [в знании] Божественных предметов – Дионисий говорит, что Божество всецело вступило с нами в сообщество в одном из Своих Лиц. Однако мы не будем принуждены говорить, что все Лица Святого Божества, то есть три, ипостасно соединились со всеми лицами человечества. Ибо Отец и Дух Святой ни в каком смысле не участвовали в воплощении Бога Слова, если не в смысле благоволения и желания. Но мы утверждаем, что со всем человеческим естеством соединилась вся сущность Божества. Ибо из того, что Бог Слово насадил в нашем естестве, изначала сотворив нас, Он не пренебрег ничем, но восприял все, тело, душу, одаренную умом и разумом, также и свойства их. Ибо живое существо, лишенное одного из этого, не есть человек. Ибо Он весь восприял всего меня, и весь соединился со всем, для того чтобы всему даровать спасение. Ибо то, что не было принято, не могло быть и исцелено.

Итак, Слово Божие соединилось с плотью при помощи ума, посредствовавшего между чистотою Божиею и грубостью плоти. Ибо ум, с одной стороны, есть руководящее начало как души, так и плоти. С другой стороны, ум есть чистейшая часть души; а Бог – руководящее начало и ума; и когда ум Христов получает позволение со стороны стоящего выше, то он показывает свою верховную власть. Но он побеждается и следует стоящему выше, и совершает то, что желает Божественная воля.

Далее, ум сделался местом ипостасно соединенного с ним Божества, подобно тому как, без сомнения, и плоть; не в качестве сожителя, как заблуждается беззаконное мнение еретиков, говорящее: ведь медимн не может вместить двух медимнов; о невещественном судящее телесным образом. Каким же образом Христос будет назван совершенным Богом и совершенным человеком, и единосущным как с Отцом, так и с нами, если в Нем соединилась часть Божественного естества с частью естества человеческого?

Говорим же, что естество наше воскресло из мертвых и вознеслось, и село *одесную* Отца, не поскольку восстали из мертвых все лица людей и сели *одесную* Отца, но поскольку со всем естеством нашим случилось это в Лице Христа. Действительно, божественный апостол говорит: *с Ним воскреси и спосади нас во Христе* (Еф. 2, 6).

Но утверждаем мы также и то, что соединение произошло из общих сущностей. Ибо всякая сущность обща тем лицам, которые ею объемлются, и нельзя найти [какого-либо] частного и особенного естества или сущности, так как [иначе] необходимо было бы одни и те же лица называть и единосущными, и имеющими различное существо, и Святую Троицу, в отношении к Божеству, называть и единосущною, и имеющею различное существо. Поэтому в каждом из лиц созерцается одно и то же естество. И всякий раз как, — согласно с мнением блаженных как Афанасия, так и Кирилла, скажем, что естество Слова воплотилось, утверждаем, что с плотью соединилось Божество. Почему и не можем сказать: естество Слова пострадало; ибо Божество в Нем не испытало страдания; но говорим, что во Христе пострадало человеческое естество, не разумея, конечно, всех лиц людей; а также исповедуем и то, что Христос пострадал в человеческом естестве. Поэтому, говоря об естестве Слова, обозначаем Самое Слово. Слово же имеет и общность с сущностью, и отличительное свойство Лица.

ГЛАВА 7 (51). О ЕДИНОЙ БОГА СЛОВА СЛОЖНОЙ ИПОСТАСИ

Итак, мы утверждаем, что Божественная Ипостась Бога Слова существовала прежде [всего] безлетно и вечно, простая и несложная, несозданная и бестелесная, невидимая, неосязаемая, неописуемая, имеющая все, что имеет Отец, так как Слово — единосущно с Ним, различающаяся от Отеческой Ипостаси образом рождения и отношением, существующая совершенным образом, никогда не удаляющаяся из Отеческой Ипостаси; утверждаем же и то, что Слово, не отделившись от Отеческих недр, *в последок дней* неописуемо вселилось в утробе Святой Девы, бессеменно и непостижимым образом, как знает Оно Само, и в самой предвечной Ипостаси восприяло Себе от Святой Девы плоть.

И находясь во чреве Святой Богородицы, Он, конечно, был во всем и выше всего, но в Ней самой — действием воплощения. Итак, Он воплотился, восприяв Себе от Нее начатки нашего смешения, плоть, одушевленную душой, одаренною и разумом, и умом, так что Сама Ипостась Бога Слова назвалась Ипостасью для плоти, и прежде бывшая простой Ипостась Слова сделалась сложной; сложной же — из двух совершенных естеств: и Божества, и человечества; и Она имеет характеристическое и разграничительное свойство Божественного сыновства Бога Слова, свойство, которым Она различается от Отца и Духа; имеет и характеристические и разграничительные свойства плоти, которыми Она отличается и от Матери, и от остальных людей; имеет же Она и свойства Божественного естества, которыми Она соединена с Отцом и Духом, также и отличительные признаки человеческого естества, которыми Она соединена и с Матерью, и с нами. А сверх того, различается Бог Слово и от Отца, и Духа, и Матери, и нас тем, что Один и Тот же есть и Бог, вместе и человек. Ибо это мы знаем как наиболее особенное свойство Ипостаси Христовой.

Поэтому мы исповедуем, что Он – единый Сын Божий и после вочеловечения и что Он же Сам – Сын Человеческий, единый Христос, единый Господь, один только Единородный Сын и Слово Божие, Иисус – Господь наш; исповедуем, почитая два Его рождения: одно – предвечное от Отца, выше причины и всякого описания, и времени, и естества, и другое, бывшее *в последок дней* ради нас, наподобие нас и выше нас. Ради нас потому, что ради нашего спасения; наподобие нас потому, что родился человеком от *жены* и спустя обычное время после зачатия; выше нас потому, что родился не от семени, но от Святого Духа и Святой Девы Марии, выше закона зачатия; проповедуя Его не как Бога только, лишенного нашего человечества, но и не как человека только, лишая Его Божества; не как иного и иного, но как единого и того же Самого, вместе и Бога, и человека, совершенного Бога и совершенного человека; как всего Бога и всего человека; как одного и того же – всего Бога и вместе с плотью Его, и всего человека и вместе с пребожественным Его Божеством. Через то, что мы сказали: совершенного Бога и совершенного человека, обозначаем полноту и отсутствие каких-либо недостатков в естествах; а через то, что сказали: всего Бога и всего человека, показываем единичность и неделимость Ипостаси.

Но также исповедуем единое естество Бога Слова – воплощенное; через то, что сказали: воплощенное, обозначая сущность плоти, согласно с блаженным Кириллом; и воплотилось, далее, Слово, и [все-таки] не лишилось Своей собственной невещественности, и все воплотилось, и все остается неописуемым. Тем, что Оно приняло тело, Оно умаляется и сокращается, а по Божеству Оно — неописуемо, так как плоть Его не простирается подле неописуемого Его Божества и не сравнима с Ним.

Итак, весь Бог Слово есть совершенный Бог, но не все — Бог, ибо Он не только Бог, но и человек; и весь — совершенный человек, но не все — человек, ибо Он не только человек, но и Бог. Ибо «*все*» показывает естество; а «*весь*» — лицо, подобно тому как *одно* показывает естество, а *другой* — лицо.

Должно же знать, что хотя мы говорим, что естества Господа проникают одно в другое, однако мы знаем, что это проникновение произошло от Божественного естества. Ибо оно через все проходит, как желает, и проникает, а через него — ничто; и оно уделяет плоти свои собственные свойства, само оставаясь бесстрастным и непричастным страстям плоти. Ибо, если солнце, делая нас участниками своих сил, остается непричастным к нашим делам, то во сколько раз более [остается Таким] Творец солнца и Господь!

ГЛАВА 8 (52). К ТЕМ, КОТОРЫЕ ВЫВЕДЫВАЮТ: ВОЗВОДЯТСЯ ЛИ ЕСТЕСТВА ГОСПОДА ПОД НЕПРЕРЫВНОЕ КОЛИЧЕСТВО, ИЛИ ПОД РАЗДЕЛЕННОЕ

Если же кто спрашивает об естествах Господа, возводятся ли они под непрерывное количество, или под разделенное, то мы скажем, что естества Господа не суть ни одно тело, ни одна поверхность, ни одна линия, ни время, ни место, для того чтобы они были возведены под непрерывное количество; ибо это есть то, что непрерывно исчисляется.

Должно же знать, что число свойственно тому, что различается [между собою]; и невозможно, чтобы было исчисляемо то, что ни в каком отношении не различается; но поскольку [предметы] различаются, по этой причине они и исчисляются; как, например, Петр и Павел, поскольку они соединены, не исчисляются. Ибо соединяемые по отношению к сущности, они не могут называться двумя естествами; различаясь же по ипостаси, они называются двумя ипостасями. Поэтому число свойственно тому, что различается между собою; и каким образом различающееся различается, таким образом оно и исчисляется.

Итак, естества Господа, насколько дело касается Ипостаси, соединены неслитно; но, насколько речь идет о смысле и образе различия, они нераздельно разделены.

И каким образом они соединены, [с этой стороны] они не исчисляются; ибо мы не говорим, что в отношении к

Ипостаси – два естества Христа; а каким образом они нераздельно разделены, [с этой стороны] они исчисляются; ибо – два естества Христа вследствие понятия и образа различия. Ибо, будучи соединены со стороны Ипостаси и имея проникновение одно в другое, они соединены неслитно, каждое сохраняя в целости свойственное ему природное различие. Поэтому, будучи исчисляемы вследствие образа различия, и одного его только, они будут подведены под разделенное количество.

Итак, один есть Христос, совершенный Бог и совершенный человек, Которому с Отцом и Духом мы поклоняемся единым поклонением, не исключая и непорочной Его плоти, не говоря, что плоть Его не заслуживает поклонения; ибо ей поклоняются в единой Ипостаси Слова, Которая для нее сделалась Ипостасью; не твари служа, ибо поклоняемся ей не как простой плоти, но как соединенной с Божеством, и так как два Его естества возводятся к единому Лицу и единой Ипостаси Бога Слова. Я боюсь прикоснуться к углю по причине соединенного с деревом огня. По причине Божества, соединенного с плотью, я поклоняюсь обоим вместе естествам Христа. Ибо в Троице я не вставляю четвертого Лица – да не будет! – но исповедую одно Лицо Бога Слова и плоти Его. Ибо Троица осталась Троицей и после воплощения Слова.

К тем, которые спрашивают: под непрерывное ли количество возводятся два естества, или под разделенное

Естества Господа не суть ни одно тело, ни одна поверхность, ни линия, ни место, ни время, чтобы им быть возведенными под непрерывное количество; ибо это есть то, что непрерывно исчисляется. Соединены же естества Господа в отношении к Ипостаси неслитно, и вследствие понятия и образа различия [того и другого] разделены нераздельно. И каким образом они соединены, [с этой стороны] они не исчисляются. Ибо мы не говорим, что естества Христовы суть две Ипостаси, или что их два в отношении к Ипостаси. А каким образом они нераздельно разделены, [с этой стороны] они исчисляются. Ибо, вследствие понятия и образа различия, есть два естества. Ибо, будучи соединенными в отношении к Ипостаси и проникая одно в другое, они соединены неслитно, не допустив превращения одного в другое, и после соединения сохраняя в целости свойственное каждому природное различие. Ибо сотворенное осталось сотворенным и несозданное – несозданным. Поэтому, будучи исчисляемы вследствие образа различия и одного только его, они будут возведены под разделенное количество. Ибо невозможно, чтобы было исчисляемо то, что ни в каком отношения не различается [между собою]; но поскольку [что-либо] различается, поэтому и исчисляется; как, например, Петр и Павел, поскольку они соединены, не исчисляются; ибо, будучи соединяемы вследствие понятия их сущности, они и не суть два естества, и не называются. Но, различаясь в отношении к ипостаси, они называются двумя ипостасями. Поэтому различие – причина числа.

ГЛАВА 9 (53). ОТВЕТ НА ТО: НЕТ ЛИ ЕСТЕСТВА, ЛИШЕННОГО ИПОСТАСИ

Ибо, хотя нет естества, лишенного ипостаси или сущности, не имеющей лица, потому что и сущность, и естество созерцаются в ипостасях и лицах; однако не необходимо, чтобы естества, соединенные друг с другом в отношении к ипостаси, имели каждое свою ипостась. Ибо, соединившись в одну ипостась, они не могут ни быть безипостасными, ни иметь для каждой особенной ипостаси, но и то, и другое – одну и ту же самую. Ибо одна и та же Ипостась Слова, сделавшись Ипостасью обоих естеств, не допускает ни того, чтобы одно из них было лишено ипостаси, не позволяет, однако, ни того, чтобы они были с различными ипостасями в отношении друг к другу, ни того, чтобы Ипостась принадлежала иногда этому естеству, иногда же тому, но Ипостась владеет всегда обоими нераздельно и неразлучно, не будучи разлагаема на части и делима и не раздавая одной части Себя этому естеству, а другой части – тому, но нераздельно и совершенно владея вся этим естеством и вся [же] – тем. Ибо плоть Бога Слова не произошла со своею собственною ипостасью и не сделалась ипостасью, различной по сравнению с Ипостасью Бога Слова, но, существуя в Ней, она скорее стала ипостасной, нежели сделалась ипостасью, существуя отдельно – сама по себе. Почему она и не лишена ипостаси, и не привносит в Троицу другой ипостаси.

ГЛАВА 10 (54). О ТРИСВЯТОЙ ПЕСНИ

Вследствие этого, и прибавление в Трисвятой песни, сделанное безрассудным Петром Кнафевсом, мы считаем за богохульное, как вводящее четвертое лицо и как помещающее порознь Сына Божия – ипостасную Силу Отца и порознь – Распятого, как если бы Он был иной по сравнению с Тем Крепким, или как считающее Святую Троицу подверженной страстям и как сораспинающее Сыну Отца и Святого Духа. Прочь от этого богохульного и незаконно приписанного пустословия! Ибо мы слова: *Святый Боже* понимаем об Отце, не Ему одному только отделяя имя Божества, но зная как Бога и Сына, и Духа Святого. И слова: *Святый Крепкий* понимаем о Сыне, не лишая Отца и Духа Святого *крепости*. И слова: *Святый Бессмертный* относим к Духу Святому, не помещая Отца и Сына вне бессмертия, но относительно каждой из Ипостасей принимая все Божеские имена просто и независимо и верно подражая божественному апостолу, говорящему: *но нам един Бог Отец, из Негоже вся, и мы у Него, и един Господь Иисус Христос, Имже вся, и мы тем* (1Кор. 8, 6); и един Дух Святой, в Котором – все и мы в Нем; впрочем, [подражая] и Григорию Богослову, следующим почти образом говорящему: *у нас же один Бог Отец, из Которого все, и один Господь Иисус Христос, через Которого все, и один Дух Святой, в Котором все*, так как слова: *из Которого* и: *через Которого*, и: *в Котором* не разделяют естеств, ибо [в противном случае] и те предлоги или порядок имен не изменялись бы; но изображают свойства единого и неслиянного естества. И это ясно из того, что они опять воедино соединяются, если [только] в этом случае не нерадиво кто-либо читает о том у того же самого апостола слова: *из Того и Тем и в Нем всяческая. Тому слава во веки. Аминь* (Рим. 11, 36).

Ибо, что не в отношении к Сыну только сказано Трисвятое, но в отношении к Святой Троице, свидетельствуют: божественный и святой Афанасий, и Василий, и Григорий, и весь сонм богоносных отцов; именно, что святые Серафимы через тройное: *Свят* объявляют нам о трех Ипостасях пресущественного Божества. А через едино *господство* они возвещают как об единой сущности, так и едином Царстве Богоначальной Троицы. Действительно, Григорий Богослов говорит: *Таким, конечно, образом Святое Святых*, которое и прикрывается Серафимами, и прославляется тремя *святостями*, сходящимися в едино *господство* и *божество*...; что и прекраснейшим и возвышеннейшим образом было исследовано и некоторым другим мужем из бывших прежде нас.

Говорят, конечно, и составители церковной истории, что в то время, когда находившийся в Константинополе народ воссылал [к Богу] молитвы, по причине некоторой, посланной Богом угрозы [именно бури], имевшей место при архиепископе Прокле, случилось, что было восхищено [некоторое] дитя из народа, и при таких обстоятельствах некоторым ангельским наставлением было научено Трисвятой песни: *Святый Боже, Святый Крепкий, Святый Бессмертный, помилуй нас*. И когда это дитя возвратилось обратно и рассказало о том, чему было научено, то вся без исключения толпа воспела эту песнь, и таким образом прекратилось угрожавшее несчастие. А также передано, что на святом и великом Вселенском Четвертом Соборе, то есть, бывшем в Халкидоне, эта Трисвятая песнь была воспета таким образом; ибо так объявляется в деяниях того же самого святого Собора. Поэтому поистине смешно и забавно, чтобы Трисвятая песнь, преподанная через Ангелов и удостоверенная прекращением нападения [зол], и как укрепленная, так и утвержденная Собором столь многочисленных святых отцов, и прежде воспетая Серафимами, как выражающая Триипостасное Божество, была безрассудным мнением Кнафевса как бы попрана ногами и будто бы на самом деле исправлена в лучшую сторону, как если бы он превосходил Серафимов. Но, о дерзость, чтобы мне не говорить: о, безумие! Мы же, хотя демоны и выходят из себя от досады, так говорим: *Святый Боже, Святый Крепкий, Святый Бессмертный, помилуй нас.*

ГЛАВА 11 (55). ОБ ЕСТЕСТВЕ, КОТОРОЕ СОЗЕРЦАЕТСЯ В РОДЕ И В НЕДЕЛИМОМ, И О РАЗЛИЧИИ КАК СОЕДИНЕНИЯ, ТАК И ВОПЛОЩЕНИЯ; И О ТОМ, КАКИМ ОБРАЗОМ ДОЛЖНО ПОНИМАТЬ [ВЫРАЖЕНИЕ]: «ЕДИНОЕ ЕСТЕСТВО БОГА СЛОВА – ВОПЛОЩЕННОЕ»

Естество усматривается или одним только мышлением, ибо само по себе оно не существует; или вместе во всех однородных ипостасях, как соединяющее их; и [тогда] называется естеством, созерцаемым в роде; или совершенно то же самое, с присоединением случайностей, в одной ипостаси; и называется естеством, созерцаемым в неделимом, будучи одним и тем же с созерцаемым в роде. Итак, Бог Слово, воплотившись, как не восприял естества, усматриваемого одним только мышлением, ибо это было бы не воплощением, но обманом и личиной воплощения; так не восприял и естества, созерцаемого в роде, ибо Он не восприял всех ипостасей, но Он восприял то, которое – в неделимом, тождественное с тем, которое – в роде, ибо Он восприял начатки нашего *смешения* [или плоти]; не то естество, которое само по себе существовало и прежде называлось неделимым и при таких обстоятельствах было Им принято, но то, которое получило бытие в Его Ипостаси. Ибо эта Ипостась Бога Слова сделалась Ипостасью для плоти, и поэтому *Слово плоть бысть* (Ин. 1, 14), разумеется, непреложно; и плоть стала Словом, без изменения; и Бог – человеком.

Ибо Бог есть Слово и человек – Бог по причине ипостасного соединения. Итак, одно и то же сказать: «естество Слова» и «то естество, которое – в неделимом». Ибо это в собственном и единственном в своем роде смысле не обозначает ни неделимого, то есть ипостаси, ни союза ипостасей, но общее естество, созерцаемое и рассматриваемое в одной из своих ипостасей.

Иное, конечно, есть соединение и другое – воплощение. Ибо соединение обозначает одну только связь; а для чего произошла эта связь, оно еще не показывает. Воплощение же, но одно и то же сказать и вочеловечение, обозначает связь с плотью или – человеком; подобно тому как и накаливание железа обозначает соединение его с огнем. Действительно, сам блаженный Кирилл во втором послании к Сукенсу, истолковывая слова: *Единое естество Бога Слова – воплощенное*, говорит таким образом: «Ибо, если бы, сказав об *едином естестве Слова*, мы умолкли, не прибавив слова *воплощенном*, но как бы вне полагая воплощение, то, может быть, конечно, и не была бы неправдоподобной речь у тех, которые притворно спрашивают: если все – единое естество, то где совершенство в человечестве? Или каким образом существует равная нашей сущность? А после того как через слово: *воплощенное* введено и совершенство в человечестве, и указание на сущность, равную нашей, то да перестанут опираться на тростниковый жезл». Итак, здесь естество Слова он поместил вместо [самого] естества. Ибо, если бы он взял естество вместо ипостаси, то не было бы нелепо сказать об этом и без слова *воплощенное*. Ибо, независимо говоря об единой Ипостаси Бога Слова, мы не погрешаем. Подобным же образом и Леонтий Византийский понял это место об естестве, а не об ипостаси. А блаженный Кирилл в Апологии против упреков Феодорита за второй его анафематизм говорит таким образом: «Естество Слова, то есть Ипостась, что есть Самое Слово». Поэтому изречение «естество Слова» не обозначает ни одной только ипостаси, ни союза ипостасей, но общее естество, всецело созерцаемое в Ипостаси Слова.

Итак, что естество Слова воплотилось, то есть соединилось с плотью, сказано; а об естестве Слова, пострадавшем с плотью, даже доныне еще не слышали, но что Христос пострадал плотью, мы научены; так что изречение «естество Слова» не обозначает Лица. Поэтому остается сказать, что, с одной стороны, воплощение есть соединение с плотью, а с другой, то, что Слово сделалось плотью, значит то, что самая Ипостась Слова непреложно сделалась Ипостасью плоти. И что Бог сделался человеком и человек Богом, сказано. Ибо Слово, будучи Богом, без изменения сделалось человеком. А что Божество сделалось человеком, или воплотилось, или вочеловечилось, мы никогда не слышали. Но что Божество соединилось с человечеством в одной из Своих Ипостасей, мы узнали; и что Бог принимает образ, то есть чужую сущность, именно одинаковую с нашей, сказано. Ибо имя Бог ставится о Каждой из Ипостасей, а слова *Божество* мы не можем сказать об Ипостаси. Ибо мы не слышали, что Божество есть один только Отец или один только Сын, или один только Дух Святой; ибо слово *Божество* обозначает естество; а слово: *Отец* – Ипостась, подобно тому как и *человечество* – естество, а *Петр* – ипостась. Слово же Бог обозначает общность естества и в отношении к каждой Ипостаси равно имеет место, подобно тому как и слово: *человек*. Ибо Бог – Тот, Который имеет Божеское естество, и человек – тот, кто имеет человеческое.

Кроме всего этого, должно знать, что Отец и Дух Святой ни в каком смысле не участвовали в воплощении Слова, если не в отношении к Божественным *знамениям* и в отношении к благоволению и желанию.

ГЛАВА 12 (56). О ТОМ, ЧТО СВЯТАЯ ДЕВА – БОГОРОДИЦА; ПРОТИВ НЕСТОРИАН

Богородицей же Святую Деву мы провозглашаем в собственном смысле и воистину. Ибо, подобно тому как истинный Бог есть Тот, Который родился от Нее, так истинная Богородица – Та, Которая родила воплотившегося от Нее истинного Бога; ибо мы утверждаем, что от Нее родился Бог, – утверждаем, не предполагая, что Божество Слова от Нее получило начало бытия, но что Само Божие Слово, Которое прежде веков безлетно родилось от Отца, и безначально и вечно находилось вместе с Отцом и Духом, *в последок дний* ради нашего спасения вселилось в Ее чреве и без изменения от Нее воплотилось и родилось. Ибо Святая Дева родила не простого человека, а истинного Бога; не обнаженного, а одетого плотью; не принесшего тела с неба и не прошедшего через Нее, как бы через канал, но восприявшего от Нее единосущную с нами плоть и давшего ей в Себе Самом ипостасное бытие [т.е. «воспринявшего ее Своим Божеством в единство Его Божеской Ипостаси"]. Ибо, если бы тело было принесено с неба, а не взято от естества, одинакового с нашим, то какая надобность была бы в вочеловечении? Ибо вочеловечение Бога Слова произошло по той причине, чтобы само согрешившее, и павшее, и растленное естество победило обольстившего его тирана, и чтобы оно таким образом освободилось от тления, подобно тому как говорит божественный апостол: *понеже бо человеком* смерть *(бысть), и человеком воскресение мертвых* (1Кор. 15, 21). Если первое – истинно, то и второе.

Если же и говорит [апостол]: *первый [человек] Адам от земли, перстен: вторый [человек] Адам Господь с небесе* (1Кор. 15, 47), но он не утверждает того, что тело с неба, но объясняет, что Он не есть один только человек. Ибо, смотри! он назвал Его и Адамом, и Господом, указывая на то и другое вместе. Ибо слово *Адам* переводится: происшедший из земли; а ясно, что *происшедшее из земли* есть естество человека, образованное из праха. А слово *Господь* показывает Божественную сущность.

Апостол же опять говорит: *посла Бог Сына Своего Единородного, рождаемого от жены* (Гал. 4, 4). Не сказал: *через жену*, но: от жены. Итак, божественный апостол показал, что Тот Самый есть Единородный Сын Божий и Бог, Который произошел от Девы человеком, и что Тот Самый родился от Девы, Который есть Сын Божий и Бог, – родившийся же телесным образом, поскольку Он сделался человеком, не в прежде созданном человеке вселившись, как в пророке, но Сам существенно и воистину сделавшись человеком, то есть дав в Своей Ипостаси бытие плоти, одушевленной душой, одаренной и разумом, и умом, и Сам сделавшись для нее Ипостасью. Ибо это означает изречение: *рождаемого от жены*; потому что каким образом Само Слово Божие очутилось бы под законом, если бы Оно не сделалось единосущным с нами человеком?

Посему праведно и воистину святую Марию называем Богородицей, ибо это имя составляет все таинство домостроительства. Ибо если родившая – Богородица, то Родившийся от Нее – непременно Бог, но непременно и человек. Ибо каким образом мог бы родиться от жены Бог, имеющий бытие прежде веков, если бы Он не сделался человеком? Ибо Сын Человеческий, без сомнения, есть человек. Если же Тот Самый, Который родился от жены, есть Бог, то, без сомнения, Один и Тот же есть и Тот, Который родился от Отца в отношении к Своей Божественной и безначальной сущности, и Тот, Который в последние времена рожден от Девы в отношении к сущности, получившей начало и подчиненной времени, то есть человеческой. Это же обозначает единую Ипостась, и два естества, и два рождения Господа нашего Иисуса Христа.

Но Христородицей мы не называем Святой Девы никоим образом, потому что это наименование, как оскорбляющее, выдумал нечистый, и гнусный, и по-иудейски мыслящий Несторий, сосуд бесчестия, для уничтожения слова *Богородица* и для лишения чести Богородицы, Которая одна только поистине почтена выше всякой твари, хотя бы этот и разрывался от горя вместе со своим отцом – сатаною. Ибо и царь Давид называется *христом*, то есть *помазанным*, также и первосвященник Аарон; потому что как царское достоинство, так и жречество было связано с помазанием; и всякий *богоносный* человек может называться *христом*, но не Богом по естеству, подобно тому как и отверженный Богом Несторий в своей гордости назвал Рожденного от Девы *Богоносцем*. Да не будет, чтобы мы сказали или помыслили, что Он – Богоносец, а что Он – воплотившийся Бог. Ибо Само Слово сделалось плотью, заченшись от Девы, но явившись Богом вместе с воспринятой плотью, так как тотчас и она была обожествлена Им одновременно с приведением ее в бытие, так что вместе случились три обстоятельства: восприятие, бытие, обожествление ее Словом. И таким образом Святая Дева мыслится и называется Богородицею не только по причине естества Слова, но и по причине обожествления человеческой природы, коих одновременно и зачатие, и бытие было совершено чудесным образом: зачатие, конечно, Слова, а плоти – бытие в Самом Слове; так как Сама Богоматерь преестественно доставляла Создателю то, чтобы и Он был созидаем, и Богу и Творцу всего, обожествляющему воспринятое человечество, то, чтобы и Он сделался человеком, между тем как соединение сохраняло соединенное таковым, каковым оно и было соединено, то есть не Божество только, но и человечество Христа, то, что выше нас, и то, что одинаково с нами. Ибо не происшедшее прежде подобным нам после сделалось выше нас; но всегда – с первого бытия существовало то и другое, потому что с начала зачатия в Самом Слове оно возымело свое бытие. Итак, что есть человеческое, то [таково] по своей природе, а то, что Божие и Божественное, [таково] преестественным образом. Сверх того, Он имел свойства и одушевленной плоти, ибо их приняло Слово в рассуждении Домостроительства, происходящие поистине естественным образом, согласно с порядком естественного движения.

ГЛАВА 13 (57). О СВОЙСТВАХ ДВУХ ЕСТЕСТВ

Исповедуя же, что Один и Тот же Господь наш Иисус Христос есть совершенный Бог и совершенный Человек, мы утверждаем, что Он же Сам имеет все то, что имеет Отец, кроме нерождаемости, и имеет все то, что имел первый Адам, исключая одного только греха, что есть: тело и душу, одаренную как разумом, так и умом; и что Он имеет соответственно двум естествам и двойные естественные свойства двух естеств: две естественных воли – и Божескую, и человеческую, и две естественных деятельности – и Божескую, и человеческую, и две естественные свободные воли – и Божескую, и человеческую, также и как мудрость, так и знание – и Божеские, и человеческие. Ибо, будучи единосущен с Богом и Отцом, Он самодержавно желает и действует как Бог. Но, будучи единосущным и с нами, Он свободно желает и действует как человек, одинаковый [с нами]. Ибо Ему принадлежат чудеса, Ему – и страдания.

ГЛАВА 14 (58). О [ДВУХ] ВОЛЯХ И СВОБОДАХ ГОСПОДА НАШЕГО ИИСУСА ХРИСТА

Итак, потому что Христовых естеств два, мы говорим о двух Его естественных волях и естественных действиях. А так как Ипостась двух Его естеств – едина, то утверждаем, что Один и Тот же Самый есть Тот, Который естественным образом желает и действует соответственно обоим естествам, из которых и в которых, и что именно есть Христос Бог наш; но желает и действует не раздельно, а соединенно, «ибо желает и действует в каждом из двух образов с участием другого из них». Ибо чего одна и та же сущность, этого одно и то же и желание, и деятельность; а чего сущность различна, этого различно и желание, и деятельность. И наоборот: чего желание и деятельность одна и та же, этого одна и та же и сущность; а чего желание и деятельность различны, этого различна и сущность.

По этой причине в Отце, и Сыне, и Святом Духе, вследствие тождества деятельности и воли, мы признаем тождество естества. А в божественном воплощении, вследствие различия действий и желаний, мы признаем и различие естеств; и, зная о различии естеств, вместе исповедуем различие желаний и действий. Ибо, подобно тому как число естеств Того же Самого и единого Христа, благочестно мыслимое и объявляемое, не разделяет единого Христа, но показывает и в соединении сохраняющееся в целости различие естеств, так и число желаний и действий, существенно свойственных Его естествам, – ибо Он в отношении к обоим естествам был одарен способностью желать и совершать наше спасение, – не вводит разделения, да не будет!, но показывает их сохранение и целость даже и при соединении, и только [это]! Ибо мы говорим, что желания и действия суть свойства, относящиеся к естеству, а не личные. Говорю же я о самой силе желания и действования, сообразно с которою желает и действует как желающее, так и действующее. Ибо если мы допустим, что они – личные свойства, то будем вынуждены сказать, что три Лица Святой Троицы различны между Собою по воле и деятельности.

Ибо должно знать, что не одно и то же – желать и каким образом желать; ибо желать, подобно тому как и видеть, есть принадлежность естества, потому что это свойственно всем людям; а то, каким образом желать, есть свойство не естества, но нашей души, избирающей направление и решающейся, подобно тому как и то, каким образом видеть, хорошо или худо. Ибо не все люди одинаковым образом желают, и не одинаковым образом видят. Это же мы допустим и относительно действий. Ибо то, как желать, как видеть или как действовать, есть образ того, как кто-либо пользуется волей и способностью зрения и действования, свойственным одному только пользующемуся и, сообразно с обыкновенно разумеемым различием, отличающим его от остальных.

Итак, просто желать называется желанием или желательной способностью, которая есть разумное стремление и естественное хотение; а то, каким образом желать, или то, что подлежит желанию, есть тот предмет, которого желаем, и желание, соединенное с деятельностью разума. Θελητικόν же есть то, в чем от природы находится сила желания; как, например, Божеское естество есть θελητική, то есть имеет силу желания, равно как и человеческое; желающий же есть тот, который пользуется желанием, или лицо, как например, Петр.

Итак, потому что Христос един и Ипостась Его также едина, един и тот же самый есть и Желающий как

Божеским образом, так и человеческим. А так как Он имеет два естества, одаренные способностью желания, потому что они разумны, ибо все разумное способно к желанию и свободно, то мы скажем, что в Нем две воли или два естественных хотения. Ибо Один и Тот же Он обладает способностью желания сообразно с обоими Его естествами. Ибо Он восприял ту желательную способность, которая в нас находится от природы. И так как один Христос и один и тот же Желающий сообразно с каждым из двух естеств, то мы скажем, что предмет желания в Нем – один и тот же, не потому, что Он желал одного только того, чего желал по естеству как Бог, ибо не свойственно Божеству желание есть, пить и подобное, но потому что Он желал и того, что составляет человеческую природу, не вследствие противоположности мнения, но вследствие свойства естеств; ибо тогда Он естественно желал этого, когда желала и Божественная Его воля, и позволяла плоти страдать и делать то, что ей было свойственно.

А что желание свойственно человеку от природы, ясно отсюда. За исключением Божественной жизни, есть три вида жизни: растительный, чувствующий, разумный. Принадлежностью растительной жизни, конечно, является движение питающее, возращающее, рождающее; чувствующей же – движение согласно с побуждением; разумной же и духовной – свободное. Итак, если растительной жизни по природе свойственно движение питающее и чувствующей – движение согласно с побуждением, то, следовательно, разумной и духовной по природе свойственно движение свободное. Свобода же не есть что-либо другое, кроме воли (или желания). Поэтому Слово, сделавшись плотью одушевленной, разумной и свободной, было одарено и способностью желания.

Далее, что естественно, то не приобретается учением; ибо никто не учится думать или жить, или алкать, или жаждать, или спать. Не учимся же мы и желать; так что то обстоятельство, что мы желаем, врожденно.

И опять: если в бессловесных животных природа управляет, а в человеке, движущемся самовластно – по желанию, она управляется, то, следовательно, человек по природе обладает способностью желания.

И опять: если человек произошел по образу блаженного и пресущественного Божества, – а Божественное естество по природе независимо и обладает способностью желания, – то, следовательно, и человек, как образ Его, по природе свободен и обладает способностью желания. Ибо отцы определили волю как независимость.

Сверх того, если всем людям присуще желание, а не так, что одним присуще, другим же не присуще; а то, что созерцается совместно во всем, характеризует естество в подчиненных ему неделимых, то, следовательно, человек по естеству обладает способностью желания.

И опять: если природа не допускает большего и меньшего, но желание присуще всем поровну, а не так, что одним в большей степени, другим же в меньшей, то, следовательно, человек по природе обладает способностью желания; так что если человек по природе обладает способностью желания, то и Господь по естеству обладает способностью желания, не только поскольку Он Бог, но и поскольку Он сделался человеком. Ибо, подобно тому как Он восприял наше естество, так восприял Он по естественным законам и нашу волю. И поэтому отцы говорили, что Он отпечатлел в Себе Самом нашу волю.

Если воля не естественна, то она будет или ипостасна, или противна естеству. Но если она ипостасна, то при таких обстоятельствах Сын будет различаться от Отца со стороны воли, ибо то, что ипостасно, способно характеризовать одну только ипостась. Если же воля противна естеству, то она будет отпадением от естества, ибо то, что противно естеству, разрушительно для того, что согласно с естеством.

Ибо Бог и Отец всех вещей желает или поскольку Он Отец, или поскольку Он – Бог. Но, если Он желает, поскольку Он Отец, то воля (или желание) Его будет иною в сравнении с волею Сына. Ибо Сын – не Отец. Если же Он желает, поскольку Он Бог, а Бог и Сын, Бог и Дух Святой, то, следовательно, воля принадлежит естеству, а значит, естественна.

Сверх того, если чего, по мнению отцов, одна воля, того одна и сущность, а воля Божества Христа и человечества Его – едина, то, следовательно, одна и та же самая будет и сущность их.

И еще: если, по мнению отцов, различие естества в единой воле не выказывается, то необходимо, чтобы или, говоря о единой воле, мы не говорили о естественном различии во Христе, или, говоря о различии естеств, не говорили о единой воле.

И далее: если, как говорит Божественное Евангелие, Господь, придя в области Тира и Сидона, *и вшед в дом, ни когоже хотяше, дабы Его чул, и не може утаитися* (Мк. 7, 24); если Божественная Его воля – всемогуща, а Он, пожелав, не был в состоянии *утаитися*; то, следовательно, Он не был в состоянии, восхотев, поскольку Он был человек; и Он обладал способностью желания и насколько был человеком.

И опять: *придя*, говорит Святое Евангелие, *на место, глагола: жажду* (Ин. 19, 28). И *даша ему оцет с желчию смешен: и вкуш, не хотяше пити* (Мф. 27, 34). Итак, если Он возжаждал как Бог, *и вкуш, не хотяше пити*, то, следовательно, Он был подвержен страсти и как Бог; ибо как жажда, так и вкушение – страсть. Если же Он возжаждал не как Бог, то непременно как человек, и обладал способностью желания также и как человек.

Сверх того, блаженный апостол Павел говорит: *послушлив быв даже до смерти, смерти же крестныя* (Флп. 2, 8). Послушание есть подчинение воли, которая – действительна, а не той, которая – не истинна; ибо неразумного животного мы не назовем послушным или непослушным. Господь же, сделавшись послушным Отцу, сделался не поскольку Он был Бог, но поскольку – человек. Ибо как Бог, Он ни послушен, ни непослушен; потому что это, как говорил богоносный Григорий, свойственно подчиненным существам. Следовательно, Христос и как человек обладал способностью желания.

Говоря же о естественном желании, мы утверждаем, что оно – не вынужденно, но свободно; потому что если оно разумно, то непременно и свободно. Ибо не только Божественное и несозданное естество не имеет ничего вынужденного, но не имеет также и разумное сотворенное. Это же ясно, ибо Бог, будучи по природе Благим, и по природе Творцом, и по природе Богом, не есть это вследствие необходимости, потому что кто же – навлекающий эту необходимость?

Должно же знать, что о свободе говорят во многих значениях: так как иначе – в отношении к Богу и иначе в отношении к Ангелам, и иначе в отношении к людям. Ибо в отношении к Богу [это слово должно быть понимаемо] пресущественным образом; в отношении же к Ангелам – так, что решение на что-либо следует вместе с расположением [к этому] и совершенно не допускает промежутка времени; ибо, по природе обладая свободой, Ангел пользуется ею беспрепятственно, не имея ни противодействия со стороны тела, ни того, кто бы нападал на него. В отношении же к людям – так, что со стороны времени расположение [души к чему-либо] мыслится прежде исполнения. Ибо хотя человек независим и по природе обладает свободой, однако он терпит и нападение со стороны диавола, и имеет движение тела. Итак, по причине того нападения и по причине тяжести тела, решимость на что-либо следует позже расположения [души к этому].

Итак, если Адам послушался, желая, и пожелав, съел, то, следовательно, первое в нас желание навлекло смерть. Если же первое желание подлежало смерти, а воплотившееся Слово не восприяло его вместе с естеством, то, следовательно, мы не сделались свободными от греха.

Сверх того, если свободная воля естества есть дело Его, а Он ее не восприял, то, или потому, что возымел дурное мнение о Своем произведении, как не хорошем, или потому, что не восхотел даровать нам ее (т.е. свободной воли) уврачевания, нас лишая совершенного исцеления, а Себя Самого показывая подлежащим страсти, через то, что Он не хотел или не мог нас совершенно исцелить.

С другой стороны, невозможно говорить о чем-либо сложном из двух воль как об едином, подобно тому как говорим об Ипостаси, сложной из естеств. Во-первых, потому, что сложения бывают того, что существует ипостасно, и не того, что созерцается в ином, а не в собственном смысле: во-вторых же, потому что, если будем говорить о сложении воль и действий, то будем вынуждены сказать о сложении и остальных естественных свойств: несозданного и сотворенного, невидимого и видимого и подобного. А также как будет названа воля, сложная из [двух] воль? Ибо невозможно, чтобы сложное называлось именем тех вещей, которые сложены, так как [в противном случае] и сложное из естеств мы назовем естеством, а не ипостасью. Сверх того, если будем говорить о единой сложной воле во Христе, то волею разлучим Его от Отца, ибо воля Отца не сложна. Поэтому остается сказать о единой только Ипостаси Христа, как сложной и общей как естествам, так и естественным Его свойствам.

Но о мнении и выборе в Господе говорить невозможно, если только мы желали бы говорить в собственном смысле. Ибо мнение есть [наступающее] после исследования относительно неведомого предмета и обдумывания, то есть совещания и решения, расположение к тому, что решено, после которого [следует] свободный выбор, который избирает для себя и предпочитает одно перед другим. Господь же, будучи не одним только человеком, но и Богом, и зная все, не имел нужды в рассматривании, исследовании, совещании и решении, и по природе имел как расположение к прекрасному, так и отвращение ко злу. Ибо так говорит и пророк Исаия, что прежде, *неже разумети отрочати изволити злая, изберет благое: зане прежде, неже разумети отрочати благое или злое, отринет лукавое, еже избрати благое* (Ис. 7,15–16). Ибо слово: *прежде* обозначает, что Он не так, как мы, исследовав и обдумав, но, будучи Богом и Божественным образом даровав ипостасное бытие плоти, то есть ипостасно соединившись с плотью, в силу самого бытия Своего и знания всего, владел благом по Своей природе. Ибо добродетели – естественны и естественным образом и поровну находятся во всех, хотя мы и не все поровну совершаем то, что согласно с природою. Ибо через преступление мы впали из того, что было согласно с природою, в то, что противно природе. Господь же возвратил нас из того, что противно природе, в то, что согласно с природою; ибо это значат слова: *по образу и по подобию* (Быт. 1, 26). А также и подвижническая жизнь и труды ее выдуманы не для приобретения добродетели, которая извне приводима, но для того, чтобы мы свергли с себя чуждый и противный природе грех, подобно тому как и с усилием удаляя ржавчину, находящуюся на железе, которая неприродна, но произошла вследствие [нашей] небрежности, мы показываем естественный блеск железа.

Должно же знать, что имя γνώμης – *мнения* – многосторонне и многозначаще. Ибо оно то обозначает *совет*, как говорит божественный апостол: *о девах же повеления Господня не имам, совет же даю* (1Кор. 7, 25); то *волю*, подобно тому как когда говорит пророк Давид: *на люди Твоя лукавноваша волею* (Пс. 82,4); то *изречение*, как говорит Даниил: *о чесом изыде изречение бесстудное сие* (Дан. 2, 15); то берется в смысле веры, или мнения, или образа мыслей; и просто сказать: имя (γνώμης) употребляется в двадцати восьми значениях.

ГЛАВА 15 (59). О ДЕЙСТВОВАНИЯХ, КОТОРЫЕ ИМЕЮТ МЕСТО В ГОСПОДЕ НАШЕМ ИИСУСЕ ХРИСТЕ

Далее, мы утверждаем, что в Господе нашем Иисусе Христе два также и действования. Ибо, как Бог и единосущный с Отцом, Он имел одинаково Божественное действование, и, как сделавшийся человеком и единосущный с нами, действование и человеческой природы.

Должно же знать, что иное есть действование и иное – то, что способно к действованию, и иное – то, что произведено, и иное – действующий. Действование, конечно, есть деятельное и самостоятельное движение природы; а то, что способно к действованию, есть природа, из которой действование выходит; а то, что произведено, есть результат действования; действующий же – пользующийся действованием или лицо. Однако и действование называется тем, что произведено, также и то, что произведено, действованием, подобно тому как и κτίσμα (сотворенная вещь) называется κτίσις (творением). Ибо мы говорим таким образом: всякое творение (πασα ή κτίσις), обозначая сотворенные вещи (τα κτίσματα).

Должно знать, что действование есть движение, и оно более производится, чем производит, как говорит Григорий Богослов в слове о Святом Духе: «Если же есть действование, то, без сомнения, оно будет производиться, а не производить, и вместе с тем как оно будет произведено, оно прекратится».

Должно же знать, что и самая жизнь есть действование и даже первое действование живого существа; также и всякое отправление жизни, как сила питающая и произращающая, то есть естественная, так и движение согласно с побуждением, то есть чувствующее, так и разумное и свободное движение. Действование же есть достижение силою совершенства. Итак, если мы созерцаем все это во Христе, то, следовательно, скажем, что и в Нем было человеческое действование.

Действованием называется [также и] та мысль, которая прежде всего в нас происходит; и она есть простое и не имеющее свойства действование, так как ум сам по себе тайно производит свои мысли, отдельно от которых он справедливо не мог бы быть и назван умом. Действованием же называется, в свою очередь, и обнаружение, и раскрытие, через произнесение слова, того, что обдумано умом. Но это уже не есть лишенное свойства и простое действование, а созерцаемое в свойстве, так как оно сложено из мысли и слова. А также и самое положение, какое действующий имеет по отношению к тому, что делается, есть действование; и та самая вещь, которая производится, называется действованием. И первое принадлежит одной только душе, второе же – душе, пользующейся телом, третье же – телу, разумно одушевленному, а четвертое есть результат. Ибо ум, рассмотрев прежде то, что будет при таких обстоятельствах, действует через посредство тела. Поэтому верховная власть принадлежит душе; ибо она пользуется телом даже как орудием, управляя им и руководя. Действование же тела, управляемого душой и приводимого в движение, есть иного рода. А то, что совершается телом, есть осязание и удерживание и как бы объятие того, что делается; а то, что совершается душой, есть как бы придавание формы и фигуры тому, что происходит. Так и в отношении к Господу нашему Иисусу Христу сила чудес была деятельностью Его Божества; а дела рук и то, что Он восхотел и сказал: *хощу, очистися* (Мф. 8, 3), было деятельностью Его человечества. И тем, что совершено человеческим Его естеством, было преломление хлебов (см. Ин. 6,11), то, что Он услышал прокаженного, то, что сказал: *хощу*; делом же Божественного Его естества было умножение хлебов (см. Ин. 6, 11 и следующие) и очищение прокаженного. Ибо через то и другое: как через душевное действование, так и через действование тела Он показывал одно и то же самое – сродное и равное Божественное Свое действование. Ибо, подобно тому как мы признаем, что естества соединены и имеют проникновение одно в другое, и не отрицаем их различия, но исчисляем и признаем их нераздельными, так и признаем соединение воль, действований, замечаем различие, исчисляем и не вводим разделения. Ибо каким образом плоть обожествлена и не потерпела изменения своей природы, таким же самым образом воля и действование обожествлены и не удаляются из своих границ; ибо Один – Тот, Который есть это и то, и Который этим и тем образом, то есть Божеским и человеческим, желает и действует.

Поэтому, вследствие того, что во Христе два естества, необходимо говорить и о двух действованиях в Нем. Ибо чего естество различно, этого различно и действование, и чего различно действование, этого различно и естество. И наоборот, чего естество – одно и то же, этого одно и то же и действование, и чего действование одно, этого, по мнению богоглаголивых отцов, одна и сущность. Поэтому необходимо одно из двух: или то, чтобы, говоря об одном действовании во Христе, мы говорили об одной и сущности, или, если в самом деле мы ревностно стараемся об истине и, согласно с учением как Евангелия, так и отцов, исповедуем две сущности, чтобы вместе исповедовали два также и действования, соответственным образом им сопутствующие. Ибо, будучи единосущен с Богом и Отцом по Божеству, Он будет равен и по отношению к действованию. А Он же Самый, будучи единосущен с нами по человечеству, будет равен и в отношении к действованию. Ибо блаженный Григорий, епископ Нисский, говорит: «Чего одно действование, этого несомненно одна и та же сила». Ибо всякое действование есть достижение силой своего совершенства. Но невозможно, чтобы было одно естество, или сила, или действование несозданной и сотворенной природы. Если же мы скажем об одном действовании Христа, то к Божеству Слова присоединим страсти разумной души: страх, говорю, и печаль, и предсмертную муку.

Если же кто-либо скажет, что святые отцы, беседуя о Святой Троице, утверждали: «Чего сущность – одна, того одно и действование, и чего сущность – различна, того различно и действование» и что не должно того, что говорится о Боге, переносить на воплощение, то мы ответим: если отцами это сказано только по отношению к учению о Божестве, и если Сын и после воплощения не имеет одного и того же действования с Отцом, то Он не будет и одной и той же [с Ним] сущности. К кому же мы отнесем слова: *Отец Мой доселе делает, и Аз делаю* (Ин. 5, 17), и: *аще еже видит Отца творяща, сия и Сын такожде творит* (Ин. 5, 19), и: *аще мне не веруете, делом моим веруйте* (Ин. 10, 38), и: *дела, яже Аз творю... свидетельствуют о Мне* (Ин. 10,25), и: *якоже Отец воскрешает мертвыя и живит, тако и Сын, ихже хощет, живит* (Ин. 5, 21)? Ибо все это показывает не только то, что Он единосущен с Отцом и после воплощения, но и то, что Он имеет одно и то же с Ним действование.

И опять: если промышление о сущем принадлежит не только Отцу и Святому Духу, но и Сыну и после воплощения, а это есть действование, то, следовательно, и после воплощения Он имеет одно и то же с Отцом действование.

Если же из чудес мы узнали, что Христос – одной и той же сущности с Отцом, а чудеса суть действование Божие, то, следовательно, Он и после воплощения имеет одно и то же действование с Отцом.

Если же едино действование Божества Его и плоти Его, то Он будет сложным, и выйдет то, что или Он будет иметь иное действование по сравнению с Отцом, или что и Отец будет со сложным действованием. Если же – со сложным действованием, то ясно, что со [сложной также] и природой.

Если же скажут, что вместе с действованием вводится лицо, то мы ответим, что если вместе с действованием вводится лицо, то, по согласному с рассудком соответствию, и вместе с лицом будет введено действование; и будут, подобно тому как есть три Лица или Ипостаси Святой Троицы, так и три действования, или, подобно тому как есть одно действование, так одно и Лицо, и одна Ипостась. Святые же отцы согласно сказали, что то, что одной и той же сущности, имеет одно и то же также и действование.

Сверх того, если вместе с действованием вводится лицо, то те, которые не приказали говорить ни об одном, ни о двух Христовых действованиях, не повелели говорить ни об одном Его Лице, ни о двух.

Но и в раскаленном мече как сохраняются в целости естества и огня, и железа, так и два действования и их результаты. Ибо и железо имеет способность разрезывать, и огонь – способность жечь, и разрезывание есть результат действования железа, а жжение – действования огня; и различие их сохраняется в целости при разрезывании, сопутствуемом жжением, и при жжении, сопутствуемом разрезыванием, хотя после соединения такого рода ни жжение не бывает без разрезывания, ни разрезывание без жжения; и как, по причине двойственности естественного действования, не говорим о двух раскаленных мечах, так и потому, что один только – раскаленный меч, не делаем слияния существенного их различия. Таким образом и во Христе: Божеству Его принадлежит Божественное и всемогущее действование, человечеству же Его – действование, одинаковое с нашим. Произведением человеческого действования было то, что Он взял руку отроковицы и привлек к Себе (см. Лк. 8, 54); Божественного же – оживотворение ее. Ибо иное есть это и другое есть то, хотя в богомужном действовании они существуют неотделимыми друг от друга. Если же по причине того, что едина Ипостась Господа, едино будет и действование, то вследствие того, что едина Ипостась, едина будет и сущность.

И опять: если скажем об едином действовании в Господе, то назовем это или Божественным, или человеческим, или ни тем, ни другим. Но если Божественным, то скажем о Нем как только Боге, лишенном одинакового с нашим человечества. Если же человеческим, то богохульно назовем Его одним только человеком. Если же ни Божественным, ни человеческим, то не назовем Его ни Богом, ни человеком, не единосущным ни с Отцом, ни с нами. Ибо тождество в отношении к Ипостаси произошло вследствие соединения, но, однако, [по этой причине] не уничтожилось и различие естеств. А так как сохраняется в целости различие естеств, то, без сомнения, сохранятся и свойственные им действования. Ибо нет естества, лишенного действования.

Если действование Господа Христа – едино, то оно будет или сотворенно, или несоздано, ибо нет действования, подобно тому как нет и естества, занимающих середину между ними [т.е. сотворенным и несозданным]. Итак, если оно сотворено, то оно будет показывать одно только сотворенное естество; если же несоздано, то будет изображать одну только несозданную сущность. Ибо должно, чтобы то, что естественно, было непременно сообразно с естествами, так как невозможно, чтобы принадлежало бытие естеству, которое менее всего совершенно. А действование, согласное с естеством, не возникает из того, что находится вне [естества], и ясно, что естеству невозможно ни существовать, ни познаваться без действования, согласного с естеством. Ибо каждое через то, что оно совершает, дает удостоверение относительно своего естества, что именно есть неизменяемо.

Если действование Христа – едино, то одно и то же будет производящим Божественные и человеческие дела; но ничто из сущего, оставаясь в положении, согласном с естеством, не может производить противоположного;

ибо огонь не охлаждает и согревает и вода не сушит и делает влажным. Поэтому каким образом Тот, Кто по естеству Бог и Кто по естеству сделался человеком, единым действованием и совершил чудеса, и перенес страсти?

Итак, если Христос восприял человеческий ум, то есть душу, одаренную как умом, так и разумом, то Он несомненно будет мыслить и всегда будет мыслить; а размышление – действование ума, следовательно, и Христос, поскольку Он – человек, деятелен, и всегда деятелен.

Всемудрый же и великий святой Иоанн Златоуст в *толковании на Деяния*, во втором Слове говорит таким образом: «Не погрешил бы кто-либо, назвав действием и Его страсть. Ибо тем, что претерпел все, Он совершил то великое и достойное удивления дело, уничтожив смерть и соделав все остальное».

Если всякое действование определяется как самостоятельное движение какого-либо естества, как объяснили люди сведущие в этих делах, то где кто-либо знает естество неподвижное или совершенно бездеятельное, или где кто-либо нашел действование, которое не было бы движением естественной силы? А что естественное действование Бога и твари – едино, этого, согласно с мнением блаженного Кирилла, никто, благомыслящий, не мог бы допустить. Как не человеческое естество оживляет Лазаря (см. Ин. 11, 43–44), так не Божественное могущество проливает слезы; ибо слезы – принадлежность человечества, а жизнь – ипостасной Жизни. Но, однако, и то, и другое – обще обоим, по причине тождества Ипостаси. Ибо хотя Христос един, и едино Его Лицо или Ипостась, но, однако, Он имеет два естества: Своего Божества и человечества. Поэтому, с одной стороны, слава, естественно выходя из Божества, сделалась общею тому и другому, по причине тождества Ипостаси; с другой стороны, то, что низменно, проистекая из плоти, сделалось общим тому и другому. Ибо Один и Тот же Самый – Тот, Который есть и это, и то, то есть Бог и человек, и Одному и Тому же принадлежит как то, что свойственно Божеству, так и то, что свойственно человечеству; ибо, хотя Божественные знамения совершало Божество, но не без участия плоти, а то, что низменно, совершала плоть, но не без Божества. Ибо Божество было соединено и со страдавшей плотью, оставаясь бесстрастным и совершая спасительные страдания; и с действующим Божеством Слова был соединен святой ум, мыслящий и знающий то, что было совершаемо.

Божество, конечно, передает телу Свои собственные преимущества, но само остается непричастным страстям плоти. Ибо каким образом Божество действовало через посредство плоти, таким плоть Его не страдала также через Божество. Ибо плоть получила наименование орудия Божества. Поэтому, хотя с начала зачатия разделение между тем и другим образом не находило совершенно никакого места, но действия одного Лица, бывшие в течение всего времени, принадлежали тому и другому образу, однако того самого, что именно нераздельно было совершено, никоим образом не сливаем, но из качества дел узнаем: что какому образу принадлежало.

Поэтому Христос действует сообразно с тем и другим из Своих естеств, и каждое из двух естеств действует в Нем с соучастием другого: когда Слово совершает то, что именно свойственно Слову по причине власти и могущества Божества, [то есть] что составляет принадлежность верховной власти и что свойственно царю, а тело приводит в исполнение то, что свойственно телу, сообразно с волей соединившегося с ним Слова, собственностью Которого оно и сделалось. Ибо не по собственному побуждению оно проявляло стремление к естественным чувствам и не по собственному побуждению предпринимало самое удаление и уклонение от печального или терпело то, что извне приключалось, но двигалось согласно с условиями своей природы, когда Слово желало и, в целях домостроительства, позволяло ему страдать и совершать то, что было свойственно, для того чтобы через посредство дел естества была удостоверена истина.

Но, подобно тому как, зачавшись от Девы, Он пресущественно осуществился, так и то, что свойственно людям, Он совершал, превышая допускаемое условиями человеческого естества, ходя земными ногами по нетвердой воде, не потому, что вода обратилась в землю, но потому, что преестественнои силой Божества она была сгущаема так, что не разливалась и не уступала тяжести вещественных ног. Ибо человеческое Он совершал не человечески, потому что Он был не человек только, но и Бог; почему и страсти Его были животворны и спасительны. И Божественное Он совершал не Божеским образом, потому что Он был не Бог только, но и человек; почему Он и совершал Божественные знамения через прикосновение, слово и подобное.

А если бы кто-либо говорил, что не для упразднения человеческого действования говорим об едином действовании во Христе, но так как человеческое действование, противопоставляемое Божественному действованию, называется страданием, то поэтому и говорим об едином действовании во Христе; то мы скажем, что в этом же смысле и говорящие о едином естестве говорят об этом не с целью уничтожения человеческого естества, но потому, что человеческое естество, противопоставляемое по отношению к Божественному естеству, называется страдательным. Но да не будет, чтобы мы назвали человеческое движение страданием для различения его по сравнению с Божественным действованием. Ибо, вообще сказать, никакой вещи бытие не познается или не определяется путем противоположения или сравнения, [так как] при таких обстоятельствах, вещи, которые существуют, оказались бы взаимными причинами друг друга. Ибо, если по той причине, что Божественное движение есть действование, человеческое есть страдание, то, несомненно, что и человеческое естество будет порочно, вследствие того, что Божественное естество совершенно. И согласно с соответствием, связанным с противоположением, вследствие того что человеческое движение называется страданием, Божественное движение называется действованием, и вследствие того, что человеческое естество – порочно, Божественное будет совершенно; а также и все творения при таких условиях будут порочны, и будет лжецом тот, кто сказал: *и виде Бог вся, елика сотвори: и се добра зело* (Быт. 1, 31).

Мы же утверждаем, что святые отцы многообразно назвали человеческое движение, соответственно с принятыми в основание мыслями. Ибо они наименовали его и могуществом, и действованием, и различием, и движением, и свойством, и качеством, и страданием, не по противопоставлению Божественному движению, но: могуществом – как силу содержащую и неизменяемую; а действованием – как силу обозначающую [предмет] признаками и показывающую совершенное сходство, находящееся во всех однородных вещах; различием же, как силу разграничивающую; а движением, как силу обнаруживающую; а свойством, как составляющую и присущую одному только [виду] и не другому; качеством же, как сообщающую форму; а страданием, как движимую. Ибо все, что от Бога и после Бога, через то, что движется, страдает, так как оно не есть самодвижение или самосила. Итак, не по противопоставлению, как сказано, наименовали, но сообразно со смыслом, творчески вложенным в него [т.е. человеческое движение] со стороны Причины, все устроившей. Почему и, говоря о нем вместе с Божественным движением, отцы назвали его действованием. Ибо сказавший: «Так как и тот, и другой вид действует с соучастием другого», что иное сделал, сравнительно с тем, кто сказал: *и постився дний четыредесять... последи взалка* (Мф. 4, 2), потому что [Спаситель], когда хотел, позволял природе совершать свойственное ей, – или сравнительно с теми, которые допустили различное в Нем действование, или – которые признали двоякое, или – которые иное и иное? Ибо это посредством измененных имен обозначает два действования. Ибо с помощью перемены имен часто показывается и число, подобно тому как через то, что говорим, показывается божественное и человеческое. Ибо различие есть различие того, что различается; а то, что не существует, каким образом будет различаться?

ГЛАВА 16 (60). ПРОТИВ ТЕХ, КОТОРЫЕ ГОВОРЯТ, ЧТО ЕСЛИ ЧЕЛОВЕК – ИЗ ДВУХ ЕСТЕСТВ И С ДВУМЯ ДЕЙСТВОВАНИЯМИ, ТО НЕОБХОДИМО ГОВОРИТЬ, ЧТО ВО ХРИСТЕ БЫЛО ТРИ ЕСТЕСТВА И СТОЛЬКО ЖЕ ДЕЙСТВОВАНИЙ

Каждый в отдельности человек, состоя из двух естеств: как души, так и тела, и имея их в самом себе в неизменном виде, естественно будет называться двумя естествами, ибо он сохраняет в целости естественное свойство и того, и другого и после соединения их. Ибо и тело не бессмертно, но тленно; и душа не смертна, но бессмертна; и тело не невидимо, и душа не видима телесными очами, но одна – одарена разумом и умом и бестелесна, а другое – и грубо, и видимо, и неразумно. А то, что противоположно по сущности, не есть одной природы; следовательно, и душа, и тело не одной сущности.

И опять: если человек – живое существо, разумное, смертное, а всякое определение изъясняет подлежащие естества, и, согласно с понятием об естестве, разумное не одно и то же со смертным, – то, следовательно, и человек, сообразно с мерой своего определения, не может быть из одного естества.

Если же иногда говорится, что человек – из одного естества, то имя естества принимается вместо вида, когда мы говорим, что человек не отличается от человека никаким различием естества; но все люди, имея один и тот же состав, и, будучи сложены из души и тела, и каждый будучи из двух естеств, все возводятся под одно определение. И не неосновательно это, так как и святой Афанасий в слове против хулящих Духа Святого сказал, что естество всех сотворенных вещей, как происшедших, едино, говоря таким образом: а что Дух Святой выше твари и, с одной стороны, иной по сравнению с естеством происшедших вещей, а с другой, составляет собственность Божества, можно опять понять. Ибо все, что созерцается совместно и во многом, не принадлежа чему-либо в большей степени, а чему-либо в меньшей, называется сущностью. Итак, потому что всякий человек сложен из души и тела, сообразно с этим и говорится об одном естестве людей. Но говорить об одном естестве в отношении к Ипостаси Господа не можем, ибо естества и после соединения в целости сохраняют каждое свое естественное свойство, и вида христов отыскать нельзя. Ибо не было иного Христа и из Божества, и человечества, Одного и Того же и Бога, и человека.

И еще: не одно и то же – едино в отношении к виду человека и едино в отношении к сущности как души, так и тела. Ибо единое в отношении к виду человека показывает совершенное сходство, находящееся во всех людях; единое же в отношении к сущности как души, так и тела разрушает самое бытие их, приводя их в совершенное несуществование в действительности. Ибо или одно переменится в сущность другого, или из них произойдет нечто иное, и [таким образом оставаясь в своих собственных границах, они будут двумя естествами. Ибо, по отношению к сущности, тело не есть одно и то же с бестелесным. Поэтому не необходимо, чтобы, говоря об единой природе в человеке, не вследствие тождества существенного качества и души, и тела, но вследствие совершенного равенства возводимых под вид неделимых, мы говорили об одном также естестве и во Христе, где нет вида, который обнимал бы многие ипостаси.

Сверх того, о всяком сложении говорится, что оно состоит из того, что ближайшим образом соединено;

ибо не говорим, что дом сложен из земли и воды, но из кирпичей и бревен. Иначе необходимо говорить, что и человек состоит из пяти, по крайней мере, естеств: и из четырех элементов, и души. Таким образом и в Господе нашем Иисусе Христе мы не обращаем внимания на части частей, но на то, что ближайшим образом соединено: на Божество и на человечество.

Кроме того, если потому, что говорим, что человек состоит из двух естеств, мы будем вынуждены говорить о трех естествах во Христе, то также и вы, которые говорите, что человек — из двух естеств, введете догмат, что Христос состоит из трех естеств. Подобным образом [должно сказать] и о действованиях. Ибо необходимо, чтобы было соответственное природе действование. А что о человеке говорится, что он состоит из двух естеств и что он существует с двумя естествами, свидетель — Григорий Богослов, говоря: «Ибо два естества суть: Бог и человек, так как два естества также душа и тело». А также и в Слове о Крещении он говорит следующее: «А так как мы — двойственны: из души и тела, и так как одно естество видимо, другое же невидимо, то двояко и очищение: с помощью воды и Духа».

ГЛАВА 17 (61). О ТОМ, ЧТО ЕСТЕСТВО ПЛОТИ ГОСПОДА И ВОЛЯ ОБОЖЕСТВЛЕНЫ

Должно знать, что о плоти Господа говорится, что она не по причине превращения естества, или перемены, или изменения, или слияния обожествлена и сделалась причастною такому же Божеству и Богом, как говорит Григорий Богослов: «Из чего одно обожествило, а другое обожествлено, и, отваживаюсь говорить, причастно такому же Божеству. И то, что помазало, сделалось человеком, и то, что было помазываемо, стало Богом». Ибо это произошло не по причине изменения естества, но по причине связанного с домостроительством соединения, разумею: ипостасного, сообразно с которым плоть соединена с Богом Словом неразрывно, и также по причине проникновения естеств друг в друга, подобно тому как говорим и о раскалении железа. Ибо, подобно тому как исповедуем вочеловечение без изменения и превращения, так представляем и событие обожествления плоти. Ибо, по той причине, что Слово сделалось плотью, ни Оно не вышло из границ Своего Божества и не лишилось присущих Ему, соответствующих достоинству Божию, украшений; ни обожествленная плоть, конечно, не изменилась в отношении к своей природе или ее естественным свойствам. Ибо и после соединения остались как естества несмешанными, так и свойства их неповрежденными. Плоть же Господа, по причине чистейшего соединения со Словом, то есть ипостасного, обогатилась Божественными действованиями, [однако] никоим образом не потерпев лишения своих естественных свойств, ибо она совершала Божественные действия не своею собственной силой, но по причине соединенного с нею Слова, так как Слово через нее обнаруживало Свою силу. Ибо раскаленное железо жжет, владея силою жжения не вследствие естественного условия, но приобретя ее от своего соединения с огнем.

Итак, одна и та же плоть была смертна по своей природе и животворна по причине ипостасного соединения со Словом. Подобным образом говорим и об обожествлении воли, [происшедшем] не так, что естественное движение изменилось, но так, что оно соединилось с Божественной Его и всемогущей волей и сделалось волей вочеловечившегося Бога. Почему, желая скрыться, Он не мог, так как Бог Слово соблаговолил через Себя Самого показать, что в Нем поистине находилась немощь человеческой воли. Но, желая, Он совершил очищение прокаженного (см. Мф. 8, 3), по причине соединения с Божественной волей.

Должно же знать, что обожествление и естества, и воли служит к обозначению и указанию как двух естеств, так и двух воль. Ибо, подобно тому как раскаление не превращает естества того, что раскалено, в естество огня, но показывает и то, что раскалено, и то, что раскалило, и служит к обозначению не единого, но двух, так и обожествление соделывает не одно сложное естество, но два, а также и ипостасное соединение. Действительно, Григорий Богослов говорит: «Из которых одно обожествило, а другое обожествлено». Ибо сказав: из которых и: одно, также и: другое, он указал на две вещи.

ГЛАВА 18 (62). ЕЩЕ О [ДВУХ] ВОЛЯХ, И СВОБОДАХ, И УМАХ, И ЗНАНИЯХ, И МУДРОСТЯХ

Говоря, что Христос – совершенный Бог и совершенный человек, мы, конечно, усвоим Ему все естественные качества как Отца, так и Матери; ибо Он сделался человеком, для того чтобы победило то, что прежде было побеждено. Ибо не был немощным Тот, Который все может [сделать], и Своей всемогущею властью и силой избавить человека от мучителя. Но для мучителя, победившего человека и покоренного Богом, был бы предлог к жалобе. Поэтому сострадательный и человеколюбивый Бог, пожелав самого павшего показать победителем, делается человеком, посредством подобного исправляя подобное.

А что человек – живое существо, одаренное разумом и умом, никто не будет противоречить. Поэтому, каким образом Бог сделался бы человеком, если бы Он принял бездушную плоть или лишенную ума душу? Ибо это – не человек. Какую же мы имели бы прибыль и в вочеловечении, если бы не был исцелен тот, который первый подпал болезни, и если бы он не был обновлен и укреплен соединением с Божеством? Ибо то, что не воспринято, неисцелимо. Поэтому воспринимает всего человека и прекраснейшую его часть, подпавшую болезни, для того чтобы всему даровать и спасение. Но никогда не могло бы быть ума без мудрости, лишенного познавательной способности. Ибо, если он недеятелен и неподвижен, то, конечно, и не существует в действительности.

Итак, Бог – Слово желая восстановить то, что было по образу Его, сделался человеком. А что есть бывшее по образу, если не ум? Итак, ужели, пренебрегши лучшим, Он воспринял худшее? Ибо ум находится в середине между Богом и плотью: плотью, как живущий вместе с нею, а Богом, как образ Его. Итак, ум соединяется с умом, и ум Божий служит посредником между чистотой и плотской грубостью. Ибо если Господь воспринял душу, лишенную ума, то Он воспринял душу неразумного животного.

Если же Евангелист сказал, что Слово сделалось плотью (см. Ин. 1, 14), то должно знать, что в святом Писании человек называется иногда душой, как в этом месте: в числе семидесяти пяти *душ* вошел *Иаков во Египет* (Быт. 46, 27); иногда – плотью, как в этом месте: *узрит всяка плоть спасение Божие* (Ис. 40, 5). Итак, Господь сделался не бездушной плотью и не лишенной ума, но человеком. Действительно, Он Сам говорит: зачем бьешь Меня (см. Ин. 18, 23), *Человека, Иже истину вам глаголах* (Ин. 8, 40). Итак, Он восприял плоть, одушевленную душой как разумной, так и умной, владычествующей над плотью, но ведомой Божеством Слова.

Итак, Он имел волю естественно – и как Бог, и как человек; но человеческая следовала и подчинялась [Божественной] Его воле, не будучи возбуждаема собственной мыслью, но желая того, что желала Божеская Его воля. Ибо, когда позволяла Божеская воля, Он терпел то, что было свойственно, согласно с законами естества. Ибо, когда Он уклонялся от смерти, то, в то время как пожелала и позволила Божественная Его воля, Он уклонялся от смерти, и томился, и устрашался естественно. И когда Божественная Его воля желала, чтобы человеческая Его воля избрала себе смерть, то страдание для нее сделалось добровольным; ибо не как Бог только Он добровольно предал Себя на смерть, но и как человек. Почему Он и даровал нам дерзновение против смерти. Действительно, Он так говорит перед Своим спасительным страданием:

Отче Мой, аще возможно есть, да мимоидет от Мене чаша сия (Мф. 26, 39). Ясно, что Он должен был пить чашу как человек, а не как Бог. Поэтому, как человек, Он желает, чтобы чаша прошла мимо. Это – слова естественной робости. *Обаче не Моя воля да будет* (Лк. 22, 42), то есть насколько Я – иной, в сравнении с Тобой, сущности, но Твоя, то есть Моя и Твоя, насколько Я – по природе единосущен с Тобою. Это, напротив, слова мужества. Ибо душа Господа, как истинно, по благоволению Своему, сделавшегося человеком, прежде испытав естественную немощь по причине чувства, возникшего при расставании с телом, и испытав естественное сочувствие, потом укрепленная Божественной волей, смело действует против смерти. Ибо, так как Один и Тот же был весь Бог вместе с Его человечеством и весь человек вместе с Его Божеством, то Сам Он, как человек, в Себе Самом и через Себя Самого подчинил то, что было человеческого, Богу и Отцу, давая Себя Самого нам наилучшим образом и примером, и сделался послушным Отцу.

Далее, Он свободно желал Божественной и человеческой волей. Ибо свободная воля, несомненно, прирождена всякому разумному естеству. Ибо к чему оно будет иметь разум, если оно не рассуждает свободно? Ибо естественное стремление Творец всеял и в неразумных животных, принужденно ведущее их к сохранению своего естества. Ибо то, что не участвует в разуме, не может вести, но ведется естественным стремлением. Почему и вместе с тем как произойдет стремление, тотчас возникает и побуждение к действию; ибо оно [т.е. то, что лишено разума] не пользуется разумом, или совещанием, или рассматриванием, или обсуждением. Почему оно не хвалится как следующее за добродетелью и не ублажается; и не наказывается как совершающее порок. Разумное же естество, конечно, имеет естественное стремление, движущееся, но стремление такого рода, которое в сохраняющем то, что согласно с естеством, и ведется разумом, и управляется; ибо преимущество разума есть свободное желание, которое мы называем естественным движением в разумной сущности; почему и, как следующее за добродетелью, оно хвалится и ублажается, и, как следующее за пороком, наказывается.

Поэтому, хотя душа Господа желала, свободно движимая, однако она свободно желала того, чего Божественная Его воля желала, чтобы она [душа] хотела. Ибо плоть двигалась не вследствие мановения Слова; ибо и Моисей, и все святые двигались по Божественному мановению; но Тот же Самый – Один, будучи и Богом, и человеком, желал как Божественной, так и человеческой волей. Почему и две воли Господа различались одна от другой не мыслью, но скорее естественной силой. Ибо Божественная Его воля была и безначальна, и способна сделать все, имея следовавшее за нею могущество, и бесстрастна; человеческая же Его воля началась с [известного] времени, и сама перенесла те страсти, которые были естественны и беспорочны, и по природе, конечно, не была всемогуща, но, как сделавшаяся принадлежностью Бога Слова поистине и по естеству, она была и всемогуща.

ГЛАВА 19 (63). О БОГОМУЖНОМ ДЕЙСТВОВАНИИ

Блаженный Дионисий, сказав, что Христос, [живя] среди нас, совершил некоторое новое богомужное действование, говорит об одном действований, происшедшем как из человеческого, так и Божественного, не упраздняя естественных действований. Ибо при этих условиях мы могли бы назвать новым и единое естество, происшедшее как из Божеского, так и человеческого, потому что чего действование одно, этого, по мнению святых Отцов, одна и сущность. Но он говорит, желая показать новый и неизреченный вид обнаружения естественных действований Христа, соответственно неизреченному образу проникновения Христовых естеств одного в другое, также и человеческий род Его жизни – необыкновенный и удивительный; и неведомый естеству сущего – и образ общения, возникающего по причине неизреченного соединения. Ибо мы говорим не о разделенных действованиях и не об отдельно действующих естествах, но о том, что совокупно каждое совершает с участием другого то, что именно [совершать] оно имело собственным делом. Ибо ни человеческого Он не совершил человеческим образом, потому что Он не был одним только человеком; ни Божеского – как Бог только, потому что не был одним только Богом, но совершил, будучи Богом вместе и человеком. Ибо, подобно тому как мы понимаем и соединение, и природное различие естеств, так понимаем и различие естественных воль и действований.

Итак, должно знать, что в отношении к Господу нашему Иисусу Христу мы говорим то как о двух естествах, то как об одном Лице, но и это, и то восходит к одному представлению; ибо два естества – один Христос, и один Христос – два естества. Поэтому одно и то же сказать: действует Христос и тем, и другим из Его естеств, и действует каждое из двух естеств во Христе с участием другого. Итак, Божественное естество имеет общение с действующей плотью, вследствие того, что, по благоволению Божественной воли, ей позволялось страдать и совершать то, что ей свойственно, и вследствие того, что действование плоти несомненно было спасительно, что именно свойственно не человеческому действованию, но Божественному. Плоть же имела общение с действующим Божеством Слова, как вследствие того, что Божественные действования совершались через тело, как бы через орудие, так и вследствие того, что Един был действовавший и Божески вместе, и человечески.

Но должно знать, что святой Его ум совершает и естественные свои действования, как мысля, так и разумея, что он есть ум Божий и что ему поклоняется вся тварь, и помня об его бывших на земле и занятиях, и страданиях; а с действующим Божеством Слова, Которым и устраивается, и управляется все, он имеет общение, мысля и разумея, и приводя в порядок не как один только человеческий ум, но как ипостасно соединенный с Богом и назвавшийся умом Божиим.

Итак, богомужное действование означает то, что, после того как Бог сделался мужем, то есть вочеловечился, и человеческое Его действование было Божественным, то есть обожествленным и не лишенным участия в Божественном Его действовании, и Божественное Его действование не было лишено участия в человеческом Его действовании, но каждое из двух созерцалось вместе с другим. Называется же этот образ [речи] περίφρασις [т.е. описанием], всякий раз как кто-либо через посредство одного слова обнимет каких-либо два понятия. Ибо, подобно тому как жжение раскаленного меча, сопутствуемое разрезыванием, мы называем единым, также и разрезывание, сопутствуемое жжением, однако утверждаем, что разрезывание есть одно действование, и другое — жжение, также и разных природ, что огню свойственно жжение, а железу — разрезывание; так единым называя и богомужное действование Христа, мы мыслим два действования двух Его естеств: с одной стороны, Божественное, свойственное Его Божеству, с другой, человеческое действование, свойственное Его человечеству.

ГЛАВА 20 (64). ОБ ЕСТЕСТВЕННЫХ И БЕСПОРОЧНЫХ СТРАСТЯХ

Далее, исповедуем, что Христос восприял все естественные и беспорочные страсти человека. Ибо Он восприял всего человека и все, что принадлежит человеку, кроме греха. Ибо этот – не естественен и не всеян в нас Творцом, но произвольно происходит в нашей свободной воле вследствие диавольского посева и не владычествует над нами насильно. Естественные же и беспорочные страсти суть не находящиеся в нашей власти, которые вошли в человеческую жизнь вследствие осуждения, происшедшего из-за преступления, как, например, голод, жажда, утомление, труд, слезы, тление, уклонение от смерти, боязнь, предсмертная мука, от которой происходят пот, капли крови; происходящая вследствие немощи естества помощь со стороны Ангелов и подобное, что по природе присуще всем людям.

Итак, Он восприял все, для того чтобы все освятить. Он был искушен и победил, для того чтобы приготовить нам победу и дать естеству силу побеждать противника, чтобы естество, древле побежденное, обратило древле победившего в бегство с помощью тех нападений, через посредство которых оно было побеждено.

Лукавый извне напал [на Христа], конечно, не через посредство помыслов, подобно тому как он сделал нападение и на Адама; ибо и на того он напал не с помощью помыслов, но через посредство змия. Господь же отразил от Себя нападение, и рассеял, как дым, для того чтобы страсти, напавшие на Него и побежденные, сделались легко одолимыми и для нас, и для того чтобы Новый Адам привел в первобытное состояние древнего.

Естественные страсти наши были во Христе, без всякого сомнения, и сообразно с естеством, и превыше естества. Ибо сообразно с естеством они возбуждались в Нем тогда, когда Он позволял плоти испытать то, что было ей свойственно; а превыше естества потому, что в Господе то, что было естественно, не предшествовало Его воле, ибо в Нем не созерцается ничего вынужденного, но все – как добровольное. Ибо, желая – Он алкал, желая – жаждал, желая – боялся, желая – умер.

ГЛАВА 21 (65). О НЕВЕДЕНИИ И РАБСТВЕ

Должно знать, что Христос восприял естество, не обладавшее ведением и рабское; ибо человеческое естество является рабским по отношению к сотворившему его Богу и не обладает знанием будущего. Поэтому если ты, согласно с мнением Григория Богослова, отделишь видимое от того, что воспринимается умом, то тогда плоть называется и рабской, и не обладающей ведением, но по причине тождества Ипостаси и по причине неразрывного соединения душа Господа весьма обогатилась знанием будущего, подобно тому как и остальными Божественными знамениями. Ибо, подобно тому как плоть людей по своей собственной природе не есть животворяща, а плоть Господа, ипостасно соединенная с Самим Богом Словом, хотя не потеряла своей естественной смертности, но, по причине ипостасного соединения со Словом, сделалась животворящей, и мы не можем говорить, что она не была животворяща и не есть всегда животворяща; так и человеческое естество по своей сущности не владеет ведением будущего, а душа Господа, по причине соединения с Самим Богом Словом и ипостасного тождества, весьма обогатилась, как я сказал, вместе с остальными Божественными знамениями также и ведением будущего.

Должно же знать, что мы не можем называть Его даже и рабом; ибо имя рабства и имя господства суть признаки не естества, но того, что относится к чему-либо, подобно тому как имя отчества и имя сыновства. Ибо это годно к обозначению не сущности, но отношения. Следовательно, подобно тому как мы сказали и относительно неведения, что, всякий раз как при помощи тонких мыслей, то есть проницательных представлений ума, ты разделишь сотворенное от несозданного, то плоть является рабской, если она не соединена с Богом Словом; но однажды соединенная ипостасно, каким образом она будет рабской? Ибо Христос, будучи единым, не может быть рабом Самого Себя и Господом; потому что это свойственно не тому, о чем говорится просто, но тому, что имеет отношение к другому. Итак, чьим Он будет рабом? Отца? Следовательно, не все то, что имеет Отец, принадлежит и Сыну, если только Он – раб Отца, а Самого Себя – никоим образом. Каким же образом о нас, которые усыновлены через Него, говорит апостол: *темже уже неси раб, но сын* (Гал. 4, 7), если только Сам Он – раб? Итак, Он называется рабом по [одному только] наименованию, Сам не будучи им, но ради нас приняв образ раба и вместе с нами назвавшись рабом. Ибо, будучи бесстрастным, Он ради нас подчинился страстям и сделался слугой нашего спасения. А те, которые говорят, что Он – раб, разделяют единого Христа на два, совершенно так, как Несторий. Мы же говорим, что Он – Владыка и Господь всякой твари, единый Христос, Один и Тот же вместе и Бог, и человек, и все знает: *в Нем же суть вся сокровища премудрости и разума сокровенна* (Кол. 2, 3).

ГЛАВА 22 (66). О ПРЕУСПЕЯНИИ

Говорится же, что Христос преуспевал *премудростью, и возрастом, и благодатью* (Лк. 2, 52), увеличиваясь возрастом, а через увеличение возраста обнаруживая находившуюся в Нем мудрость, а кроме того, преуспеяние людей в *мудрости и благодати* и исполнение желания Отца, то есть и Богопознание людей, и спасение их считая Своим собственным преуспеянием и повсюду присваивая Себе то, что было нашего. А те, которые говорят, что Он преуспевал *мудростью* и *благодатью*, принимая как бы увеличение их, полагают, что соединение произошло не с начала бытия плоти, и не почитают соединения как ипостасного, но, следуя бессмысленному Несторию, ложно рассказывают о соединении относительном и простом вселении, *не разумеюще ни яже глаголют, ни о нихже утверждают* (1Тим. 1, 7). Ибо если плоть с начала бытия истинно соединилась с Богом Словом, лучше же: в Нем получила бытие и возымела ипостасное с Ним тождество, то каким образом она не совершенно обогатилась всякою *мудростью* и *благодатью*! Не так, что она получала участие в благодати, и не так, что по благодати причащалась того, что принадлежало Слову, но лучше: по причине ипостасного соединения, когда и человеческое, и Божественное сделалось собственностью единого Христа, так как Один и Тот же был и Бог вместе, и человек, она источала миру благодать, и мудрость, и полноту всяких благ.

ГЛАВА 23 (67). О БОЯЗНИ

Имя боязни содержит двоякую мысль. Ибо есть боязнь естественная, когда душа не желает быть разделенной от тела, по причине искони вложенных в нее Творцом как естественного сочувствия, так и естественной дружбы, вследствие которых она естественно боится, и испытывает томление, и избегает смерти. Определение боязни – такое: естественная боязнь есть сила, через уныние старающаяся защищать свое бытие. Ибо, если Творцом все выведено из небытия в бытие, то естественно оно имеет стремление к бытию, а не к небытию. Этому же [т.е. всему] по природе принадлежит стремление, направленное к тому, с помощью чего оно существует. Посему и Бог Слово, сделавшись человеком, возымел это желание, показав Свое стремление в отношении к тому, с помощью чего существует естество, желая Себе и пищи, и питья, и сна, и естественно испытав это на деле; а в отношении к тому, что гибельно, показав страх, когда во время страдания Он добровольно допустил к Себе уныние *до смерти* (Мф. 26, 38). Ибо хотя происходившее совершалось по закону природы, однако не вынужденно, как бывает в отношении к нам. Ибо то, что было естественно, Он принял добровольно – по желанию. Поэтому самая боязнь, и страх, и тоска, принадлежат к числу естественных и беспорочных страстей, и не подлежащих греху.

С другой стороны, есть робость, образующаяся от ошибочности размышлений и недоверия, и незнания часа смерти, подобно тому как, когда ночью приходим в ужас, если происходит какой-либо шум; каковая робость происходит вопреки природе, и определяя ее, говорим: робость, происходящая вопреки природе, есть неразумное падение духом. Этой робости Господь не допустил к Себе. Поэтому Он никогда и не устрашился, разве только во время страдания, хотя, по планам домостроительства, и часто находился в унынии; ибо Он не незнал времени.

А что Он поистине устрашился, говорит святой Афанасий в слове против Аполлинария: «Поэтому Господь говорил: *ныне душа Моя возмутися* (Ин. 12,27). Слово же *ныне* значит это: когда Он восхотел; но, однако, показывает то, что было; ибо не о том, чего не было, Он говорил, как о присутствующем, [т.е.] как если бы только по видимому происходило то, о чем говорилось; ибо все происходило по естественным законам и поистине». И после других слов говорит: «Но никоим образом Божество не допускает к Себе страсти отдельно от тела, которое страдало бы, и не показывает смущения и печали отдельно от души, которая печалилась бы и смущалась бы, и не беспокоится и не молится отдельно от ума, беспокоящегося и молящегося; однако же, хотя происходившее случалось не вследствие поражения естества, но совершалось для того, чтобы показать, Кто Он был». Выражение же: *происходившее случалось не вследствие поражения естества* показывает, что Он терпел это не против воли.

ГЛАВА 24 (68). О МОЛИТВЕ ГОСПОДНЕЙ

Молитва есть восхождение ума к Богу или просьба у Бога того, что прилично. Поэтому каким образом Господь молился о Лазаре и во время страдания? Ибо святой Его ум, однажды ипостасно соединившийся с Богом Словом, не имел нужды ни в восхождении к Богу, ни в просьбе у Бога; ибо един Христос; но Он молился потому, что сделал Своим наше лицо, и отпечатлевая в Себе то, что было наше, и сделавшись для нас Образцом, и уча нас просить у Бога и к Нему возвышаться, и через посредство святого Своего ума споспешествуя нам в восхождении к Богу. Ибо, подобно тому как Он потерпел страдания, решая нам победу над ними, так и молится, споспешествуя нам, как я говорил, в восхождении к Богу и *исполняя* за нас *всяку правду*, как Он говорил Иоанну (Мф. 3, 15), и примиряя с нами Своего Отца, и почитая Его как Начало и Причину, и показывая, что Он не противник Богу. Ибо, когда Он говорил из-за Лазаря: *Отче, хвалу Тебе воздаю, яко услышал еси Мя. Аз же ведех, яко всегда Мя послушаеши: но народа ради стоящего окрест рех, да веру имут, яко Ты Мя послал еси* (Ин. 11, 41–42), то не было ли для всех как нельзя более ясно, что Он это сказал, почитая Своего Отца как Свое Начало и Причину и показывая, что Он не противник Богу?

Когда же Он говорил: *Отче Мой, аще возможно есть, да мимоидет от Мене чаша сия; обаче не якоже Аз хощу, но якоже ты* (Мф. 26, 39), то не всякому ли, конечно, ясно, что Он [так сказал], уча нас во время испытаний просить помощи от одного только Бога и Божескую волю предпочитать нашей воле, и показывая, что Он истинно усвоил Себе то, что принадлежало нашему естеству, и что Он поистине имел две воли, естественные, конечно, и соответственные Его естествам, а не враждебные? *Отче*, говорит Он, как единосущный; *аще возможно есть*, говорит, не незная, ибо что невозможно для Бога? но уча нас предпочитанию Божеской воли нашей воле. Ибо одно только это невозможно, чего Бог не желает и не позволяет: *обаче не якоже Аз хощу, но якоже Ты*. Как Бог, будучи тождественным с Отцом по Своей воле, а как человек, Он естественно показывает волю человечества; ибо эта естественно избегает смерти.

Слова же: *Боже мой, Боже мой, вскую Мя еси оставил?* (Мф. 27,46) Он сказал, так как имел наше лицо Своим собственным. Ибо ни Бог Отец Его не был бы поставляем вместе с нами, если бы именно, при помощи тонких представлений ума, не было разделено видимое от того, что воспринимается умом, ни Он, с другой стороны, никогда не был оставлен Своим Божеством, но мы были покинутые и пренебреженные; так что Он молился об этом, усвояя Себе наше лицо.

ГЛАВА 25 (69). ОБ УСВОЕНИИ

Должно же знать, что есть два усвоения: одно – естественное и существенное и другое – личное и относительное. Естественное и существенное, конечно, то, соответственно которому Господь, по человеколюбию, воспринял как естество наше, так и все естественное, по естеству и поистине сделавшись человеком и испытав то, что относится к нашему естеству; личное же и относительное бывает тогда, когда кто-либо принимает на себя лицо другого по причине какого-либо отношения, то есть сострадания или любви, и вместо него произносит направленные в его защиту речи, самого нисколько не касающиеся. Соответственно этому, Господь усвоил Себе и проклятие, и оставление наше, и подобное, что не естественно, усвоил, Сам не будучи этим или не сделавшись, но принимая наше лицо и поставляя Себя наряду с нами. Вот такого рода смысл имеет и изречение: *быв по нас клятва* (Гал. 3,13).

ГЛАВА 26 (70). О СТРАДАНИИ ТЕЛА ГОСПОДНЯ И БЕССТРАСТИИ ЕГО БОЖЕСТВА

Итак, Само Слово Божие потерпело все плотью, в то время как Божественное и единое только бесстрастное Его естество оставалось не подверженным страданию. Ибо когда страдал единый Христос, соединенный как из Божества, так и человечества, существующий и в Божестве, и в человечестве, то та часть, которая была подвержена страданиям, как от природы склонная страдать, страдала, но не страдала вместе та, которая была бесстрастна. Ибо душа, будучи способной страдать, хотя сама и не разрезывается в то время как разрезывается тело, однако вместе с телом болезнует и вместе страдает; Божество же, будучи бесстрастным, не страдало вместе с телом.

Должно же знать, что мы говорим, что Бог пострадал, конечно, плотью, но что Божество пострадало плотью или что Бог пострадал через посредство плоти, никоим образом. Ибо, если, в то время как солнце освещает дерево, топор рубит это дерево, то солнце остается неразрезанным и не подверженным страданию; [следовательно] гораздо более бесстрастное Божество Слова, ипостасно соединившееся с плотью, остается неподверженным страданию, в то время как страдает плоть. И подобно тому как, если кто-либо льет воду на раскаленное железо, тогда то, что от природы склонно страдать от воды, разумею огонь, гасится, а железо остается невредимым, ибо оно по природе не способно погибать от воды; [следовательно] гораздо более единое только бесстрастное

Божество, в то время как страдала плоть, не потерпело страдания, хотя и оставалось неотделенным от нее. Ибо не необходимо, чтобы примеры совершенно и без всякого недостатка равнялись [вещам]. Ибо необходимо, чтобы в примерах созерцалось и то, что подобно, и то, что различно, так как иначе это не был бы пример. Ибо то, что во всем одинаково, было бы тождественным, а не примером, и более всего [это должно быть сказано] в отношении к тому, что Божественно. Ибо невозможно найти пример во всем равный, как в том случае, когда речь идет о Боге, так и в том, когда – о домостроительстве (воплощении).

ГЛАВА 27 (71). О ТОМ, ЧТО БОЖЕСТВО СЛОВА ПРЕБЫЛО НЕРАЗДЕЛЕННЫМ ОТ ДУШИ И ТЕЛА ДАЖЕ И ВО ВРЕМЯ СМЕРТИ ГОСПОДА И ЧТО СОХРАНИЛАСЬ ЕДИНАЯ ИПОСТАСЬ

Господь наш Иисус Христос, будучи безгрешным, *яко беззакония не сотвори, ниже обретеся лесть во устех его* (Ис. 53, 9. Ин. 1, 29), не был подчинен смерти, ибо смерть вошла в мир через грех (см. Рим. 5,12). Итак, Он умирает, претерпевая смерть за нас, и Самого Себя приносит Отцу в жертву за нас. Ибо перед Ним [т.е. Отцом] мы согрешили, и надлежало, чтобы Он принял выкуп, бывший за нас, и чтобы мы, таким образом, были освобождены от осуждения; ибо кровь Господа была принесена никак не тирану. Итак, смерть приходит, и, поглотив телесную приманку, пронзается удою Божества, и, вкусив безгрешного и животворящего тела, погибает и отдает назад всех, которых некогда поглотила. Ибо, подобно тому как тьма через привведение света уничтожается, так и тление через прикосновение жизни прогоняется, и для всех возникает жизнь, а для погубителя – гибель.

Итак, хотя Христос и умер как человек, и святая Его душа была разделена от непорочного тела, но Божество осталось неотделенным от той и другого, то есть души и тела, и даже при таких обстоятельствах единая Ипостась не разделилась на две ипостаси, ибо и тело, и душа в одно и то же время – с начала возымели бытие в Ипостаси Слова, и хотя во время смерти были разделены друг от друга, однако каждое из них осталось, имея единую Ипостась Слова. Поэтому единая Ипостась Слова была Ипостасью как Слова, так и души, так и тела; ибо никогда ни душа, ни тело не получили ипостаси особой, по сравнению с Ипостасью Слова, но всегда была едина Ипостась Слова и никогда не было двух. Поэтому Ипостась Христа всегда была едина. Ибо хотя в отношении к месту душа была отделена от тела, но в отношении к Ипостаси она была соединена с ним через Слово.

ГЛАВА 28 (72). О ТЛЕНИИ И ГИБЕЛИ

Имя тления обозначает двоякое. Ибо оно обозначает эти человеческие страсти: голод, жажду, утомление, прокалывание гвоздей, смерть или отделение души от тела и подобное. Сообразно с этим значением мы говорим, что тело Господа было подвержено тлению. Ибо все это Он воспринял добровольно. Но тление обозначает также и совершенное расторжение тела на те стихии, из которых оно сложено, и уничтожение, каковое многими лучше называется: διαφθορά [т. е., гибелью, слав.: *истлением*]. Тело Господа не узнало этого по опыту, как говорит пророк Давид: *яко не оставиши душу Мою во аде, ниже даси преподобному Твоему видети истления* (Пс. 15, 10).

Итак, подобно безумному Юлиану и Гайяну, говорить, что тело Господа, сообразно с первым значением тления, было нетленно прежде воскресения, нечестиво. Ибо если оно было неистленно, то не было одной и той же сущности с нами, а также и призрачно, но не поистине произошло то, что, говорит Евангелие, случилось: голод, жажда, гвозди, прободение ребра, смерть. Если же это случилось только призрачно, то и таинство домостроительства было ложью и обманом, и Он по видимости только, а не поистине сделался человеком, и призрачно, а не поистине мы спасены; но – нет!; и те, которые говорят это, да лишатся участия в спасении! Мы же получили истинное спасение и получим. А что тело Господа – нетленно или *неистленно*, сообразно со вторым значением *тления*, мы исповедуем так, как передали нам богоносные отцы. Мы, конечно, говорим, что после воскресения Спасителя из мертвых тело Господа – нетленно и сообразно с первым значением; ибо через Свое тело Господь даровал и нашему телу как воскресение, так после этого и нетление, Сам сделавшись для нас Начатком и воскресения, и *нетления*, и бесстрастия. *Подобает бо тленному сему облещися в нетление* (1Кор. 15, 53), говорит божественный апостол.

ГЛАВА 29 (73). О СОШЕСТВИИ ВО АД

Обожествленная душа сходит во ад для того, чтобы подобно тому как для находившихся на земли воссияло *Солнце правды* (Мал. 4, 2), таким же образом и для находившихся под землею, пребывавших *во тьме и сени смертней*, воссиял *свет* (Ис. 9, 2); для того чтобы, подобно тому как находившимся на земле Господь проповедал мир, *плененным отпущение и слепым прозрение* (Лк. 4, 18), и для уверовавших сделался Виновником вечного спасения, а для не уверовавших – обличением неверия, таким же образом проповедал и находившимся в аду (см. 1Пет. 3,19): *Да о имени Иисусове всяко колено поклонится небесных, и земных, и преисподних* (Флп. 2,10). И таким образом, разрешив тех, которые от веков были связаны, Он возвратился назад – от смерти к жизни, проложив для нас путь к воскресению.

КНИГА ЧЕТВЕРТАЯ

ГЛАВА 1 (74). О ТОМ, ЧТО БЫЛО ПОСЛЕ ВОСКРЕСЕНИЯ

После же воскресения из мертвых Христос устранил от Себя все страсти; разумею: тление, как голод, так и жажду, сон и утомление и подобное. Ибо, хотя Он и после воскресения вкусил пищу (см. Лк. 24, 43), но не в силу закона естества, ибо Он не взалкал; а в силу цели Домостроительства, давая уверение в истинности Своего воскресения, [утверждая] что это плоть, пострадавшая и воскресшая; из частей же естества Он не устранил от Себя никакой: ни тела, ни души, но имеет и тело, и душу, одаренную как разумом, так и умом, как способностью желания, так и способностью действования, и таким образом сидит одесную Отца, и Божески, и человечески желая нашего спасения и совершая, Божески — как промышление о всех вещах, так и сохранение, и управление, человечески же — помня о Своих занятиях, бывших на земле, и видя, и зная, что Ему поклоняется всякая разумная тварь. Ибо святая Его душа знает, что она и ипостасно соединена с Богом Словом и что она вместе с Ним встречает поклонение, как душа Бога, а не как просто душа. И восшествие от земли на небо и нисшествие обратно суть действия тела, которое описуемо, ибо Он так опять к нам *приидет*, говорит Писание, *имже образом видесте Его идуща на небо* (Деян. 1,11).

ГЛАВА 2 (75). О СИДЕНИИ ОДЕСНУЮ ОТЦА

Далее, мы утверждаем, что Христос телесным образом сел по правую руку Бога и Отца, но о правой руке Отца говорим не в местном смысле. Ибо каким образом Неописуемый мог бы иметь правую руку, ограниченную местом? Ибо правая рука и левая принадлежат тому, что ограничено. Но под правой рукой Отца разумеем славу и честь Божества, в которой Сын Божий, как Бог и как единосущный с Отцом, находясь прежде веков, *в последок дний* воплотившись, пребывает и телесным образом, так как плоть Его прославлена вместе с Ним; ибо Он вместе с плотью Его приветствуется единым поклонением со стороны всякой твари.

ГЛАВА 3 (76). ПРОТИВ ТЕХ, КОТОРЫЕ ГОВОРЯТ, ЧТО ЕСЛИ ХРИСТОС – ДВА ЕСТЕСТВА, ТО ВЫ ИЛИ И ТВАРИ СЛУЖИТЕ, ПОКЛОНЯЯСЬ СОТВОРЕННОМУ ЕСТЕСТВУ, ИЛИ ОДНО ЕСТЕСТВО НАЗЫВАЕТЕ ДОСТОЙНЫМ ПОКЛОНЕНИЯ, А ДРУГОЕ – НЕ ДОСТОЙНЫМ ЕГО

Сыну Божию мы поклоняемся вместе с Отцом и Святым Духом: бестелесному прежде вочеловечения, а теперь Ему же Самому – воплотившемуся и сделавшемуся человеком, вместе с тем остающемуся и Богом. Однако плоть Его, по своей природе, если ты при посредстве тонких мыслей разделишь видимое от того, что понимается только умом, недостойна поклонения как сотворенная; но, соединенная с Богом Словом, она через Него и в Нем встречает поклонение. Ибо каким именно образом царь встречает поклонение и обнаженный, и облеченный в одежды, и багряница, как простая багряница, попирается ногами и выбрасывается, но сделавшись царской одеждой, почитается и уважается, и всякий раз как кто-либо непристойно коснулся ее, он осуждается, в большинстве случаев, на смерть; подобно тому как также и простое дерево не недоступно для осязания, но пребывшее вместе с огнем и сделавшееся углем становится недоступным, не по причине его самого, но вследствие соединенного с ним огня, и не природа дерева недоступна, но уголь, то есть обожженное дерево; так и плоть по своей природе недостойна поклонения, а поклоняема в воплощенном

Боге Слове, не ради нее самой, но по причине ипостасно соединенного с ней Бога Слова; и мы не говорим, что поклоняемся простой плоти, но плоти Бога или воплощенному Богу.

ГЛАВА 4 (77). ПОЧЕМУ ВОЧЕЛОВЕЧИЛСЯ СЫН БОЖИЙ, А НЕ ОТЕЦ И НЕ ДУХ И В ЧЕМ ОН ПРЕУСПЕЛ, ВОЧЕЛОВЕЧИВШИСЬ?

Отец есть Отец и не Сын; Сын есть Сын и не Отец; Дух Святой есть Дух и не Отец, также не Сын. Ибо свойство – неподвижно. Иначе как свойство могло бы оставаться в силе, если бы оно двигалось и переходило из одного состояния в другое? Поэтому Сын Божий делается Сыном человека, для того чтобы свойство осталось неподвижным. Ибо, будучи Сыном Божиим, Он сделался Сыном человека, воплотившись от Святой Девы и не лишившись сыновнего свойства.

Вочеловечился же Сын Божий для того, чтобы то, для чего именно Он сотворил человека, опять ему даровать; ибо Он сотворил его по образу Своему – разумным и свободным, и по подобию, то есть совершенным во всяком роде добродетелей, в какой мере это доступно естеству человека. Ибо это суть как бы признаки Божественного естества: свобода от забот и беспокойства, чистота, благость, мудрость, праведность, свобода от всякого порока. Итак, поставив человека в общение с Собою, ибо Он *созда* этого в *неистление* (Прем. 2, 23), через общение с Собою возвысить его до нетления. А так как через преступление заповеди мы и помрачили черты Божественного образа, и уничтожили, и, очутившись во грехе, лишились Божественного общения: *кое общение свету ко тьме?* (2Кор. 6, 14), и, оказавшись вне жизни, подпали тлению смерти; то Он, потому что уделил нам лучшее, и мы не сохранили, принимает худшее, – разумею: наше естество, – для того, чтобы через Себя и в Себе восстановить бывшее по образу и по подобию, а также научить нас добродетельной жизни, через Себя Самого сделав эту для нас легко доступной, и для того, чтобы через общение с жизнью освободить от тления, сделавшись *Начатком* нашего воскресения, и для того, чтобы возобновить сосуд, сделавшийся негодным и разбитый, чтобы избавить от тирании диавола, призвав нас к Богопознанию, и для того, чтобы укрепить и научить через терпение и уничижение преодолевать тирана.

Итак, богопочитание демонов прекратилось, тварь освящена Божественной кровью, жертвенники и храмы идолов ниспровергнуты, Боговедение насаждено, Троица единосущная, несозданное Божество составляет предмет служения – единый Бог, истинный Творец всего без изъятия и Господь; добродетели управляют, надежда на воскресение дарована через воскресение Христа, демоны трепещут перед людьми, которые искони находились в их власти; и удивительно именно то, что все это совершено через Крест, страдания и смерть; Евангелие Богопознания возвещено во всей земле, обращающее в бегство противников не войной, оружием и войсками, но немногие люди – нагие, бедные и неученые, преследуемые, бесчестимые телесными побоями, умерщвляемые, возвещая Распятого плотью и Умершего, одержали верх над мудрыми и сильными; ибо всемогущая сила Распятого сопутствовала им. Смерть, некогда весьма страшная, побеждена, и древле-ненавистная и отвратительная теперь предпочитается жизни. Это – отменные деяния пришествия Христова; это – признаки Его могущества. Ибо не так, как через Моисея Он спас один народ из Египта и от рабства фараонова, разделив море (см. Исх. 14, 16, 21), но, напротив того, все человечество избавил от истления смерти и жестокого тирана – греха; не насильно ведя к добродетели, не засыпая землею, и не сожигая огнем, и не повелевая побивать камнями согрешающих, но кротостью и долготерпением убеждая людей избирать себе добродетель и за нее вступать в состязания посредством трудов и находить в этом сладость. Ибо, хотя некогда согрешающие были опозориваемы, и [все-таки] впредь продолжали крепко держаться греха, и грех был сочтен у них за бога. Теперь же люди ради благочестия и добродетели предпочитают поношения, мучения и смерть.

Прекрасно, о Христе, Божие Слово и Мудрость, и Сила, и Боже Вседержитель! Чем мы, бедные, можем воздать Тебе за все это? Ибо все без изъятия – Твое, и Ты не требуешь от нас ничего, кроме того, чтобы мы спасались, Сам даруя и это, и, по неизреченной Своей благости, питая благоволение к тем, которые получают [спасение]. Тебе – благодарность, давшему бытие и дарствовавшему бытие прекрасное, и тех, которые отпали от этого, возвратившему к нему в силу Своего неизреченного снисхождения.

ГЛАВА 5 (78). К ТЕМ, КОТОРЫЕ СПРАШИВАЮТ: СОТВОРЕННА ЛИ ИПОСТАСЬ ХРИСТА, ИЛИ НЕСОЗДАННА?

Ипостась Бога Слова прежде воплощения была проста, и несложна, и бестелесна, и несозданна; а воплотившись, Она сделалась Ипостасью и для плоти, и явилась сложной: из Божества, Которое всегда имела, и из плоти, которую приняла; и носит свойства двух естеств, будучи познаваема в двух естествах. Поэтому одна и та же самая Ипостась и несозданна по причине Божества, и сотворенна по причине человечества, видима и невидима; ибо иначе мы принуждены или разделять единого Христа, говоря о двух Ипостасях, или отрицать различие естеств и вводить превращение и слияние.

ГЛАВА 6 (79). О ТОМ, КОГДА ХРИСТОС БЫЛ [ТАК] НАЗВАН?

Ум соединился с Богом Словом не прежде воплощения от Девы и не с того времени был назван Христом, как некоторые ложно говорят. Это нелепость пустых речей Оригена, который ввел догмат о предсуществовании душ. Мы же утверждаем, что Сын и Слово Божие сделалось Христом, с тех пор как вселилось во чреве Святой Приснодевы и, не изменившись, сделалось плотью, и плоть была помазана Божеством. Ибо это – помазание человечества, как говорит Григорий Богослов. А также и святейший Кирилл Александрийский, писав к царю Феодосию, сказал следующее: «Ибо я, с своей стороны, утверждаю, что не должны быть называемы Христом Иисусом ни Слово, Которое рождено от Бога без человечества, ни, в свою очередь, храм, рожденный от жены, если он не соединен со Словом. Ибо Слово, Которое от Бога, таинственным образом возымевшее сообщение с человечеством согласно с обусловленным целями домостроительства соединением, мыслится Христом». И к царицам он так [писал]: «Некоторые говорят, что имя Христос приличествует даже взятому в отдельности и особо, Самому по Себе мыслимому и существующему, рожденному от Бога Отца Слову. Мы же не так научены думать или говорить; ибо когда Слово сделалось плотью, тогда Оно, говорим, и было названо Христом Иисусом. Ибо, так как Оно было помазано от Бога и Отца елеем радости (Евр. 1, 9) или Духом, то посему, конечно, и называется Христом. А что помазание было совершено в человечестве, никто из тех, которые привыкли правильно думать, не мог бы усумниться». А также и всеславный Афанасий в *Слове о спасительном пришествии* [Христа] говорит почти так: «Бог, Который существовал прежде, до пришествия во плоти, не был человеком, но был Богом у Бога, будучи невидимым и бесстрастным; когда же Он сделался человеком, то по причине плоти принял Себе имя Христос, так как этому имени сопутствует страсть и также смерть».

А если Божественное Писание и говорит: *сего ради помаза Тя, Боже, Бог Твой, елеем радости* (Пс. 44, 8), то должно знать, что Божественное Писание часто употребляет прошедшее время вместо будущего, каково [например] это изречение: *посем на земли явися и с человеки поживе* (Вар. 3, 38). Ибо, когда это говорилось, Бог еще не явился и не вступил в соединение с людьми. И изречение: *на реках Вавилонских тамо седохом и плакахом* (Пс. 136, 1). Ибо это еще не произошло [до произнесения данных слов].

ГЛАВА 7 (80). К ТЕМ, КОТОРЫЕ СПРАШИВАЮТ: ДВА ЛИ ЕСТЕСТВА РОДИЛА СВЯТАЯ БОГОРОДИЦА И ДВА ЛИ ЕСТЕСТВА ВИСЕЛИ НА КРЕСТЕ?

Ἀγένητον и γενητόν, когда пишутся через одну букву: «ν», суть свойства естества, что именно обозначает несозданное и сотворенное; но ἀγέννητον и γεννητόν, – что именно произносится через две буквы: «νν» – то есть рожденное и нерожденное, суть свойства не естества, а ипостаси. Божественное естество, конечно, не сотворенно, или несозданно, а все то, что есть кроме божеского естества, сотворено или произведено. Итак, в Божественном и несозданном естестве созерцается: нерожденность – в Отце, ибо Он не был рожден, рожденность же – в Сыне, ибо Он вечно рожден от Отца, а исхождение – во Святом Духе. Существа же, по времени первые из каждого вида живых существ, нерожденны (ἀγέννητα), но не несотворенны (ἀγέννητα), но не несотворенны (ἀγένετα), ибо они были произведены Творцом, а не родились от подобных. Ибо γένεσις [происхождение] есть творение; а γέννησις [рождение], в отношении к Богу, есть происхождение единосущного Сына от одного только Отца; в отношении же к телам – происхождение единосущной ипостаси, бывающее от соединения мужчины и женщины. Откуда мы узнаем, что рождение – свойство не естества, но ипостаси. Ибо если бы оно было свойством естества, то не созерцалось бы в одном и том же естестве рожденное и нерожденное. Итак, Святая Богородица родила Ипостась, познаваемую в двух естествах, – по Божеству, конечно, *безлетно* рожденную от Отца, а *в последок дний*, в [определенное] время воплотившуюся от Нее и рожденную плотски.

Если же вопрошающие стали бы темно говорить, что Родившийся от Святой Девы есть с двумя естествами, то мы скажем: да, с двумя естествами; ибо Один и Тот же – Бог и человек. Подобным образом – и относительно распятия на Кресте, и воскресения, и вознесения. Ибо это составляет свойство не естества, а Ипостаси. Итак, Христос, будучи в двух естествах, пострадал и был распят на Кресте тем естеством, которое было способно к страданию; ибо плотью Он висел на Кресте, а не Божеством. Ибо в противном случае ответят ли они [утвердительно], если бы мы спрашивали: два ли естества умерли? Нет, скажем мы. Итак, не два естества и были распяты. Но родился Христос, то есть Божественное Слово, Которое вочеловечилось, родился плотью, был распят плотью, пострадал плотью, умер плотью, в то время как Божество Его осталось бесстрастным.

ГЛАВА 8 (81). КАКИМ ОБРАЗОМ ЕДИНОРОДНЫЙ СЫН БОЖИЙ НАЗЫВАЕТСЯ ПЕРВОРОЖДЕННЫМ?

Перворожденный – тот, кто родился первым, или единородный, или старший из других братьев. Итак, если бы Сын Божий назывался Перворожденным, а Единородным не назывался, то мы пришли бы к подозрению, что Он есть Перворожденный из тварей, так как Сам был тварью. А так как Он называется и Перворожденным, и Единородным, то должно в отношении к Нему сохранить и то, и другое. Мы говорим, что Он *перворожден всея твари* (Кол. 1, 15), так как хотя и Сам Он от Бога, также и тварь от Бога, но Он Сам, Один только *безлетно* рожденный из сущности Бога и Отца, естественно будет назван Сыном Единородным, Перворожденным, а не первосозданным. Ибо тварь не из сущности Отца, но Его волею приведена из небытия в бытие. *Первородным же во многих братиях* (Рим. 8, 29) [Он называется] потому, что, будучи единороден и от Матери, так как Он, подобно нам, *приобщился крови и плоти* (Евр. 2, 14), и сделался человеком, а через Него и мы сделались сынами Божиими, будучи усыновлены через Крещение, Сам по естеству Сын Божий, Он сделался перворожденным между нами, которые по усыновлению и благодати сделались сынами Божиими и назвались Его братьями. Посему Он говорил: *восхожду ко Отцу моему и Отцу вашему* (Ин. 20, 17). Не сказал: *Отцу нашему*, но: *Отцу моему*, без сомнения, по естеству, и: *Отцу вашему*, по благодати. И: *Богу моему, и Богу вашему* (Ин. 20,17). И не сказал: *Богу нашему,* но: *Богу моему,* если ты, с помощью тонких мыслей, разделишь то, что видимо, от того, что понимается умом; и: *Богу вашему,* как Творцу и Господу.

ГЛАВА 9 (82). О ВЕРЕ И КРЕЩЕНИИ

Исповедуем же едино крещение во оставление грехов и в жизнь вечную. Ибо Крещение обозначает смерть Господа (Рим. 6, 3). Ведь *крещением* мы *спогребаемся* Господу, как говорит божественный Апостол (Кол. 2, 12). Следовательно, подобно тому как однажды совершилась смерть Господа, поэтому и креститься должно однажды; но креститься, по слову Господа, *во имя Отца и Сына и Святаго Духа* (Мф. 28, 19), каковыми словами научаемся исповеданию Отца и Сына и Святого Духа. Поэтому, если те, которые крещены во [имя] Отца и Сына и Святого Духа и научены тому, что в трех Ипостасях едино естество Божества, после перекрещиваются, то они снова распинают Христа, как говорит божественный апостол. *Невозможно бо просвещенных единою... паки обновлять в покаяние, второе распинающих Сына Божия себе и обличающих* (Евр. 6, 4, 6). А тем, которые не крещены во имя Святой Троицы, должно перекрещиваться. Ибо хотя и говорит божественный апостол, что *во Христа... и в смерть Его крестихомся* (Рим. 6, 3), однако не говорит, что призывание при Крещении должно состоять из таких слов, но что Крещение есть образ смерти Христа. Ибо через три погружения Крещение знаменует три дня гроба Господня. Итак, быть крещенными во Христа означает: погружаться в воду с верою в Него. Но невозможно уверовать во Христа тем, которые не научены исповеданию, имеющему своим предметом Отца и Сына и Святого Духа. Ибо *Христос* есть *Сын Бога живаго*

(Мф. 16, 16), Которого Отец помазал Святым Духом (см. Деян. 10, 38), подобно тому как говорит божественный Давид: *сего ради помаза Тя, Боже, Бог Твой, елеем радости паче причастник твоих* (Пс. 44, 8). И Исаия от лица Господа: *Дух Господень на Мне, егоже ради помаза мя* (Ис. 61, 1). Действительно, Господь, уча Своих учеников призыванию, говорил: *крестяще их во имя Отца и Сына и Святаго Духа* (Мф. 28, 19). Ибо, так как Бог сотворил нас в *неистление*, а преступивших спасительную Его заповедь осудил на *тление* смерти, для того чтобы зло не было бессмертным, то, снизойдя к рабам, как *благоутробный*, и сделавшись подобным нам, Он через Свою *страсть* избавил нас от *тления*; из святого и непорочного Своего ребра излил нам источник (см. Ин. 19, 34) отпущения грехов: воду — для возрождения и омытия как греха, так и *тления*, кровь же — как питье, доставляющее вечную жизнь. И Он дал нам заповеди: возрождаться водою и Духом (см. Ин. 3, 5), когда Святой Дух, через молитву и призывание, приходит на воду. Ибо так как человек — двойной: из души и из тела, то Он дал нам двоякое и очищение: с одной стороны, водой, с другой — Духом. Духом, восстановляющим в нас бывшее *по образу* и *по подобию*, водой же, с помощью благодати Духа очищающей тело от греха и освобождающей *от тления*, также водой, выражающей образ смерти, а Духом, доставляющим залог жизни.

Ибо от начала *Дух Божий ношашеся верху воды* (Быт. 1, 2). И издавна Писание свидетельствует в пользу воды, что она владеет силой очищения (см. Лев. 15, 10). Во времена Ноя Бог потопил водой мировой грех (см. Быт. 6, 17). Водою, по закону, очищается всякий нечистый, когда и самые одежды вымываются водой. Илия, воспламенив водой жертву всесожжения, показал благодать Духа, соединившуюся с водой (см. 3Цар. 18, 32). И почти все без изъятия, по закону, очищается водой; ибо видимые вещи суть знаки тех, которые воспринимаются умом. Возрождение, конечно, происходит в душе, ибо вера, с помощью Духа, умеет усыновлять [нас Богу], хотя мы и твари, и приводит к первоначальному блаженству.

Итак, хотя отпущение грехов дается через Крещение всем равно, однако благодать Духа сообщается по мере веры и предварительного очищения. Итак, теперь через Крещение получаем начатки Святого Духа, и возрождение делается для нас началом другой жизни, и печатью, и охраною, и освящением.

Но должно всею силою твердо хранить самих себя чистыми от скверных дел, чтобы нам снова не сделать себя рабами греха, возвратившись назад, подобно тому как *пес на свою блевотину* (2Пет. 2, 22). Ибо вера без дел мертва (см. Иак. 2, 26), равным образом и дела без веры. Ибо истинная вера оценивается через дела.

А в Святую Троицу крестимся потому, что то самое, что принимает Крещение, нуждается в Святой Троице как для своего устройства, так и для своего сохранения, и невозможно, чтобы три Ипостаси не находились Одна вместе с Другою; ибо Святая Троица нераздельна.

Первым крещением был потоп для истребления греха. Второе крещение – морем и облаком, ибо облако – символ Духа, а море – воды (см. 1Кор. 10, 1–2). Третье – было законное, ибо всякий нечистый омывался водою и вымывал одежды, и таким образом входил в стан (см. Лев. 16, 26). Четвертое – Иоанново, бывшее вступительным и приводившее тех, которые крестились, к покаянию, чтобы они уверовали во Христа. Он говорил: *аз убо крещаю вы*, говорит он, *водою в покаяние: Грядый же по мне... Той вы крестит Духом святым и огнем* (Мф. 3,11). Итак, Иоанн через воду предочищает к [принятию] Духа. Пятое – Крещение Господне, которым Он Сам крестился. Но Он крестится не потому, что Сам имеет нужду в очищении, но усвояя Себе мое очищение, для того чтобы *стереть главы змиев в воде* (Пс. 73, 13), для того чтобы смыть грех и погребсти всего ветхого Адама в воде, для того чтобы освятить Крестителя, чтобы исполнить закон, чтобы открыть таинство Троицы, чтобы сделаться нам

Образом и Примером для Крещения. Крестимся же и мы совершенным Господним Крещением – как водою, так и Духом. Далее, говорят, что Христос крестил огнем; ибо Он излил на святых апостолов благодать Духа в виде огненных языков, подобно тому как говорит Сам Господь, что *Иоанн убо крестил есть водою, вы же имате креститися Духом Святым и огнем, не по мнозех сих днех* (Деян. 1, 5) или по причине Крещения, наказывающего будущим огнем. Шестое крещение – через покаяние и слезы, истинно трудное. Седьмое крещение – кровью и мученичеством, которым ради нас крестился и Сам Христос (см. Лк. 12, 50), как весьма священным и блаженным, которое не оскверняется позднейшими нечистотами. Восьмое – последнее, [Страшный Суд] не спасительное, но истребляющее порок, ибо порок и грех более не будут жить; наказывающее же бесконечно.

Далее, Дух Святой сошел на Господа в телесном виде, как голубь, показывая начатки нашего Крещения и почитая тело; так как и это, то есть тело, вследствие обожествления было Богом. И сверх того, конечно, изначально голубь приучился благовествовать о прекращении потопа (см. Быт. 8, 8–12). На святых же апостолов Святой Дух нисходит в виде огня (см. Деян. 2, 2–3). Ибо Он – Бог, а *Бог огнь потребляяй есть* (Втор. 4, 24).

При Крещении берется елей, обозначающий наше помазание, и делающий нас помазанными, и возвещающий нам Божие милосердие через Святого Духа, так как и голубь принес *сучец масличен* тем, которые спаслись от потопа (Быт. 8, 11).

Иоанн был крещен через то, что возложил руку на Божественную главу Господа; также и своею кровью.

Не должно отсрочивать Крещения, всякий раз как вера приступающих бывает засвидетельствована делами. Ибо тот, кто приступает ко Крещению коварно, скорее будет осужден, нежели получит пользу.

ГЛАВА 10 (83). О ВЕРЕ

Вера, конечно, двояка: потому что есть вера от слуха (см. Рим. 10, 17). Ибо, слушая Божественные Писания, верим учению Святого Духа. Эта же вера совершается через все то, что законоположено Христом: веруя делом, живя благочестиво и исполняя заповеди Того, Кто обновил нас. Ибо тот, кто не верует согласно с преданием кафолической Церкви или кто через постыдные дела имеет общение с диаволом, – неверен.

Есть же, с другой стороны, *вера – уповаемых извещение, вещей обличение невидимых* (Евр. 11, 1) или неколеблющаяся и неиспытующая надежда как на то, что обещано нам Богом, так и на счастливый успех наших прошений. Первая вера, конечно, составляет принадлежность нашей воли, вторая же принадлежит к дарам Духа.

Должно же знать, что через Крещение мы совлекаем с себя все покрывало, которое было на нас от рождения, то есть грех, и принимаем имя духовных израильтян и народа Божия.

ГЛАВА 11 (84). О КРЕСТЕ, ГДЕ ЕЩЕ И О ВЕРЕ

Слово крестное погибающим убо юродство есть, а спасаемым нам сила Божия есть (1Кор. 1, 18). *Ибо духовный востязует убо вся... душевен же человек не приемлет, яже Духа* (1Кор. 2, 15, 14). Ибо это есть безумие для тех, которые не принимают с верой и не помышляют о благости и всемогуществе Бога, но Божественные дела исследуют посредством человеческих и естественных рассуждений, ибо все, что принадлежит Богу, есть выше естества, разума и мысли. Ибо если кто-либо станет взвешивать: каким образом Бог вывел все из небытия в бытие и ради чего, и если бы он захотел постигнуть это посредством естественных рассуждений, то он не постигнет. Ибо это знание – душевное и бесовское. Если же кто, руководствуясь верой, примет во внимание, что Божество – благое, и всемогущее, и истинное, и мудрое, и праведное, то он найдет все гладким и ровным и путь – прямым. Ибо вне веры спастись невозможно (см. Евр. 11, 6); потому что все: как человеческое, так и духовное основывается на вере. Ибо без веры ни земледелец не разрезывает борозды земли; ни купец на малом древе не вверяет своей души беснующейся бездне моря; не происходят ни браки, ни иное что-либо из бывающего в жизни. Верою уразумеваем, что все приведено из небытия в бытие могуществом Божиим; верою правильно совершаем все дела – как Божеские, так и человеческие. Вера, далее, есть не любопытствующее одобрение.

Всякое, конечно, деяние и чудотворение Христово весьма велико, и Божественно, и удивительно; но удивительнее всего – Честный Его Крест. Ибо смерть ниспровергнута, прародительский грех уничтожен, ад ограблен, даровано воскресение, дана нам сила презирать настоящее и даже самую смерть, устроено возвращение к первоначальному блаженству, открыты врата рая, наше естество село одесную Бога, мы сделались *чадами* Божиими и наследниками не через другое что, если не через Крест Господа нашего Иисуса Христа. Ибо все это устроено через крест: ибо *елицы во Христа крестихомся*, говорит апостол, *в смерть Его крестихомся* (Рим. 6, 3). *Елицы же во Христа крестистеся, во Христа облекостеся* (Гал. 3, 27). *Христос*, далее, есть *Божия сила и Божия премудрость* (1Кор. 1, 24). Вот смерть Христа или Крест одели нас в ипостасную Божию Мудрость и Силу. Сила же Божия есть *слово* крестное или потому, что через него открылось нам могущество Божие, то есть победа над смертью, или потому, что, подобно тому как четыре конца Креста с помощью середины центра твердо держатся и крепко связываются, так и через посредство силы Божией содержится и высота, и глубина, и длина, и ширина, то есть вся как видимая, так и невидимая тварь.

Он [т.е. Крест] дан нам в качестве знамения на челе, как Израилю – обрезание. Ибо через него мы, верные, различаемся от неверных и узнаемся. Он – щит, и оружие, и памятник победы над диаволом. Он – печать, для того чтобы не коснулся нас Истребляющий, как говорит Писание (см. Исх. 12, 12, 29). Он – лежащих восстание, стоящих опора, немощных посох, пасомых жезл, возвращающихся руководство, преуспевающих приведение к совершенству, души и тела спасение, отклонение от всяких зол, всяких благ виновник, греха истребление, растение воскресения, древо жизни вечной.

Итак, самому древу, драгоценному поистине и досточтимому, на котором Христос принес Самого Себя в жертву за нас, как освященному прикосновением и святого тела, и святой крови, естественно должно поклоняться; подобным образом и гвоздям, копью, одеждам и святым Его жилищам, которые суть: ясли, вертеп, Голгофа, спасительный, животворящий гроб, Сион – глава Церквей и подобное, как говорит богоотец Давид: *внидем в селения его, поклонимся на место, идеже стоясте нозе его* (Пс. 131, 7). А что он разумеет крест, показывает то, что следует: *воскресни, Господи, в покой твой* (Пс. 131, 8). Ибо за Крестом следует воскресение. Ибо если вожделенны дом, ложе и одежда тех, которых мы любим, то насколько более то, что принадлежит Богу и Спасителю, через посредство чего мы и спасены?

Поклоняемся же мы и образу Честного и Животворящего Креста, хотя бы он был сделан и из иного вещества; поклоняемся, почитая не вещество (да не будет!), но образ, как символ Христа. Ибо Он, делая завещание Своим ученикам, говорил: *тогда явится знамение Сына Человеческого на небеси* (Мф. 24, 30), разумея Крест. Посему и Ангел воскресения говорил *женам: Иисуса ищете Назарянина, распятого* (Мк. 16, 6). И Апостол: *Мы же проповедуем Христа распята* (1Кор. 1, 23). Хотя много христов и Иисусов, но Один – распятый. Он не сказал: *пронзенного копьем*, но: *распята*. Поэтому должно поклоняться знамению Христа. Ибо где будет знамение, там будет и Сам Он. Веществу же, из которого состоит образ Креста, хотя бы это было золото или драгоценные камни, после разрушения образа, если бы то случилось, не должно поклоняться. Итак, всему тому, что посвящено Богу, мы поклоняемся, относя почтение к Самому Нему.

Древо жизни, насажденное Богом в раю, предызобразило этот Честный Крест. Ибо так как смерть [вошла] через посредство *древа* (Быт. 2; 3), то надлежало, чтобы через древо же были дарованы жизнь и воскресение. Первый Иаков, поклонившись на *конец жезла* Иосифова (Быт. 47, 31; Евр. 11, 21), посредством образа обозначил Крест, и, благословив своих сыновей *перемененными* руками (Быт. 48, 14), он весьма ясно начертал знамение креста. [То же обозначали] жезл Моисеев, крестообразно поразивший море и спасший Израиля, а фараона потопивший (см. Исх. 14, 16); руки, крестовидно простираемые и обращающие в бегство Амалика (см. Исх. 17, 11); горькая вода, услаждаемая деревом (см. Исх. 15, 25), и скала, разрываемая и изливающая источники (см. Исх. 13, 6); жезл, приобретающий Аарону достоинство священноначалия (см. Чис. 17, 8, 9); змий на древе, вознесенный в виде трофея, как будто бы он был умерщвлен (см. Чис. 21, 9), когда древо исцеляло тех, которые с верою смотрели на мертвого врага, подобно тому как и Христос плотью, не знавшей греха, был пригвожден за грех. Великий Моисей, взывая [говорит]: увидите *живот ваш висящь на древе пред очима* вашими (см. Втор. 28, 66). Исаия: *Прострох руце мои весь день к людем непокоряющимся и противуглаголющим* (Ис. 65,2). О если бы мы, поклоняющиеся ему [т.е. кресту], получили удел во Христе, Который был распят! Аминь.

ГЛАВА 12 (85). О ПОКЛОНЕНИИ НА ВОСТОК

Мы поклоняемся на восток не просто и не случайно. Но так как мы сложены как из видимой, так и невидимой, то есть духовной и чувственной природы, то и поклонение Творцу предлагаем двоякое, подобно тому как и поем умом и телесными устами, и крестимся как водою, так и Духом, и двояким образом соединяемся с Господом, имея участие в Таинствах и в благодати Духа.

Итак, потому что Бог есть духовный свет (см. 1Ин. 1, 5), и Христос в Писаниях назван *Солнцем правды* (Мал. 4, 2) и *Востоком* (Зах. 3, 8; Лк. 1, 78), для поклонения Ему должно посвятить восток. Ибо все прекрасное должно быть посвящено Богу, Которым всякое благо думается хорошим. Говорит же и божественный Давид: *царства земная пойте Богу, воспойте Господеви, Восшедшему на небо небесе на востоки* (Пс. 67, 33–34). А также Писание еще говорит: *насади Господь Бог рай во Едеме на востоцех, и введе тамо человека, егоже созда* (Быт. 2, 8); его, согрешившего, Он изгнал, и *всели прямо рая сладости* (Быт. 3, 24), без сомнения, на западе. Итак, мы, отыскивая древнее отечество и пристально смотря по направлению к нему, поклоняемся Богу. А также и скиния Моисеева на востоке имела завесу и очистилище (см. Лев. 16, 14). И колено Иудово, как более уважаемое, располагалось станом с востока (см. Чис. 2, 3). А также и в славном храме Соломоновом врата Господни находились к востоку. Но, конечно, и Господь распинаемый, смотрел на запад, и таким образом мы поклоняемся, пристально смотря на Него. И возносясь, Он поднимался по направлению к востоку, и таким образом Ему поклонились апостолы, и Он *такожде приидет, имже образом* увидели Его *идуща на небо* (Деян. 1, 11); подобно тому как Сам Господь сказал: *якоже молния исходит от восток и является до запад, тако будет и пришествие Сына человеческого* (Мф. 24, 27). Итак, ожидая Его, поклоняемся на восток. Это же – незаписанное предание апостолов. Ибо они многое передали нам, не изложив письменно.

ГЛАВА 13 (86). О СВЯТЫХ И [ПРЕ]ЧИСТЫХ ТАИНСТВАХ ГОСПОДНИХ

Благий, и всеблагий, и преблагий Бог, Который весь – благость, по причине преизбыточествующего богатства Своей благости не потерпел, чтобы одиноко существовало благо, то есть Его естество, в котором ничто не принимало бы участия, но и ради этого, во-первых, сотворил постигаемые только умом небесные силы; потом – видимый и чувственный мир; затем – человека, состоящего из того, что постигается только умом, и из того, что постигается чувствами. Конечно, все, происшедшее от Него, поскольку оно существует, участвует в Его благости. Ибо Он Сам для всего – бытие, так как в Нем – то, что существует (см. Рим. 11,36), не только потому, что Он Сам привел это из небытия в бытие, но потому, что сила Его охраняет и содержит то, что от Него произошло; а особенно – живые существа. Ибо они имеют общение в благе и поскольку они существуют, и поскольку участвуют в жизни. А разумные существа имеют общение в благе и соответственно сказанному выше; впрочем, и по причине разума; и эти существа – в большей степени, ибо они некоторым образом более родственны с Ним, хотя, во всяком случае, Он без сравнения находится выше [всего].

Человек, произойдя разумным и свободным, конечно, получил возможность при содействии собственной своей воли непрестанно соединяться с Богом, если именно он пребудет в добре, то есть в повиновении Творцу.

Поэтому, так как он оказался в преступлении заповеди Сотворившего его и подпал власти смерти и тления, то Создатель и Творец рода нашего по милосердию Своему уподобился нам, сделавшись человеком во всех отношениях, кроме греха, и соединился с нашим естеством (см. Евр. 2, 17). Ибо так как Он уделил нам Свой собственный образ и Свое собственное дыхание, а мы не сохранили, то Он Сам принимает участие в бедном и немощном естестве нашем, для того чтобы очистить нас и сделать нетленными и опять соделать участниками Его Божества.

Но надлежало, чтобы не только начатки нашего естества оказались в соучастии с лучшим, но чтобы и всякий желающий человек и родился вторым рождением, и был вскормлен новой пищей и соответственной рождению, и таким образом достиг меры совершенства. Поэтому через Свое рождение или воплощение, также крещение, страдание и воскресение Он освободил естество от греха прародителя, от смерти и тления, и сделался Начатком воскресения, и представил Себя путем, и образом, и примером, для того чтобы и мы, пойдя по Его следам, сделались по усыновлению тем, что именно Он есть по естеству: сынами и наследниками Божиими и сонаследниками Его (см. Рим. 8, 17). Итак, Он дал нам, как я говорил, второе рождение, для того чтобы, подобно тому как, родившись от Адама, мы уподобились ему, унаследовав проклятие и тление, так и родившись от Него, мы уподобились Ему и унаследовали как нетление, так и благословение, и славу Его.

А так как этот Адам – духовен, то надлежало, чтобы и рождение было духовно, равно и пища. Но, так как мы некоторым образом двойны и сложны, то должно, чтобы и рождение было двояким, равно и пища – сложной. Поэтому, нам дано рождение: через воду и Духа, то есть через святое крещение (см. Ин. 3, 5); а пища – Сам *хлеб* жизни, Господь наш Иисус Христос, *сшедый с небесе* (Ин. 6, 48, 51). Ибо, намереваясь принять за нас добровольную смерть, в ту ночь, в которую *предавал* Себя, Он завещал святым Своим ученикам и апостолам *Новый Завет*, и через них – всем верующим в Него. Поэтому в горнице святого и славного Сиона, со Своими учениками съев *ветхую* Пасху и исполнив *Ветхий Завет*, Он умывает ноги учеников (Ин. 13, 1 и следующие), показывая знамение Святого Крещения. Потом, преломив хлеб, Он передавал им, говоря: *Приимите, ядите: сие есть тело мое, еже за вы ломимое во оставление грехов* (Мф. 26, 26; 1Кор. 11, 24). Подобным же образом взявши также и чашу с вином и водою, Он передал им, говоря: *пийте от нея вси: сия есть кровь Моя нового завета, яже за многия изливаема, во оставление грехов сие творите в Мое воспоминание. Елижды бо аще ясте хлеб сей, и чашу сию пиете, смерть* Сына Человеческого *возвещаете* и исповедуете воскресение Его, *дондеже приидет* Мф. 26, 27, 28. – Лук. 22, 20. – Мк.14:24. – 1Кор. 11, 25, 26. – 1Кор. 11, 24.

Поэтому, если *слово Божие живо и действенно* (Евр. 4, 12) и *вся елика восхоте Господь*, сотвори (Пс. 134, 6); если Он сказал: *да будет свет. И бысть... да будет твердь... и бысть* (Быт. 1, 3, 6); если *словом Господним небеса утвердишася, и духом уст его вся сила их* (Пс. 32, 6); если небо, и земля, и вода, и огонь, и воздух, и все украшение их совершилось словом Господним, также и это, конечно, славное живое существо: человек; если Сам Бог Слово, восхотев, сделался человеком, и из чистых и беспорочных кровей Святой Приснодевы бессеменно осуществил для Себя плоть; то ужели Он не может сделать хлеб Своим Телом и вино и воду – Своею Кровью? Он сказал *в начале*: да произведет *земля былие травное* (Быт. 1, 11), и даже доныне, всякий раз как случится дождь, она производит свои произрастания, побуждаемая и укрепляемая Божественным повелением. Бог сказал: *сие есть тело Мое*; и: *сия есть кровь Моя*; и: *сие творите в Мое воспоминание*; и, вследствие всесильного Его повеления, это происходит, пока Он не придет; ибо так [Писание] сказало: *дондеже приидет*; и через призывание является дождь для этого нового земледелия: осеняющая сила Святого Духа. Ибо, подобно тому как все, что Бог сотворил, Он сотворил действием Святого Духа, так и теперь действие Духа совершает то, что превышает естество, чего [ничто], кроме одной только веры, не может *вместить*. *Како будет* Мне *сие*, говорит Святая Дева, *идеже мужа не знаю?* (Лк. 1, 34). Архангел Гавриил отвечает: *Дух Святый найдет на Тя, и сила Вышнего осенит тя* (Лк. 1, 35). И теперь ты спрашиваешь, каким образом хлеб делается Телом Христовым и вино и вода – Кровью Христовою! И я говорю тебе: Дух Святой приходит и делает это, что превосходит разум и мысль.

А хлеб и вино берутся потому, что Бог знает человеческую немощь, ибо в большинстве случаев она с досадой отвращается от того, что сделано не согласно с обычаем. Поэтому, проявляя Свое обычное снисхождение, Он через то, что близко естеству, совершает то, что выше естества. И подобно тому как в Крещении, потому что у людей есть обычай мыться водой и натирать себе тело маслом, Он сочетал с елеем и водой благодать Духа и сделал его [т.е. Крещение] *банею пакибытия*; так и потому, что у людей существует обычай есть хлеб и пить воду и вино, Он сочетал с ними Свое Божество и сделал их Своими Телом и Кровью, для того чтобы через то, что обычно и согласно с естеством, мы оказались среди того, что выше естества.

Тело поистине соединилось с Божеством, тело, родившееся от Святой Девы, не потому, что вознесшееся тело нисходит с неба, но потому, что самый хлеб и вино изменяются в Тело и Кровь Бога. Если же ты отыскиваешь тот образ, как это происходит, то тебе достаточно услышать, что с помощью Святого Духа, подобно тому как при содействии Святого Духа Господь для Себя и в Себе осуществил и плоть от Святой Богородицы; и больше мы ничего не знаем, за исключением того, что слово

Божие – истинно и действенно, и всемогуще, а образ – неисследим. Но не хуже сказать и это, что, подобно тому как, согласно с законами природы, хлеб через съедание и вино и вода через выпивание изменяются в тело и кровь того, кто ест и пьет, и не делаются другим телом по сравнению с прежним его телом; так и хлеб предложения и вино, и вода, через призывание и пришествие Святого Духа, преестественно изменяются в Тело Христово и Кровь, и не суть два, но единое и то же самое.

Поэтому для тех, которые с верою и достойно принимают, оно бывает *во оставление грехов и в жизнь вечную*, и в охрану как души, так и тела; для тех же, которые причащаются с неверием и недостойно, бывает в наказание и кару, подобно тому как и смерть Господня для верующих сделалась жизнью и нетлением, ведущей к наслаждению вечным блаженством, а для неверующих и тех, которые убили Господа, ведущей к наказанию и каре вечной.

Хлеб и вино не есть образ Тела и Крови Христа (да не будет!), но – самое Тело Господа, обожествленное, так как Сам Господь сказал: *сие есть Мое*, не образ тела, но *тело*; и не образ крови, но *кровь*. И прежде этого – иудеям, что *аще не снесте плоти Сына Человеческого, ни пиете крове Его, живота не имате в себе. Плоть бо Моя истинно есть брашно, и кровь Моя истинно есть пиво*. И опять: *ядый Мя, жив будет* (Ин. 6, 53, 55, 57).

Посему да приступим со всяким страхом и чистою совестью, и не подлежащей сомнению верой, и для нас будет именно так полезно, подобно тому как веруем, не сомневаясь. Почтим же его [т.е. Таинство] всякой чистотой, как душевной, так и телесной; ибо оно – двояко. Да приступим к нему со жгучей любовью, и, сложив руки в форму креста, примем в себя тело Распятого! И устремив глаза и уста, и чело, причастимся Божественного угля, для того чтобы огонь находящейся в нас любви, приняв воспламенение, происходящее от угля, сжег наши грехи и осветил наши сердца, и чтобы, вследствие общения с Божественным огнем, мы воспламенились и были обожествлены. Исаия увидел уголь (см. Ис. 6, 6); но уголь не простое дерево, а соединенное с огнем; так и хлеб общения не простой хлеб, но соединенный с Божеством; тело же, соединенное с Божеством, не одно естество, но одно, конечно, принадлежит телу, другое же – соединенному с ним Божеству. Поэтому то и другое вместе – не одно естество, но два.

Мелхиседек, *священник Бога Вышнего*, хлебом и вином приветствовал Авраама, возвращавшегося после поражения иноплеменников (см. Быт. 14, 18). Та трапеза прообразовала эту таинственную трапезу, как и тот священник был образом и подобием истинного первосвященника Христа. Ибо *Ты*, говорит Писание, *иерей во век, по чину Мелхиседекову* (Пс. 109, 4). Хлебы предложения изображали этот хлеб. Это – *чистая жертва*, без сомнения, и бескровная, которая, сказал Господь через пророка, *приносится* Ему *от восток солнца до запад* (Мал. 1,11).

Тело и Кровь Христа переходят в состав как нашей души, так и нашего тела, не истощаясь, не уничтожаясь, проникая не в нижний проход (да не будет!), но в нашу сущность, и делаясь охраной, защитительным средством от всякого рода вреда, очищающим от всякой нечистоты; если они заметят неочищенное золото, то очищают через исследующее испытание огнем, для того чтобы в будущем веке мы не были осуждены вместе с миром. Ибо они очищают посредством болезней и всякого рода угрожающих происшествий, подобно тому как говорит божественный апостол: *аще бо быхом себе разсуждали, не быхом осуждени были. Судими же, от Господа наказуемся, да не с миром осудимся* (1Кор. 11, 31–32). И это означает то, что он говорит: поэтому тот, кто причащается Тела и Крови Господа *недостойне, суд себе яст и пиет* (1Кор. 11, 29). Очищаясь через это, мы соединяемся с телом Господа и духом Его, и делаемся телом Христовым.

Этот хлеб – *начаток* будущего хлеба, который есть *насущный* (о επιούσιος). Ибо слово: то επιούσιος обозначает или будущий, то есть хлеб будущего века, или хлеб, принимаемый для сохранения нашего существа. Следовательно, так ли, или иначе [мы поймем *хлеб насущный*, им] надлежащим образом будет названо тело Господне; ибо плоть Господня есть животворящий дух (Ин. 6, 63), потому что она зачата от животворящего Духа; ибо *рожденное от Духа дух есть* (Ин. 3, 6). Говорю же это, не уничтожая естества тела, но желая показать животворность и Божественность этого.

Если же некоторые и назвали хлеб и вино образами (ἀντίτυπα) Тела и Крови Господа, подобно тому как говорил богоносный Василий, то сказали [о хлебе и вине] не после их освящения, но прежде освящения, назвав так самое приношение.

Причащением же называется [Таинство] потому, что через него мы причащаемся Божества Иисуса. А общением и называется, и поистине есть вследствие того, что через него мы вступаем в общение со Христом и принимаем участие в Его как плоти, так и Божестве; с другой стороны, через него вступаем в общение и соединяемся друг с другом. Ибо так как мы причащаемся от единого хлеба, то все делаемся единым Телом Христовым и единою Кровью, и членами друг друга, будучи составляющими одно тело со Христом.

Поэтому да станем всей силой остерегаться, чтобы не принимать Причащения от еретиков, ни давать им. Ибо *не дадите святая псом*, говорит Господь, *ни пометайте бисер ваших пред свиньями* (Мф. 7, 6), чтобы нам не сделаться участниками превратного учения и осуждения их. Ибо если несомненно бывает соединение со Христом и друг с другом, то несомненно произволением соединяемся и со всеми теми, которые вместе с нами причащаются. Ибо соединение это происходит добровольно, не без нашего согласия. Ибо все *едино тело есмы*, потому что *от единого хлеба причащаемся* (1Кор. 10, 17), как говорит божественный апостол.

Образами (αντίτυπα) же будущих [хлеб и вино] называются не потому, что они не суть поистине Тело и Кровь Христа, но потому, что теперь, конечно, через них мы делаемся участниками Божества Христова, а тогда духовным образом – через одно только лицезрение.

ГЛАВА 14 (87). О РОДОСЛОВИИ ГОСПОДА И О СВЯТОЙ БОГОРОДИЦЕ

В предшествующих рассуждениях несколько сказав о Святой и препрославленной Приснодеве и Богородице Марии и доказав то, что было более всего благовременно, что Она в собственном смысле и поистине и есть Богородица, и называется так, теперь желаем восполнить недоконченное. Ибо Она, предопределенная предвечным и предузнающим советом Божиим и через Святого Духа как представленная, так и предвозвещенная различными образами и словами пророков, в предназначенное время прозябла от племени Давида, вследствие бывших по отношению к нему обетовании. Ибо, говорит Писание, поклялся *Господь Давиду истиною, и не отвержется ея; от плода чрева твоего посажду на престоле твоем* (Пс. 131, 11). И опять: *единою кляхся о святем Моем, аще Давиду солжу; семя его во век пребудет, и престол его яко солнце предо Мною, и яко луна совершена в век: и свидетель на небеси верен* (Пс. 88, 36–38). И Исаия: *изыдет жезл из [корене] Иессеова, и цвет от корене взыдет* (Ис. 11, 1).

Что Иосиф происходит от Давидова племени, конечно, ясно показали Матфей и Лука, священнейшие евангелисты; но Матфей производит Иосифа от Давида через Соломона, Лука же – через Нафана. О рождении же Святой Девы и тот, и другой умолчали.

Поэтому должно знать, что не было обычно ни у евреев, ни в Божественном Писании, чтобы составлялась родословная женщин; но был закон, чтобы одно племя не брало себе жен из другого племени (см. Чис. 36, 6). Иосиф же, происходя из Давидова племени и будучи *праведен* (ибо это в похвалу ему свидетельствует Божественное Евангелие), не взял бы святой Девы в жену себе противозаконно, если бы не происходил от одного и того же *скипетра* [т.е. племени]. Поэтому, показав происхождение Иосифа, [евангелисты] удовольствовались.

Должно же знать и то, что был закон, чтобы, если муж умирал бездетным, брат его вступал в брак с женой умершего и восставлял семя брату (см. Втор. 25, 5). Поэтому то, что рождалось, по естеству, конечно, принадлежало второму, то есть родившему; по закону же принадлежало умершему.

Итак, Левий, родившийся от ветви Нафана, сына Давидова, родил Мелхия и Панфира; Панфир родил Варпанфира, который был так назван. Этот Варпанфир родил Иоакима; Иоаким родил Святую Богородицу (см. Лк. 3, 24). От ветви же Соломона, сына Давидова, Матфан вступил в брак с женщиной, от которой родил Иакова (Мф. 1, 6, 15). А после того как умер Матфан, Мелхий, происходивший из племени Нафанова, сын Левия, а брат Панфира, вступил в брак с женою Матфана, а матерью Иакова, и от нее родил Илия. Итак, Иаков и Илий оказались братьями, имевшими одну и ту же мать: Иаков – из племени Соломона, а Илий – из племени Нафана. Далее, Илий, происходивший из племени Нафанова, умер бездетным; и Иаков, брат его, происходивший из племени Соломона, взял жену его, и восставил семя брату своему, и родил Иосифа. Итак, Иосиф по естеству – сын Иакова, из дома Соломонова, а по закону – Илия, происходившего от Нафана.

Итак, Иоаким вступил в брак с Анной, святой и достохвальной. Но, подобно тому как древняя Анна, бывшая неплодною, при содействии молитвы и обета родила Самуила (см. 1Цар. 1), так и эта через моление и обещание получает от Бога Богородицу, чтобы она и в этом не была ниже никого из славных жен. Итак, благодать (ибо это значит в переводе слово: Анна) рождает Госпожу (ибо это обозначает имя Марии, потому что Она истинно сделалась Госпожою всех тварей, ставши Матерью Творца). Рождается же Она в доме Иоакима, находившемся у Овчих ворот, и приводится ко храму. Потом, в доме Божием и *насажденная*, и Духом *утучненная*, подобно богатой плодами маслине (Пс. 51, 10), Она сделалась жилищем всякой добродетели, отклонив Свой ум от всякой житейской и плотской похоти и таким образом сохранив девственной душу вместе с телом, как и приличествовало Той, Которая долженствовала зачать в Своем чреве Бога; ибо Он, будучи Святым, *во святых почивает*. Таким, следовательно, образом Она стремится к святости и является святым и удивительным Храмом, достойным высочайшего Бога.

А так как враг нашего спасения наблюдал за девами по причине пророчества Исаии, сказавшего: *се Дева во чреве приимет, и родит Сына, и нарекут имя Ему Еммануил, еже есть сказаемо: с нами Бог* (Мф. 1, 23; Ис. 7, 14); то для того, чтобы *Запинающему премудрым в коварстве их* (Кор. 3, 19; Иов. 5, 13) уловить того, кто всегда гордился мудростью, эта Дева обручается священниками *Иосифови*, [как] новый свиток – *ведущему писания* (Ис. 29, 11). Обручение же было и охранением Девы, и введением в обман того, кто наблюдал за девами. Когда же наступила полнота времени, то был послан к Ней Ангел Господень, который благовествовал о зачатии [от Нее] Господа. И таким образом Она зачала Сына Божия, ипостасную Силу Отца, *ни от похоти плотския, ни от похоти мужеския* (Ин. 1, 13), то есть не вследствие совокупления и семени, но вследствие благоизволения Отца и содействия Святого Духа. Она содействовала Создателю в том, чтобы Ему быть созданным, и Творцу в том, чтобы Ему быть сотворенным, и Сыну Божию и Богу в том, чтобы Ему быть воплощенным и вочеловечиться от чистых и неоскверненных Ее: и плоти, и кровей, – содействовала, выплачивая праматерний долг. Ибо, подобно тому как та [т.е. праматерь] была сотворена из [ребра] Адамова без совокупления, так и Эта произвела Нового Адама, рождаемого согласно с законом ношения во чреве и превыше естественных законов рождения. Ибо без отца от Жены рождается Тот, Кто родился от Отца без матери. И то, что Он рождается от Жены, это согласно с законом зачатия, а что без отца, это выше естественных законов рождения; и что в обычное время (ибо Он рождается, после того как исполнилось девять месяцев и наступил десятый), это согласно с законом ношения во чреве; а что безболезненно, это – выше закона рождения; ибо ему не предшествовало удовольствие и мук родами [затем] не последовало, согласно с тем, как говорил пророк: *прежде неже чревоболети Ей, роди* (Ис. 66, 7). И опять: *прежде неже приити труду чревоболения, избеже и породи мужеск пол* (Ис. 66, 7).

Итак, от Нее родился Сын Божий – воплотившийся, не человек богоносный, но Бог – воплотившийся; не как пророк, помазуемый действием, но – присутствием всего Помазующего, так что то, что помазало, сделалось человеком, и то, что было помазуемо, Богом; не вследствие изменения естества, но вследствие ипостасного соединения. Ибо Один и Тот же был и Помазующий, и Помазуемый: как Бог – помазующий Самого Себя – как человека. Итак, каким образом не Богородица Та, Которая родила воплотившегося от Нее Бога? Действительно, в собственном смысле и поистине Богородица и Госпожа, и владычествующая над всеми тварями, сделавшаяся рабой и Матерью Творца. А подобно тому как Тот, Который был зачат, соблюл зачавшую Девою, так и родившись, Он сохранил девство Ее неповрежденным, Один только пройдя через Нее и сохранив Ее *заключенной* (Иез. 44, 2). Зачатие произошло, конечно, через слух, а рождение через обыкновенное место для выхода тех, которые рождаются, хотя некоторые и рассказывают баснословно, что Он был рожден через бок Богоматери. Ибо для Него не невозможно было и пройти через *врата*, и не повредить печатей их.

Следовательно, и после родов Приснодева остается Девой, никоим образом до смерти не вступившей в общение с мужем. Ибо, если и написано: *и не знаяше Ея, дóндеже роди сына своего первенца* (Мф. 1, 25), то должно знать, что первенец есть тот, который родился первым, хотя бы он был и единородным. Ибо слово: *перворожденный* обозначает, что кто-либо родился первым, но не непременно показывает вместе с тем и на рождение других. Слово же: *дондеже* показывает заранее назначенный срок определенного времени, но не отвергает и того, что имеет быть после этого. Ибо Господь говорит: *и се Аз с вами есмь во вся дни до скончания века* (Мф. 28, 20), не как намеревающийся разлучиться после *скончания века*. Действительно, божественный апостол говорит: *и тако всегда с Господем будем* (1Фес. 4,17), то есть после общего воскресения.

Ибо каким образом Та, Которая родила Бога и путем знакомства с тем, что последовало, узнала чудо, допустила бы соединение с мужем? Прочь [нечестивое мнение]! Мыслить подобное, не говоря уже о том, чтобы и делать, несвойственно здравомыслящему уму.

Но Эта блаженная и удостоенная преестественных даров перенесла во время страдания [Господа] те бывающие во время родов муки, которых Она избежала, рождая Его, – перенесла, вследствие материнского сострадания претерпев терзание Своего сердца, и, как мечом, была разрезываема размышлениями, видя, что Тот, Кого через рождение Она узнала как Бога, умерщвляется, как злодей. И это значат слова: *и Тебе же Самой душу пройдет оружие* (Лк. 2, 35). Но *радость воскресения*, возвещающая, что Тот, Который умер плотью, есть Бог, изменяет печаль.

ГЛАВА 15 (88). О ЧЕСТВОВАНИИ СВЯТЫХ И ИХ МОЩЕЙ

Должно почитать святых как друзей Христовых, как чад и наследников Божиих, подобно тому как говорит евангелист Иоанн Богослов: *елицы же прияша Его, даде им область чадом Божиим быти* (Ин. 1, 12). *Темже уже неси раб, но сын* (Гал. 4, 7). *Аще же чада, и наследницы: наследницы убо Богу, снаследницы же Христу* (Рим. 8, 17). И Господь во Святом Евангелии говорит апостолам: *вы друзи Мои есте* (Ин. 15, 14). *Не ктому вас глаголю рабы, яко раб не весть, что творит господь его* (Ин. 15, 15). Если же Творец *всяческих* и Господь называется и *Царем царствующих*, и *Господом господствующих* (Откр. 19, 16), и *Богом богов* (Пс. 49, 1), то несомненно и святые суть как боги, так и повелители, и цари. Бог их и есть, и называется Богом и Господом, и Царем. Ибо, говорит Он Моисею, *Аз есмь... Бог Авраамов и Бог Исааков и Бог Иаковль* (Исх. 3, 6). И Моисея Бог сделал богом Фараона (см. Исх. 7, 1). Богами же называю, также и царями, и повелителями не по природе, но потому, что они царствовали и господствовали над страстями, и Божественного *образа подобие*, по которому они и были сотворены, сохранили неповрежденным (ибо царем называется и образ царя); и также потому, что соединились с Богом по собственной воле и приняли Его обитателем их сердца и, вследствие участия в Нем, сделались по благодати тем, что именно Он есть по естеству. Следовательно, почему не должно почитать тех, которые получили имя слуг, и друзей, и сынов Божиих? Ибо честь по отношению к благоразумным из сорабов имеет доказательство расположения в отношении к общему Господу.

Эти сделались внутренними жилищами Божиими и чистыми Его местопребываниями, ибо, говорит Бог, *вселюся в них и похожду, и буду им Бог* (2Кор. 6, 16; Лев. 26, 12). Божественное Писание говорит, что *праведных души*, конечно, *в руце Божией, и не прикоснется их смерть* (Прем. 3, 1). Ибо смерть святых – скорее сон, нежели смерть. Ибо *утрудися в век, и жив будет до конца* (Пс. 48, 9–10). И: *честна пред Господем смерть преподобных его* (Пс. 115, 6). Итак, что драгоценнее того, чтобы быть *в руце Божией*? Ибо Бог есть жизнь и свет, и находящиеся *в руце Божией* находятся в жизни и свете.

А что и через ум Бог обитал также и в телах их, говорит апостол: *или не весте, яко телеса ваша храм живущего в вас Святого Духа суть*? (1Кор. 6, 19) *Господь же Дух есть* (2Кор. 3, 17). И: *аще кто Божий храм растлит, растлит сего Бог* (1Кор. 3, 17). Следовательно, почему не должно почитать одушевленные храмы Божии, одушевленные телесные жилища Божии? Они, будучи живы, с дерзновением предстоят Богу.

Господь Христос дал нам спасительные источники: мощи святых, многообразно изливающие благодеяния, источающие миро благовония. И никто пусть, не сомневается! Ибо если из утесистой и твердой скалы истекла в пустыне вода (см. Исх. 17,6), когда желал этого Бог, и из челюсти осла для жаждавшего Сампсона (см. Суд. 15, 18–19), то ужели невероятно, чтобы из мученических мощей изобильно истекало благовонное миро? Никоим образом, по крайней мере, для тех, которые знают о могуществе Божием и о чествовании Им святых.

По закону всякий, кто касался мертвого, назывался нечистым (см. Чис. 19, 11), но эти не мертвые. Ибо после того, как Тот, Кто есть сама жизнь, Виновник жизни, *в мертвецех вменяшеся*, то усопших в надежде на воскресение и с верою в Него мы не называем мертвыми.

Ибо каким образом мертвое тело может творить чудеса? Итак, каким образом через них демоны обращаются в бегство, болезни отгоняются, немощные врачуются, слепые прозревают, прокаженные очищаются, искушения и скорби прекращаются, *всяко даяние благо... от Отца светов* (Иак. 1, 17) через них *сходит* для тех, которые просят с верой, не подлежащей сомнению? Сколь много ты потрудился бы, для того чтобы найти ходатая, приводящего тебя к смертному царю и перед ним говорящего речи в защиту тебя? Итак, ужели не должно почитать ходатаев за весь род, за нас творящих Богу свои молитвы? Да, конечно, должно почитать, воздвигая Богу храмы в честь имени их, принося дары, прославляя [дни] памяти их и во время их веселясь духовным образом, чтобы это веселие было соответственно тем, которые созывают [нас], чтобы, пытаясь угождать, мы, наоборот, не раздражили их. Ибо чем люди угождают Богу, в этом найдут себе наслаждение и слуги Его; а вследствие чего Бог гневается, вследствие того будут гневаться и щитоносцы Его. Мы, верные, да почтим святых *псалмами и гимнами*, и *песнями духовными* (Еф. 5, 19), и сокрушением сердечным, и милосердием к нуждающимся, чем более всего почитается и Бог. Станем воздвигать им памятники и изображения, которые видимы, и сами да сделаемся одушевленными памятниками их и изображениями через подражание их добродетелям. Да почтим Богородицу как Божию Матерь в собственном смысле и поистине. Пророка Иоанна как Предтечу, и Крестителя, и апостола, и мученика, ибо, как сказал Господь, *не воста в рожденных женами болий Иоанна* (Мф. 11, 11); и он сам сделался первым проповедником *Царствия*. Апостолов, как братьев Господа и самовидцев, и служителей Его страданий, *ихже* Бог и Отец и *предуведе, (тех) и предустави сообразных [быти] образу Сына своего* (Рим. 8, 29), *первее апостолов, второе пророков, третие пастырей и учителей* (1Кор. 12, 28). И мучеников Господних, избранных из всего чина, как воинов Христовых и испивших Его чашу, тогда крестившихся крещением животворящей Его смерти, как общников страдания Его и славы, начальник которых – архидиакон Христов, и апостол, и первомученик Стефан. И святых отцов наших, богоносных подвижников, которые перенесли очень долговременное и очень тягостное мученичество совести, которые *проидоша в милотех и в козиях кожах, лишени, скорбяще, озлоблени: ихже не бе достоин мир* (Евр. 11, 37, 38). Пророков, живших прежде [пришествия] благодати, патриархов, праведных, предвозвестивших пришествие Господне. *Взирающе на скончание жительства* всех этих, да станем *подражать вере* (Евр. 13, 7), любви, надежде, ревности, жизни, твердому перенесению страданий, терпению даже до крови, чтобы и мы вместе с ними получили венцы славы.

ГЛАВА 16 (89). ОБ ИКОНАХ

А так как некоторые порицают нас, поклоняющихся и почитающих как изображение Спасителя и Госпожи нашей, так и, сверх того, остальных святых и слуг Христовых, то да слышат, что Бог искони сотворил человека *по образу* Своему (Быт. 1, 26–27). Итак, из-за чего мы поклоняемся друг другу, если не потому, что мы сотворены по образу Божию? Ибо, как говорит богоглаголивый и сильный в толковании Божественных предметов Василий, *честь, воздаваемая изображению, переходит на первообраз*. А первообраз есть то, чей образ отпечатлевается, то, с чего получается снимок. Для чего Моисеев народ со всех сторон поклонялся скинии (см. Исх. 33, 10), имевшей образ и вид небесных вещей, преимущественнее же – всего творения? Действительно, Бог говорит Моисею: *виждь, да сотвориши вся по образу показанному ти на горе* (Евр. 8, 5). А также и Херувимы, осенявшие очистилище, разве не были делами человеческих рук (см. Исх. 25, 18)? А что бывший в Иерусалиме славный храм? Не *рукотворенный* ли он и не был ли сооружен искусством людей (3Цар. 6)?

Божественное же Писание порицает тех, которые поклоняются вырезанным на металле или камне предметам, а также и тех, которые приносят жертвы бесам. Приносили, конечно, жертвы эллины, а также совершали жертвоприношения и иудеи; но эллины – демонам, а иудеи – Богу. И жертвоприношение эллинов было, конечно, отвергнуто и осуждено, жертва же праведных была совершенно угодна Богу. Ибо Ной принес жертву, *и обоня*

Бог *воню благоухания* (Быт. 8, 21), одобряя благоухание доброй воли и расположения к Нему. Таким образом, резные эллинские произведения, потому что они были изображениями демонов, и отвергнуты, и запрещены.

А сверх этого, кто может сделать себе подобие невидимого, и бестелесного, и неописуемого, и не имеющего формы Бога? Поэтому изображать Божество – дело крайнего безумия и нечестия. Поэтому в Ветхом Завете не было практикуемо употребление икон. А так как Бог по милосердию Своему поистине сделался человеком ради нашего спасения, не так, как явился Аврааму в виде человека и не как пророкам, но по существу воистину сделался человеком и жил на земле, и вступил в единение с людьми (см. Вар. 3, 38), творил чудеса, пострадал, был распят, воскрес, вознесся, и все это случилось поистине и было видимо людьми, было записано для напоминания нам и наставления тех, которых тогда не было, чтобы мы, не увидев, а услышав и уверовав, достигли блаженства Господня; но так как не все знают грамоту и не все имеют свободное время для чтения, то отцы усмотрели, чтобы это, подобно тому как некоторые подвиги, было рисуемо на иконах, для краткого напоминания. Без всякого сомнения, часто не имея в уме страдания Господа, увидев изображение распятия Христова, придя к воспоминанию спасительного страдания, павши – поклоняемся не веществу, но Тому, Кто изображается, подобно тому как и не веществу Евангелия, и не веществу креста поклоняемся, но тому, что через это изображается. Ибо [иначе] чем отличается крест, не имеющий изображения Господня, от имеющего? Таким же образом [должно думать] и о Богоматери. Ибо честь, воздаваемая Ей, возводится на Того, Кто от Нее воплотился. Подобным же образом и доблестные подвиги святых мужей возбуждают нас к мужеству и соревнованию, и подражанию их добродетели, и прославлению Бога. Ибо, как мы говорили, честь в отношении к благоразумным из сорабов имеет доказательство расположения к общему Господу, и честь, воздаваемая изображению, переходит на первообраз. Это же – предание, из числа незаписанных в Священном Писании, подобно тому как и касающееся поклонения на восток и поклонения кресту, и другого весьма многого и подобного этому.

Рассказывается же и некоторая история, что когда царствовавший в Эдесском городе Авгарь послал живописца, чтобы он нарисовал похожий образ Господа, и когда живописец был не в состоянии по причине сиявшего блеска Его лица, то Господь Сам, приложив кусок материи к Своему Божественному и животворящему лицу, напечатлел на куске материи Свой образ, и при таких обстоятельствах послал это сильно желавшему Авгарю.

А что и апостолы весьма многое передали, не записав этого, пишет Павел, апостол язык: темже убо, братие, стойте и держите предания, имже научистеся или словом, или посланием нашим *(2Фес. 2, 15). И к коринфянам:* хвалю же вы, братие, яко вся моя помните, и якоже предах вам, предания держите *(1Кор. 11,2).*

ГЛАВА 17 (90). О ПИСАНИИ

Один – Бог, возвещаемый Ветхим Заветом и Новым, в Троице воспеваемый и прославляемый, так как Господь сказал: *не приидох разорити закон, но исполнити* (Мф. 5, 17). Ибо Сам Он совершил наше спасение, ради которого [открыто] все Писание и все таинство. И опять: *испытайте Писаний... и та суть свидетельствующая о мне* (Ин. 5, 39). И так как апостол сказал: *многочастне и многообразне древле Бог глаголавый отцем нашим во пророцех, в последок дний сих глагола нам в Сыне* (Евр. 1, 1–2), то поэтому через Духа Святого говорили закон и пророки, евангелисты и апостолы, пастыри и учители.

Поэтому *всяко Писание богодухновенно*, несомненно и *полезно есть* (2Тим. 3, 16). Поэтому исследовать Божественные Писания – дело прекраснейшее и душеполезнейшее. Ибо, подобно тому как *древо насажденное при исходищих вод* (Пс. 1, 3), так и душа, орошаемая Божественным Писанием, утучняется и дает благовременный плод – православную веру и украшается вечно цветущими листьями, то есть, богоугодными деяниями. Ибо и к добродетельному поступку, и к чистому созерцанию мы руководствуемся со стороны Святых Писаний. Ибо в них мы находим призыв ко всякой добродетели и отклонение от всякого зла. Итак, если мы будем любознательны, то будем и многознающими; ибо при помощи усердия и труда и благодати подающего Бога все правильно делается. Ибо *просяй приемлет, и ищай обретает, и толкущему отверзется* (Лк. 11, 10). Поэтому да будем стучать в прекраснейший рай Писаний, благовонный, сладчайший, весьма цветущий, звучащий вокруг наших ушей всевозможными криками духовных богоносных птиц, касающийся нашего сердца и утешающий скорбящее, успокаивающий гневающееся и преисполняющий вечною радостью; помещающий наш ум на блистающие золотом рамена Божественного голубя (см. Пс. 67, 14), пресветлыми и блистательнейшими его крыльями поднимающего вверх к Единородному Сыну и Наследнику Виноградаря духовного виноградника (см. Мф. 21, 38), и через Него приводящего к *Отцу светов* (Иак. 1, 17). Но да будем стучать не нерадиво, а напротив того – ревностно и терпеливо; да не изнеможем, стуча! Ибо при таких условиях рай Писаний будет открыт нам. Если мы прочитаем однажды и дважды и не распознаем того, что читаем, то да не впадем в уныние, но да останемся твердыми, да будем непрестанно говорить, да будем вопрошать! Ибо, говорит Писание, *вопроси отца твоего, и возвестит тебе, старцы твоя, и рекут тебе* (Втор. 32, 7). Ибо *не во всех разум* (1Кор. 8, 7). Почерпнем себе из райского источника неиссякаемые и чистейшие воды, *текущия в живот вечный* (Ин. 4, 14). Да найдем в этом удовольствие, да возвеселимся неизмеримо, ибо Писания владеют благодатью неисчерпаемой! Если же мы могли бы получить себе что-либо полезное и от внешних писаний, то и это не принадлежит к числу запрещенного. Да сделаемся достойными одобрения купцами, собирая неподдельное и чистое золото, а поддельного избегая! Да примем слова прекраснейшие, а богов, достойных смеха, и неприличные басни да бросим от себя псам! Ибо от первых мы могли бы добыть себе весьма большую силу против вторых.

Должно же знать, что книг Ветхого Завета – двадцать две, соответственно буквам еврейского языка. Ибо евреи имеют двадцать две буквы, из которых пять удваиваются, так что их оказывается двадцать семь. Ибо двойные буквы – Κάφ (*Каф*), также и Μέμ (*Мем*), и Νουν (*Нун*), и Πέ (*Пе*), и Σαδί (*Цаде*). Посему, хотя этим образом считается и двадцать две книги, но оказывается книг двадцать семь вследствие того, что пять из них – двойные. Ибо книга *Руфь* соединяется с книгой *Судей*, и у евреев обе считаются за одну книгу; *первая и вторая Царств* – одна книга; *третья и четвертая Царств* – одна книга; *первая и вторая Паралипоменон* – одна книга; *первая и вторая Ездры* – одна книга. Таким, следовательно, образом книги соединены в четырех пятикнижиях и [еще] остаются две других книги, так что канонические книги существуют в таком виде: пять, касающихся закона: книга *Бытия, Исход, Левит, Числа, Второзаконие*. Это – первое пятикнижие, называемое также и законом. Потом – другое пятикнижие, так называемые Γραφεια, а у некоторых называемые Ἁγιόραφα (Писание), которые суть такого рода: книга *Иисуса, сына Навина, Судей* вместе с *Руфью, первая Царств* вместе со *второй* – одна книга, *третья* вместе с *четвертой* – одна книга и *две книги Паралипоменон* – одна книга. Это – второе пятикнижие. Третье пятикнижие – написанные стихами книги: *Иова, Псалтирь, Притчи Соломона, Екклезиаст* его же, *Песнь песней* его же. Четвертое пятикнижие – пророческое: книга *Двенадцати пророков* – одна книга, *Исаия, Иеремия, Иезекииль, Даниил*. Потом *две книги Ездры*, соединяемые в одну книгу, и *Есфирь*. Πανάρετος же [сокровищница всех добродетелей], то есть книга *Премудрости Соломона* и книга *Премудрости Иисуса*, которую отец Сираха изложил по-еврейски, а по-эллински перевел внук его Иисус, сын Сираха. Хотя они отменны и прекрасны, но не находятся в числе [канонических] и не лежали в кивоте.

Нового же Завета [книги – следующие]: четыре Евангелия: Евангелие *от Матфея, от Марка, от Луки, от Иоанна; Деяния святых апостолов*, изложенные евангелистом Лукой; семь Соборных посланий: одно – *Иакова*, два – *Петровых*, три – *Иоанновых*, одно – *Иуды*. Четырнадцать *посланий апостола Павла; Апокалипсис* евангелиста *Иоанна; Правила святых апостолов* [собранные] Климентом.

ГЛАВА 18 (91). О ТОМ, ЧТО ГОВОРИТСЯ О ХРИСТЕ

Четыре родовых образа того, что говорится о Христе, ибо одно будет приличествовать Ему и до вочеловечения, другое – в [самом] соединении, третье – после соединения, четвертое – после воскресения. И того, что предшествует вочеловечению, шесть образов. Ибо одно из этого объясняет соединение естества и единосущие с Отцом, как, например, это изречение: *Аз и Отец едино есма* (Ин. 10, 30), и это: *видевый Мене виде Отца* (Ин. 14, 9), и это: *Иже во образе Божии сый* (Флп. 2, 6), и подобные. Другое показывает совершенство Ипостаси, как, например, это изречение: *Сын Божий и образ ипостаси его* (Евр. 1, 2–3), и это: *велика совета Ангел, Чуден, Советник* (Ис. 9, 6) и подобные.

Третье показывает взаимное проникновение Ипостасей, как, например, это изречение: *Аз во Отце, и Отец во мне* (Ин. 14, 10); и недвижимое пребывание, как, например: *слово*, и *мудрость*, и *сила*, и *сияние*. Ибо слово – в уме (слово же разумею самостоятельное), также и мудрость подобным образом, и сила – в могущественном, сияние – в свете находятся непоколебимо, изливаясь из них.

Четвертое показывает, что Он – от Отца, как Виновника, как, например: *Отец Мой болий Мене есть* (Ин. 14, 28); ибо от Него Он имеет и бытие, и все то, что имеет; бытие – по рождению, а не по творению, в каковом роде – изречение: *Аз изыдох от Отца и приидох* (Ин. 16, 28); и *Аз живу Отца ради* (Ин. 6, 57). А все то, что Он имеет, имеет не через уделение и не через научение, но как от Виновника, в каковом роде изречение: *не может Сын творити о Себе ничесоже, аще не еже видит Отца творяща* таким образом (Ин. 5, 19). Если Отца нет, то нет и Сына, ибо Сын – от Отца и в Отце, и вместе с Отцом, и не после Отца. Подобным образом и то, что Он делает, делает по внушению Его и вместе с Ним; ибо одна и та же самая; не подобная, но одна и та же воля, и деятельность, и сила Отца и Сына и Святого Духа.

Пятое показывает, что через Его деятельность исполняется Отческое желание, и не как через орудие или раба, но как через самостоятельное и ипостасное Его Слово, и мудрость, и могущество, вследствие того, что в Отце и Сыне созерцается единое движение; в каковом роде – это изречение: *вся тем быша* (Ин. 1, 3), и это: *посла слово Свое, и исцели я* (Пс. 106, 20), и это: *да веру имут, яко Ты Мя послал еси* (Ин. 11, 42).

Шестое говорится пророчески. И из этого об одном говорится, как о будущем, как например: яве приидет (Пс. 49, 3); и изречение Захарии: се, Царь твой грядет тебе *(Зах. 9, 9). И сказанное Михеем:* се, Господь исходит от места Своего, и снидет и наступит на высоты земныя *(Мих. 1, 3). О другом, будущем, говорится, как о прошедшем, в каковом роде это изречение:* Сей Бог наш... Посем на земли явися и с человеки поживе *(Вар. 3, 36, 38); и это:* Господь созда мя начало путей Своих в дела своя *(Притч. 8, 22); и это:* сего ради помаза Тя, Боже, Бог Твой елеем радости паче причастник твоих *(Пс. 44, 8) и подобные.*

Конечно, то, что предшествует соединению, будет говориться относительно Него и после соединения; а то, что следует за соединением, прежде соединения никоим образом [в отношении к Нему неприложимо], если только не пророчески, подобно тому как мы говорили. Того же, что есть в соединении, три образа. Ибо, когда говорим сообразно с лучшею частью Его, то говорим об обожествлении плоти, и соединении с предвечным

Словом, и превознесении ее, и о подобном, показывая прибывшее к плоти богатство вследствие как соединения, так и тесной связи ее с высочайшим Богом Словом. Когда же говорим, имея в виду худшую часть Его, то говорим о воплощении Бога Слова, вочеловечении, лишении, бедности, уничижении. Ибо это и подобное приписывается Слову и Богу вследствие соединения Его с человечеством. А всякий раз как говорим на основании обеих частей вместе, то говорим о соединении, общении, помазании, тесной связи, *сообразности* (Рим. 8, 29) и подобном. Итак, по причине этого третьего способа предлагаются и два способа, о которых сказано прежде. Ибо через соединение показывается, что и то, и другое получило вследствие связи с тем, которое вместе с ним находится, и проникновения [одного в другое]. Ибо говорится, что по причине ипостасного соединения плоть была обожествлена и сделалась Богом и причастного такому же Божеству, какому – и Слово; и что Бог Слово воплотился и сделался человеком, и был называем тварью и именуем *именем новым* (Ис. 62, 2); не потому, что два естества переменились в одно сложное естество, ибо невозможно, чтобы в одном естестве одновременно оказались противоположные естественные свойства; но потому, что два естества ипостасно соединились и имеют неслиянное и неизменное проникновение друг в друга. Проникновение же произошло не со стороны плоти, но со стороны Божества; ибо невозможно, чтобы плоть проникла через Божество; но Божественное естество, однажды проникая через плоть, даровало и плоти неизреченное проникновение в отношении к нему, которое, конечно, мы называем соединением.

Должно же знать, что в первом и втором образе того, что бывает в соединении, созерцается взаимность; ибо когда говорим о плоти, то говорим об обожествлении, и соединении с предвечным Словом, и превознесении, и помазании. Ибо это исходит от Божества, но созерцается относительно плоти. Когда же говорим о Слове, то говорим о лишении, воплощении, вочеловечении, уничижении и подобном, что, как мы говорили, переносится от плоти и к Слову, и к Богу, ибо Сам Он добровольно потерпел это.

Того же, что последовало за соединением, три образа. Первый, которым изъясняется Божественное естество, в каковом роде это изречение: *Аз во Отце, и Отец во мне* (Ин. 14, 10); и: *Аз и Отец едино есма* (Ин. 10, 30). И все, что приписывается Ему прежде вочеловечения, это будет приписано Ему и после вочеловечения, кроме того, что Он [тогда еще] не принял плоти и естественных ее свойств.

Второй, которым изъясняется человеческое естество, в каковом роде это изречение: *что ищете Мене убити, Человека, иже истину вам глаголаах* (Ин. 7, 19; 8, 40); и это: *тако подобает вознестися Сыну человеческому* (Ин. 3, 14), и подобные.

Того же, что приличным человеку образом говорится и написано о Христе Спасителе, сказано ли то было Им, или сделано, шесть образов. Ибо одно из этого и было сделано, и было сказано естественным образом в целях домостроительства, как, например, рождение от Девы, как увеличение, так и преуспевание сообразно с возрастом, голод, жажда, усталость, слезы, сон, проявление гвоздями, смерть и подобное, что есть естественные и беспорочные страсти. Ибо, хотя во всем этом находится соединение Божеского естества с человеческим, однако же веруется, что поистине это принадлежит телу, так как Божеское естество не терпело ничего из этого, но через это устраивает наше спасение.

Другое и было сделано, и было сказано для вида, как, например, когда Он спрашивал: *где положисте Лазаря?* (Ин. 11, 34), когда Он шел к смоковнице (см. Мф. 21, 19), когда уклонялся или незаметно отступал (см. Ин. 8, 59), когда молился (см. Ин. 11, 41), когда *творяшеся далечайше ити* (Лк. 24, 28). Ибо в этом и подобном Он не имел нужды ни как Бог, ни как человек; однако же принимал вид, как прилично человеку, где именно требовала нужда и польза, как, например, молился, для того чтобы показать, что Он не противник Богу, и чтобы почтить Отца как Свою Причину. Спрашивал Он не потому, что не знал, но для того, чтобы показать, что Он, будучи Богом, вместе с тем поистине есть и человек. Незаметно отступал Он для того, чтобы научить нас не подвергать себя безрассудно опасностям и не оставлять себя на произвол.

Третье и было сделано, и было сказано по присвоению и относительно, в каковом роде это изречение: *Боже мой, Боже мой, вскую Мя еси оставил?* (Мф. 27, 46), и это: *не ведевшаго греха по нас грех сотвори* (2Кор. 5, 21); и это: *быв по нас клятва* (Гал. 3, 13); и это: *Сам Сын покорится покоршему Ему всяческая* (1Кор. 15, 28). Ибо ни как Бог, ни как человек, Он никогда не был покинут Отцом; не случилось ни греха, ни проклятия, и Он не имеет нужды быть в подчинении у Отца. Ибо поскольку Он – Бог, Он равен Отцу, и не враждебен, и не подчинен Ему; а поскольку Он – человек, Он никогда не сделался непослушным Родителю, чтобы возымел нужду в подчинении. Следовательно, Он говорил это, усвояя Себе наше лицо и поставляя Себя наряду вместе с нами. Ибо мы были подпавшими греху и проклятию, как непокорные и непослушные, и по этой причине покинутые.

Четвертое – по причине разделения, имевшего место в мысли. Ибо если мыслью разделишь то, что в действительности неотделимо, то есть плоть от Слова, то Он называется и рабом, и не обладающим ведением; ибо был с рабским и не обладавшим ведением естеством, и плоть, если не была соединена с Богом Словом, была рабскою и не обладавшею ведением; но, по причине ипостасного соединения с Богом Словом, и не была рабскою, и не обладала неведением. Вследствие того, Он назвал Отца даже Богом Своим.

Пятое – ради того, чтобы и открыть Себя нам, и укрепить нашу веру, напр. в каковом роде это изречение: *прослави Мя Ты, Отче... славою, юже имех у Тебе прежде мир не бысть* (Ин. 17, 5). Ибо Сам Он, конечно, и тогда был прославлен, и теперь прославляется, но слава Его не была нам открыта и удостоверена. [Ибо сюда имеет отношение] и сказанное апостолом: *нареченнем Сыне Божии в силе, по духу святыни, из воскресения от мертвых* (Рим. 1, 4). Ибо через чудеса, и воскресение, и пришествие Святого Духа было открыто миру и удостоверено, что Он – Сын Божий. [Сюда относится] также и это изречение: *преспеваше премудростию... и благодатию* (Лк. 2, 52).

Шестое Он сказал по причине присвоения лица иудеев, считая Себя вместе с иудеями, подобно тому как Он говорил самарянке: *вы кланяетеся, егоже не весте: мы кланяемся, егоже вемы: яко спасение от иудей есть* (Ин. 4, 22).

Третий образ – тот, которым изъясняется едина Ипостась и показываются то и другое естество вместе; как, например, это изречение: Аз живу Отца ради: и ядый Мя, и той жив будет мене ради *(Ин. 6, 57); и это:* ко Отцу Моему иду, и ктому не видите мене *(Ин. 16, 10); и это:* не быша Господа славы распяли *(1Кор. 2, 8); и это:* никтоже взыде на небо, токмо сшедый с небесе Сын Человеческий, сый на небеси *(Ин. 3, 13) и подобные.*

И из того, что последовало за воскресением, одно приличествует божеству, в каковом роде – это изречение: *крестяще их во имя Отца и Сына и Святаго Духа* (Мф. 28,19): во имя Сына, без сомнения, как Бога; и это: *се, Аз с вами есмь во вся дни до скончания века* (Мф. 28, 20) и подобные. Ибо, как Бог, Он – с нами. Другое приличествует человечеству, в каковом роде это изречение: *ястеся за нозе его* (Мф. 28, 9); и это: *и ту мя видят* (Мф. 28, 10) и подобные.

Того же, что последовало за воскресением и приличествует человечеству, различны – образы. Ибо одно случилось, конечно, поистине, но не естественным образом, а сообразно с целью домостроительства для удостоверения того, что воскресло то самое тело, которое пострадало, как-то: раны, пища и питье после того, как Он воскрес. Другое случилось поистине и согласно с естественными законами, как-то: прохождение мест за местами без труда и вхождение через запертые двери. Третье – для вида, в каковом роде это: *творяшеся далечайше ити* (Лк. 24, 28). Четвертое приличествует тому и другому естеству вместе, в каковом роде это изречение: *восхожду ко Отцу Моему и Отцу вашему, и Богу Моему и Богу вашему* (Ин. 20, 17); и это: *внидет Царь славы* (Пс. 23, 7); и это: *седе одесную престола величествия на высоких* (Евр. 1, 3). Пятое приличествует Господу как поставляющему Себя наряду с нами через разделение [т.е. Божеского от человеческого], имевшее место в одной только мысли, в каковом роде это изречение: *Богу Моему и Богу вашему*.

Поэтому возвышенное должно приписывать естеству Божескому и стоящему выше страстей и тела; и низменное – человеческому; а то, что обще, сложному естеству, то есть единому Христу, Который есть Бог и человек; и также должно знать, что то и другое принадлежит единому и Тому же Самому Господу нашему Иисусу Христу. Ибо, зная то, что принадлежит каждому, и видя, что то и другое совершается со стороны Одного, будем правильно веровать и не впадем в заблуждение. Из всего этого узнается различие соединенных естеств и то, что и Божество, и человечество, как говорит божественнейший Кирилл, в отношении к естественному качеству не одно и то же. Однако при всем этом один – Сын, и Христос, и Господь; и так как Он – один, то одно также и Лицо Его, потому что ипостасное соединение никаким образом не разделяется вследствие того, что познается различие естеств.

ГЛАВА 19 (92). О ТОМ, ЧТО БОГ НЕ ВИНОВНИК ЗОЛ

Должно знать, что Божественному Писанию обычно называть позволение Божие Его действием, подобно тому как когда Апостол говорит в Послании к Римлянам: *или не имать власти скудельник на брении, от тогожде смешения сотворити ов убо сосуд в честь, ов же не в честь?* (Рим. 9, 21). Потому что Сам Он, конечно, делает и это и то, ибо Он Сам один только Творец всего без изъятия; однако не Сам Он устраивает драгоценное или неуважаемое, но собственное каждого произволение. И это ясно из того, что тот же самый апостол говорит во втором послании к Тимофею: *в велицем дому не точию сосуди злати и сребряни суть, но и древяни и глиняни: и ови убо в честь, ови же не в честь. Аще убо кто очистит себе от сих, будет сосуд в честь, освящен и благопотребен Владыце, на всякое дело благое уготован* (2Тим. 2, 20–21). Ясно же, что очищение происходит добровольно. Ибо *аще кто*, говорит Апостол, *очистит себе*... Отвечает же [этому] подобное соответствие: ибо если не очистит, то будет сосудом *не в честь*, бесполезным *Владыце*, достойным сокрушения.

Итак, подлежащее обсуждению изречение также и это: *затвори Бог всех в противление* (Рим. 11, 32), и это: *даде им Бог дух умиления, очи не видети и уши не слышати* (Рим. 11, 8); все эти должно понимать не так, что Бог это совершил, но так, что Бог позволил, вследствие того, что прекрасное – независимо и свободно от принуждения.

Следовательно, Божественному Писанию обычно говорить о позволении Его, как о действии и произведении Его; но, конечно, и тогда, когда оно говорит, что Бог *зиждяй злая* (Ис. 45, 7) и что не бывает *зло во граде, еже Господь не сотвори* (Ам. 3, 6), оно не показывает, что Бог – виновник зол; но так как имя зла двусмысленно, т.е. имеет два значения: ибо иногда обозначает злое по природе, то, что именно враждебно добродетели и воле Божией; а иногда то, что есть зло и тягостно для нашего чувства, то есть бедствия и насылаемые несчастия, ибо они, будучи тягостными, злы по видимости, в действительности же – хороши, потому что для понимающих они являются виновниками обращения и спасения; то об этих Писание и говорит, что они происходят через Бога.

Должно же знать, что и мы – виновники этого. Ибо невольное зло – плод добровольных зол.

Но должно знать и то, что Писанию обычно говорить, как о находящемся в причинном взаимоотношении, о том, что должно быть понимаемо в смысле следования друг за другом, в каковом роде это изречение: *Тебе единому согреших, и лукавое пред Тобою сотворих: яко да оправдишися во словесех Твоих, и победиши, внегда судити Ти* (Пс. 50, 6). Ибо тот, кто согрешил, согрешил не с тою целью, чтобы Бог одержал победу; ибо Бог и не имел нужды в нашем грехе, чтобы вследствие его явиться Победителем. Ибо Он вне всякого сравнения имеет преимущества над всеми и даже теми, которые не погрешают, так как Он – Творец и непостижим, и несотворен, и имеет природную славу, а не заимствованную. Но [то сказано] потому, что когда мы погрешаем, Он не бывает неправедным, изъявляя гнев (см. Пс. 7, 12), и, прощая кающимся, является Победителем нашего зла. Однако мы погрешаем не для этой цели, но потому, что так дело случается. Подобно тому как, если кто-либо сидит, работая над чем-либо, и если явится какой-либо друг, говорит, что друг пришел для того, чтобы я сегодня не занялся делом. Конечно, друг пришел не для того, чтобы он не занялся делом, но так случилось. Ибо, занимаясь почтительным приемом своего друга, он не совершает того дела. И это называется случаями, потому что так случаются дела. Бог, далее, не желает один только быть праведным, но чтобы все по возможности уподоблялись Ему.

ГЛАВА 20 (93). О ТОМ, ЧТО НЕ ДВА НАЧАЛА

Что не два начала: одно доброе и одно злое, узнаем отсюда. Ибо добро и зло враждебны друг другу и гибельны друг для друга, и не существуют друг в друге или друг с другом. Итак, каждое из них будет находиться в части вселенной. И, во-первых, они, конечно, будут ограничены, каждое из них — не только вселенной, но и частью вселенной.

Потом, кто будет присваивать каждому его область? Ибо не скажут, что они вошли в соглашение друг с другом и примирились, так как зло, ведущее мир и посредством союза соединяющееся с добром, не будет злом, и добро, дружески расположенное в отношении к злу, не будет добром. Если же другой — тот, кто каждому из них разграничил свойственное им местопребывание, то это скорее будет Бог.

А также необходимо будет одно из двух, чтобы они или входили в прикосновение и истребляли друг друга, или чтобы существовало какое-либо среднее место, в котором не будет ни добра, ни зла, как будто бы некоторая перегородка, разделяющая и то, и другое друг от друга. И будет уже не два, но три начала.

Но также необходимо, чтобы было одно из двух этих положений: или то, что они [т.е. добро и зло] сохраняют мир, чего именно зло не в состоянии делать, ибо не зло — то, что живет в мире; или ведут войну, чего именно добро делать не может, ибо то, что ведет войну, совсем не добро; или что зло ведет войну, а добро не противоборствует, но уничтожается злом или всегда печалится и угнетается, что именно не есть признак добра. Итак, одно начало, свободное от всякого зла.

Но если это так, говорят, то откуда зло? Ибо невозможно, чтобы зло имело происхождение от добра. Поэтому мы говорим, что зло не есть что-либо другое, кроме лишения блага и быстрого перехода от того, что согласно с природой, в то, что противоестественно; ибо ничто не зло по природе. Ибо все, что Бог сотворил, в таком виде, как оно произошло, – весьма прекрасно (см. Быт. 1, 31). Следовательно, оставаясь в таком виде, как оно и было сотворено, оно весьма прекрасно; а добровольно удаляясь от того, что согласно с естеством, и попадая в то, что противоестественно, оно оказывается во зле.

Конечно, все по природе подчинено и послушно Творцу. Поэтому, всякий раз как какое-либо из созданий добровольно возмутится и сделается непослушным Сотворившему его, то оно производит в себе самом зло. Ибо зло – не сущность какая-либо и не свойство сущности, но нечто случайное, то есть добровольное отступление от того, что согласно с природой, в то, что противоестественно, что именно и есть грех.

Итак, откуда грех? Он – изобретение свободной диавольской воли. Следовательно, диавол – зол? Конечно, поскольку он создан, он не зол, но добр, ибо Творцом он был создан Ангелом светлым и весьма блистающим, и, как разумный, свободным. Но добровольно удалился от согласной с природой добродетели, и очутился во тьме зла, отдалившись от Бога, Который один только Благ, и Животворящ, и Создатель света; ибо всякое добро получает свою благость от Него, и, поскольку отдаляется от Него волей, но не местом, оказывается во зле.

ГЛАВА 21 (94). ЗАЧЕМ БОГ, ЗНАЯ НАПЕРЕД, СОТВОРИЛ ИМЕЮЩИХ ГРЕШИТЬ И НЕ РАСКАИВАТЬСЯ?

Бог по благости приводит из небытия в бытие то, что бывает, и наперед знает будущее. Итак, если бы они не имели в будущем существовать, то и не имели бы в будущем быть злыми, и не были бы предузнаваемы. Ибо в отношении к тому, что существует, имеют место знания, и в отношении к тому, что непременно будет, имеет место предведение. Ибо сначала – бытие, и тогда бытие прекрасного или худого. Если же имевшим существовать в будущем по причине благости Божией то обстоятельство, что они имели оказаться злыми по своему собственному произволению, попрепятствовало бы, чтобы они произошли, то зло побеждало бы Божию благость. Поэтому Бог все без изъятия, что Он творит, творит добрым; но каждый по собственному произволению делается как прекрасным, так и злым. Поэтому если Господь и говорил: *добрее было человеку тому, аще не бы родился* (Мк. 14, 21), то Он говорил, не порицая Свое собственное создание, но порицая ту порочность, которая возникла у Его твари вследствие собственного ее произволения и легкомыслия. Ибо беспечность собственной ее воли сделала для нее бесполезным благодеяние Творца; подобно тому как, если кто-либо такой, которому были вверены царем богатство и власть, будет тирански поступать с благодетелем, то царь, обуздав, достойно подвергнет его наказанию, если усмотрит, что он до конца остается верным тирании.

ГЛАВА 22 (95). О ЗАКОНЕ БОЖИЕМ И ЗАКОНЕ ГРЕХА

Божество – благое и преблагое, также и воля Его; ибо то, чего именно Бог желает, есть благо. Закон же – заповедь, научающая этому, чтобы мы, твердо держась его, находились в свете (см. 1Ин. 1, 7), каковой заповеди нарушение есть грех. Он же происходит через внушение диавола и наше непринужденное и добровольное принятие. Но также и этот [т.е. грех называется законом (см. Рим. 7, 23).

Итак, закон Божий, входя в наш ум, привлекает его к себе возбуждает нашу совесть. Но также и наша совесть называете законом ума нашего. И, с другой стороны, внушение лукавого, то есть закон греха, входя в члены нашей плоти, через нее делает на нас нападение. Ибо однажды добровольно преступив закон Божий и одобрив совет лукавого, мы предоставили ему [т.е. совету] вход, будучи самими собою проданы греху. Посем тело наше легко влечется к нему. Поэтому и находящийся в нашем теле запах и ощущение греха, то есть похоть и удовольствие тела, также называется законом *во удех* плоти нашей.

Закон ума моего, то есть совесть, конечно, сорадуется закону Божию (см. Рим. 7, 22), то есть заповеди, и желает ее. Закон же греха, то есть внушение через закон, находящийся *во удех* или через телесную похоть, и склонность, и движение, и неразумную часть души, *противувоюет закону ума моего*, то есть совести, и, хотя я и желаю закона Божия и люблю его, и не желаю греха, *пленяет мя* (Рим. 7, 23) по причине смешения [его со всеми членами моего тела]; и через приятность удовольствия, и через телесную похоть, и неразумную часть души, как я говорил, оно обольщает и убеждает сделаться рабом греху. Но *немощное закона в немже немоществоваше* закон *плотью, Бог Сына Своего посла в подобии плоти греха* (Рим. 8, 3); ибо Он восприял плоть а грех – никоим образом; *осуди грех во плоти, да оправдание закона исполнится в нас, не по плоти ходящих, но по Духу* (Рим. 8 3–4). Ибо *Дух способствует в немощех наших* (Рим. 8, 26), и доставляет силу закону ума нашего против закона, находящегося во *удех* наших. Ибо [такой смысл имеет] это: *о чесом помолимся, якоже подобает, не вемы, но Сам Дух ходатайствует о нас воздыхании неизглаголанными* (Рим. 8, 26), то есть научает нас чему нам должно молиться. Поэтому невозможно исполнить заповеди Господни, разве только через терпение и молитву.

ГЛАВА 23 (96). ПРОТИВ ИУДЕЕВ, О СУББОТЕ

Субботой назван седьмой день; обозначает же она – покой. Ибо во время нее, как говорит Божественное Писание, *почи Бог от всех дел своих* (Быт. 2, 2). Поэтому и число дней, возрастая до семи, опять повторяется и берет начало от первого дня. Это число уважаемо у иудеев, так как Бог повелел, чтобы оно было почитаемо, повелел не случайно, но даже в соединении с весьма тяжкими наказаниями за нарушение (см. Исх. 13, 6; Чис. 15, 35). Повелел же это не просто, но по некоторым причинам, таинственно понимаемым как духовными, так и проницательными людьми.

Насколько понял, по крайней мере, я, несведущий человек (чтобы мне начать от низшего и более грубого), Бог, зная как грубость, так и преданность плотским удовольствиям, и вообще склонность израильского народа к веществу, а вместе с тем и нерассудительность, [дал этот закон]: во-первых, *да почиет раб и осел* (Втор. 5, 14), *как написано*; так как муж праведный *милует души скотов своих* (Притч. 12, 10); а также вместе и для того, чтобы, наслаждаясь покоем от заботы о веществе, они входили в соединение с Богом, проводя весь седьмой день *во псалмех и пениих и песнех духовных* (Еф. 5, 19), и занятии божественными Писаниями, и в Боге отдыхая. Ибо, когда не было закона, не было богодухновенного Писания, то и суббота не была посвящена Богу. Когда же через Моисея было дано богодухновенное Писание, то суббота была посвящена Богу, для того чтобы во время нее подумали и занялись этим [т.е. Писанием] те, которые не посвящают Богу всей своей жизни, которые не служат Господу, как Отцу, из любви, но как неблагодарные рабы; чтобы они отделяли для Бога хотя бы малую и незначительную часть своей жизни, и эту вследствие страха перед наказаниями и порицаниями, бывающими за нарушение. *Яко праведнику закон не лежит*, но неправедному (1Тим. 1, 9). Ибо прежде всех Моисей, в посте безотлучно пребыв с Богом в течение сорока дней и опять других сорока (см. Исх. 24, 18; 34, 28), несомненно изнурял себя постом и в субботы, хотя закон повелевал не изнурять самих себя в день субботы. Если же говорили бы, что это было прежде закона, то что они скажут об Илии Фесвитянине, который, однажды вкусив пищи, совершил путь сорока дней (см. 3Цар. 19, 8)? Ибо он, истощив себя не только постом, но и путешествием в субботы этих сорока дней, нарушил субботу; и Бог, давший закон, не разгневался на него, но даже как бы в награду за подвиг добродетели, явился ему на Хориве. А что они скажут о Данииле? Не провел ли он без пищи трех седмиц (см. Дан. 10, 2–3)? А что весь Израиль, не обрезывает ли он младенца в субботу, если она случится в восьмой день [по рождении последнего] (см. Лев. 12, 3)? А также разве они не соблюдают великого поста, относительно которого им дан закон, если он случится в Субботу (см. Лев. 23, 27)? А также священники и левиты не оскверняют ли субботы делами при скинии, и не суть ли *неповинны* (Мф. 12, 5)? Но даже если в субботу попадет в ров домашний скот, то извлекший – не виновен, а не позаботившийся – достоин осуждения. Что же – весь Израиль, не обходили ли они Иерихонских стен, нося вокруг них кивот Божий семь дней, в числе которых непременно была и Суббота (см. Нав. 6)?

Итак, как я говорил, для препровождения времени с Богом, чтобы они уделяли Ему хотя бы весьма незначительную часть и успокоились – как раб, так и подъяремный скот, было придумано соблюдение Субботы для тех, которые были *млади*, и для порабощенных под стихиями мира (см. Гал. 4, 3) для плотяных и не могших ничего понять выше тела и буквы. *Егда же прииде кончина лета, посла Бог Сына Своего Единороднаго, рождаемого от жены* в образе человека, *бываема под законом, да подзаконныя искупит, да всыновление восприимем* (Гал. 4, 4–5). Ибо нам, которые приняли Его, *даде область чадом Божиим быти, верующим* в имя Него (Ин. 1, 12); так что мы более не рабы, но сыновья (см. Гал. 4, 7), более не *под законом, но под благодатью* уже не отчасти только и из страха служим Господу, но должны посвящать Ему все время жизни, и всегда доставляем покой от греха рабу, то есть гневу и похоти, и повелеваем посвящать свой досуг Богу, всегда к Богу простирая всякое свое желание, гнев же свой вооружая против врагов Божиих; и подъяремное животное, то есть тело, подобным образом, с одной стороны, успокаивая от рабства греху, а с другой, заставляя ревностно служить Божественным заповедям.

Духовный закон Христов повелевает нам это, и те, которые соблюдают его, делаются высшими Моисеева закона. Ибо когда *пришло совершенное, еже от части* упразднилось (1Кор. 13, 10), и когда покрывало закона или завеса была разодрана через распятие Спасителя, и когда Дух воссиял огненными языками, то буква была отвергнута, телесное прекратилось, и закон рабства окончился, и закон свободы нам дарован. И мы празднуем совершенное успокоение человеческого естества; говорю же я о дне воскресения, в который Господь Иисус, Виновник жизни и Спаситель, ввел нас в обладание уделом, обещанное тем, которые служат Богу духовно, куда Сам вошел нашим Предтечею, после того как воскрес из мертвых, и после того как были открыты Ему небесные врата, Он сел телесным образом одесную Отца, куда войдут и те, которые соблюдают духовный закон.

Поэтому нам, поступающим по духу, а не по букве, принадлежит всякое отложение в сторону телесного и духовное служение, и соединение с Богом. Ибо обрезание есть отложение в сторону телесного удовольствия и излишних вещей, и не необходимых. Ибо крайняя плоть не есть что-либо другое, кроме излишней кожи того члена, в котором возбуждается удовольствие. Всякое же удовольствие, происходящее не от Бога и не в Боге, есть излишек удовольствия, образом которого служит крайняя плоть. Суббота же – успокоение от греха. Поэтому и то, и другое суть одно, и таким образом и то, и другое вместе соблюдается поступающими по духу, и они не совершают даже незначительного беззакония.

Еще же должно знать, что число семь обозначает все настоящее время, как говорит мудрейший Соломон: *даждь часть седмим и* даже *осмим* (Еккл. 11, 2). И богоглаголивый Давид, воспевая *о осмом* (Пс. 6, 1), пел о будущем состоянии – после воскресения из мертвых. Поэтому закон, повелевая в седьмой день соблюдать покой от телесных дел и заниматься духовными, таинственным образом показал истинному Израилю и имеющему ум, видящий Бога, чтобы он во все время приближался к Богу и становился выше телесного.

ГЛАВА 24 (97). О ДЕВСТВЕ

Плотские люди хулят девство и преданные наслажденям ссылаются, как на свидетельство, на это место: *проклят всякий, кто не восставляет семени в Израиле* (Втор. 25, 9). Мы же говорим, положившись на воплотившегося от Девы Бога Слова, что девство было насаждено в естество людей свыше и искони. Ибо человек был сотворен из девственной земли. Ева была создана из одного только Адама. В раю процветало девство. Действительно, Божественное Писание говорит, что были наги и Адам и Ева, *и не стыдястася* (Быт. 2, 25). Когда же они согрешили, то узнали, что были наги, и, устыдившись, сшили себе самим *препоясания* (Быт. 3, 7). И после преступления, когда человек услышал: *земля еси, и в землю отъидеши* (Быт. 3, 19), когда через грех в мир вошла смерть, тогда *Адам позна Еву жену свою, и заченши роди* (Быт. 4, 1). Поэтому брак был изобретен ради того, чтобы человеческий род не был стерт с лица земли и уничтожен смертью, чтобы через деторождение род людской сохранялся в целости.

Но, быть может, скажут: итак, что хочет [выяснить] изречение: *мужа и жену...* (Быт. 1, 27); и это: *раститеся и множитеся* (Быт. 1, 28)? На это мы скажем, что изречение: *раститеся и множитеся* не обозначает непременно умножения через брачное соединение. Ибо Бог мог умножить род людей и другим способом, если бы они сохранили заповедь до конца неповрежденной. Но Бог, Который, вследствие предведения Своего, *сведый вся прежде бытия их* (Дан. 13, 42), зная, что они имеют оказаться в преступлении и быть осуждены, наперед сотворил *мужа и жену* и повелел расти и умножаться. Поэтому мы желаем возвратиться на путь и хотим посмотреть украшения девства; а одно и то же – сказать и о целомудрии.

Ною, которому повелевалось войти в ковчег и было вверяемо сохранять семя мира, дается такое приказание: *внидеши ты*, говорит Бог, *и сынове* твои, *и жена* твоя, *и жены сынов* твоих (Быт. 6, 18; ср. 7). Он разделил их от жен, чтобы они ушли от моря и того всемирного кораблекрушения, сохраняя целомудрие. Но после прекращения потопа Он говорит: *изыди ты, и жена твоя, и сынове твои, и жены сынов твоих* (Быт. 8, 16). Вот опять допущен брак ради размножения [человеческого рода]. Потом, дышащий огнем Илия, едущий на колеснице и ходящий по небу (см. 4Цар. 2, 11), не возлюбил ли безбрачия и не был ли он прославлен превознесением, превышающим человеческие условия (см. 3Цар. 17, 6)? Кто заключил небеса? Кто воскресил мертвых (см. 3Цар. 17, 19–22)? Кто рассек Иордан (см. 4Цар. 2, 8)? Не девственный ли Илия? А Елиссей, ученик его, не потому ли, попросив благодать Духа в двойном числе, получил ее (см. 4Цар. 2, 9), что показал равную же добродетель? А что – три отрока? Не потому ли они оказались сильнее огня, что подвизались в девстве, девством достигнув того, что тела их сделались неодолимыми огнем (см. Дан. 3, 20, 92, 94)? А почему не говорю о Данииле, в тело которого, укрепленное девством, зубы зверей не были в состоянии вонзиться (см. Дан. 6, 22)? Бог, намереваясь являться израильтянам, не повелевал ли сохранять в чистоте тело (см. Исх. 19, 15; Чис. 6, 2–8)? Не очищая ли самих себя, таким образом входили священники во внутреннее святилище и приносили жертвы? Не наименован ли закон целомудрия великим обетом?

Итак, повеление закона должно понимать более духовным образом. Ибо есть семя духовное, при содействии любви и страха Божия зачинаемое во чреве души, страдающем от болей при родах и рождающем дух спасения. Таким же образом должно понимать и изречение: *блажен, иже имеет племя в Сионе и южики* /сродники – электр. Ред/ *во Иерусалиме* (Ис. 31, 9). Ибо почему – блажен, хотя бы он был и прелюбодей, или пьяница, или идолослужитель, если только *имеет племя в Сионе и южики во Иерусалиме*? Никто здравомыслящий этого не скажет.

Девство – ангельский образ жизни, особенность всякого бестелесного естества. Мы говорим это, не порицая брака, да не будет!, ибо мы знаем, что Господь во время Своего пришествия благословил брак (см. Ин. 2,1) и сказал: *честна женитва и ложе нескверно* (Евр. 13,4); но зная, что девство лучше прекрасного [самого по себе брака]. Ибо и между добродетелями бывают усиления и ослабления, подобным образом и между пороками. Мы знаем, что произошли от брака все смертные, за исключением виновников рода нашего. Ибо они – отрасль девства, а не произведение брака. Но безбрачие, как мы сказали, есть подражание Ангелам. Поэтому насколько Ангел превосходнее человека, настолько девство драгоценнее брака. Но зачем я говорю: Ангел? Сам Христос – слава девства, не потому только, что Он родился от Отца безначально, без истечения и без сочетавания, но потому, что, сделавшись и человеком наподобие нас, Он превыше нас воплотился от Девы без [супружеского] соединения, и Сам в Себе Самом показывал истинное и совершенное девство. Посему, хотя Он и не предписал нам этого [т.е. девства] законом, ибо *не вси вмещают словесе сего* (Мф. 19, 11), как Он Сам сказал; но делом наставил нас и дал нам силу для него. Ибо кому не ясно, что девство теперь живет между людьми?

Конечно, прекрасно деторождение, которое производится браком, и прекрасен брак *блудодеяния ради* (1Кор. 7, 2), пресекающий это и с помощью законного совокупления не позволяющий неистовству похоти воспламеняться к беззаконным деяниям. Прекрасен брак для тех, у кого нет воздержания, но лучше – девство, умножающее чадородие души и приносящее Богу благовременный плод – молитву. *Честна женитва, и ложе нескверно: блудником же и прелюбодеем судит Бог* (Евр. 13, 4).

ГЛАВА 25 (98). ОБ ОБРЕЗАНИИ

Обрезание было дано Аврааму прежде закона, после благословений, после обетования, как знак, совершенно отделявший его, и его детей, и его домочадцев от народов, с которыми он сходился (см. Быт. 12, 3; 15, 5; 17, 10). И ясно: ибо когда Израиль провел в пустыне сорок лет отдельно – сам по себе, не войдя в смешение с другим народом, то те, которые родились в пустыне, не были обрезаны. Когда же Иисус перевел их через Иордан, то они были обрезаны, и явился второй закон обрезания. Ибо при Аврааме был дан закон обрезания, потом он прекратил свое действование в пустыне в продолжение сорока лет. И опять во второй раз Бог дал Иисусу закон обрезания, после перехода через Иордан, как написано в книге Иисуса, сына Навина: в сие же время рече Господь Иисусу: *сотвори себе ножи каменны от камене остраго, и сед обрежи сыны Израилевы второе* (Нав. 5, 2). И после немногих слов: *четыредесятъ бо и два лета хождаше Израиль в пустыни Мавдаритиде; и сего ради не обрезани быша из них мнози от тех воинов изшедших из земли Египетския, не послушавшии заповедей Господних, имже и определи Господь не видети* самим *счастливой земли, еюже клятся Господь отцем их, дати им землю кипящую медом и млеком. Вместо же сих постави сыны их, ихже обреза Иисус, яко родишася на пути не обрезаны* (Нав. 5, 6–7). Поэтому обрезание было знаком, отделявшим Израиля от народов, с которыми он обращался.

Но оно было образом Крещения. Ибо, подобно тому как обрезание отсекает не полезный член тела, но бесполезный излишек, так и через Святое Крещение у нас обрезывается грех. Ясно же, что грех — излишек желания, а не полезное желание. Ибо невозможно, чтобы кто-либо даже совершенно не имел желания или был совсем незнаком с удовольствием. Но бесполезность удовольствия, то есть бесполезное и желание, и удовольствие, это есть грех, который обрезывает Святое Крещение, дающее нам в качестве знака честный крест на челе, не отделяющий нас от народов, ибо все народы получили Крещение и запечатлены знаком креста, но в каждом народе совершенно разлучающий верного от неверного. И потому после того как явилась истина, бесполезен образ, также и тень. Поэтому обрезываться теперь излишне и противно Святому Крещению. Ибо обрезывающийся *должен есть весь закон творити* (Гал. 5,3). Господь же был обрезан для того, чтобы Он исполнил закон, а также Он соблюл и весь закон, и субботу, для того чтобы Ему исполнить и укрепить закон (см. Мф. 5, 17). А с того времени, как Он принял Крещение, и Дух Святой явился людям, сходя на Него в виде голубя, с того времени стало возвещаться духовное служение и образ жизни, и Царство Небесное.

ГЛАВА 26 (99). ОБ АНТИХРИСТЕ

Должно знать, что надлежит прийти антихристу. Конечно, всякий, кто не исповедует, что Сын Божий пришел во плоти и что Он – совершенный Бог и сделался совершенным человеком, вместе с тем оставаясь и Богом, тот есть антихрист (см. 1Ин. 4, 3). Однако особенным образом и преимущественно антихристом называется имеющий прийти при конце мира. Итак, должно, чтобы прежде всего было возвещено Евангелие среди всех народов, как говорит Господь (см. Мф. 24, 14), и тогда он придет для обличения богопротивных иудеев. Ибо Господь говорил им: *Аз приидох во имя Отца Моего, и не приемлете Мене: ин приидет во имя свое, того приемлете* (Ин. 5, 43). И апостол: *зане любве истины не прияша, во еже спастися им. И сего ради послет им Бог действо льсти, во еже веровати им лжи: да суд приимут вси не веровавшии истине, но благоволившии в неправде* (2Фес. 2, 10–12). Следовательно, иудеи не приняли Того, Кто был Сыном Божиим, Господа Иисуса Христа и Бога, а обольстителя, называющего себя самого Богом, примут. Ибо что Он прямо будет называть самого себя Богом, об этом Ангел, наставляя Даниила, так говорит: *о бозех отцев своих не смыслит* (Дан. 11, 37). И Апостол: *да никтоже вас прельстит ни по единому образу: яко аще не приидет отступление прежде, и открыется человек беззакония, сын погибели, противник и превозносяйся паче всякого глаголемого бога или чтилища, якоже ему сести в церкви Божией, показующу себе, яко бог есть* (2Фес. 2, 3–4).

В церкви же Божией – не нашей, но древней – иудейской. Ибо он придет не к нам, но к иудеям; не за Христа и не за тех, кто Христов; поэтому и называется антихристом.

Следовательно, должно, чтобы сперва было возвещено Евангелие между всеми народами см. Мф. 24, 14). *И тогда явится беззаконник, егоже Господь Иисус убиет духом уст Своих, и упразднит явлением пришествия своего, егоже есть пришествие по действу сатанину во всяцей силе и знамениих и чудесех ложных, во всяцей льсти неправды в погибающих* (2Фес. 2, 8–10). Следовательно, не сам диавол делается человеком, подобно вочеловечению Господа, да не будет!, но рождается человек от блуда и принимает на себя все *действие сатанино*. Ибо Бог, наперед зная наглость будущего произволения его, позволяет, чтобы диавол вселился в нем.

Итак, как мы говорили, он рождается от блуда и тайно воспитывается, и внезапно возмущается, и восстает, и царствует. И в начале царствования своего, вернее же тирании, притворно усвояет себе наружность святости; когда же он сделается победоносным, то будет преследовать Церковь Божию и выкажет всю свою злобу. Придет же он *в знамениих и чудесех ложных* (2Фес. 2, 9), вымышленных и не истинных, и обольстит тех, которые имеют слабое и неукрепившееся основание ума, и отклонит от *Бога Живаго*, так чтобы соблазнились, *аще возможно, и избранные* (Мф. 24, 24).

Будут же посланы Енох и Илия Фесвитянин, и они обратят сердца отцов к детям (см. Мал. 4, 6), то есть синагогу – к Господу нашему Иисусу Христу и к проповеди апостолов, и они будут умерщвлены им (см. Откр. 11, 7). И придет Господь с неба, *имже образом* святые апостолы видели *Его идуща на небо* (Деян. 1, 11): совершенный Бог и совершенный человек, со славою и силою, и *человека беззакония, сына погибели, убиет духом уст своих* (2Фес. 2, 3, 8). Поэтому никто пусть не ожидает Господа с земли, но с неба, как Он Сам поручился в этом.

ГЛАВА 27 (100). О ВОСКРЕСЕНИИ

Верим же и в воскресение мертвых. Ибо оно истинно будет, будет воскресение мертвых. Но, говоря о воскресении, мы представляем себе воскресение тел. Ибо воскресение есть вторичное воздвижение упавшего; души же, будучи бессмертными, каким образом воскреснут? Ибо если смерть определяют как отделение души от тела, то воскресение есть, конечно, вторичное соединение души и тела, и вторичное воздвижение разрешившегося и умершего живого существа 2. Итак, само тело, истлевающее и разрешающееся, оно само воскреснет нетленным. Ибо Тот, Кто в начале произвел его из праха земли, может и снова воскресить его, после того как оно опять, по изречению Творца, разрешилось и возвратилось назад в землю, из которой оно было взято.

Ибо если нет воскресения, то *да ямы и пием* (Ис. 22, 13; 1Кор. 15, 32), да устремимся к жизни, состоящей в удовольствиях и полной наслаждений! Если нет воскресения, то чем мы различаемся от бессловесных существ? Если нет воскресения, то да сочтем счастливыми полевых зверей, имеющих беспечальную жизнь! Если нет воскресения, то нет и Бога, нет и Промысла, но все и управляется, и движется случайно. Ибо вот мы видим, что весьма многие праведники терпят нужду и терпят обиды, и в настоящей жизни не получают никакой помощи, а что грешники и неправедные имеют избыток в богатстве и всякой роскоши. И кто, здравомыслящий, счел бы это за дело праведного суда или мудрого Промысла?

Итак, будет, будет воскресение. Ибо Бог праведен и для надеющихся на Него бывает Мздовоздаятелем. Конечно, если одна только душа упражнялась в подвигах добродетели, то одна только она будет и увенчана. И если одна только она постоянно пребывала в удовольствиях, то по справедливости одна только она была бы и наказываема. Но так как ни к добродетели, ни к пороку душа не стремилась отдельно от тела, то по справедливости та и другое вместе получат и воздаяния.

А также и Божественное Писание свидетельствует, что будет воскресение тел. Действительно, Бог говорит Ною после потопа: яко зелие травное дах вам все. Точию мяса в крови души да не снесте. И крови вашей душ ваших изыщу от руки всякого зверя изыщу ея: и от руки всякого человека брата *его* изыщу ея. Проливаяй кровь человечу, в ея место его пролиется: яко во образ Божий сотворих человека *(Быт. 9, 3–6). Каким образом Он изыщет кровь человечу от руки всяких зверей, разве только через то, что воскресит тела людей, которые умирают? Ибо не будут вместо человека умирать звери.*

И опять – Моисею: *Аз есмь Бог Авраамов, и Бог Исааков, и Бог Иаковль* (Исх. 3, 6; Мф. 22, 32). *Несть Бог Бог мертвых* (Мф. 22, 32), тех, которые умерли и более не будут существовать, но *живых* (Мф. 22, 32), *души которых живут в руце* Его (Прем. 3, 1), а тела после воскресения опять оживут. И богоотец Давид говорит к Богу: *отъимеши дух их, и исчезнут, и в персть свою возвратятся* (Пс. 103, 29). Вот слово о телах. Потом присоединяет: *послеши Духа Твоего, и созиждутся, и обновиши лице земли* (Пс. 103, 30).

А также и Исаия: воскреснут мертвии и востанут иже во гробех (Ис. 26, 19). Ясно же, что не души полагаются во гробех, но тела.

А также и блаженный Иезекииль говорит: и бысть глас внегда ми пророчествовати, и се, трус, и совокупляхуся кости, кость к кости, каяждо к составу своему. И видех, и се, быша им жилы, и плоть растяше, и восхождаше *на них* и протяжеся им кожа верху *(Иез. 37, 7–8). Затем учит о том, каким образом, после того как было повелено, возвратился в ня дух жизни (Иез. 37, 9, 10).*

А также и божественный Даниил говорит: и во время оно востанет Михаил князь великий стояй о сынех людий твоих: и будет время скорби, скорбь, якова не бысть, отнележе создася язык на земли, даже до времене онаго: и в то время спасутся людие твои вси, обретшиися вписани в книзе, и мнози от спящих в земней персти востанут, сии в жизнь вечную, а онии во укоризну и в стыдение вечное. И смыслящии просветятся аки светлость тверди, и от праведных многих аки звезды во веки и еще *(Дан. 12, 1–3)* воссияют. *Ясно, что, говоря:* мнози от спящих в земней персти востанут, *показывает на воскресение тел; ибо, конечно, никто не мог бы сказать, что души спят* в земней персти.

Но, однако, и Господь во Святом Евангелии совершенно ясно передал о воскресении тел: ибо, говорит Он, *сущии во гробех услышат глас Сына Божия, и изыдут сотворшии благая в воскрешение живота, а сотворшии злая в воскрешение суда* (Ин. 5, 28–29). А что души находятся во гробах, этого никогда никто из здравомыслящих не мог бы сказать.

Но Господь объявил о воскресении тел не словом только, а и делом. Прежде всего, тогда, когда воскресил Лазаря, *четверодневна* и уже предавшегося тлению, и *смердевшего* (Ин. 11, 39–44). Ибо Он воскресил не душу, лишенную тела, но и тело вместе с душой; и не другое, а то самое, которое предалось тлению. Ибо каким образом могли бы узнавать или верить воскресению умершего, если бы не доказывали этого характеристические особенности? Но Лазаря Он воскресил, конечно, для того чтобы доказать Свое собственное Божество и уверить в воскресении как Своем, так и нашем, Лазаря, долженствовавшего опять возвратиться в состояние смерти. Сам же Господь сделался Начатком совершенного и более не подпадающего под власть смерти воскресения. Поэтому именно божественный апостол Павел говорил: *аще бо мертвии не востают, то ни Христос воста: аще же Христос не воста*, то, следовательно, *суетна вера* наша; следовательно, *еще* находимся *во гресех* наших (1Кор. 15, 16–17). И: так как *Христос воста, то начаток умершим [бысть]* (1Кор. 15, 20). И: *перворожден из мертвых* (Кол. 1, 18). И опять: *аще бо веруем, яко Иисус умре и воскресе, тако и Бог умершия во Иисусе приведет с ним* (1Фес. 4, 14). *Тако*, говорил он, как воскрес Господь.

А что воскресение Господне было соединением тела, сделавшегося уже нетленным, и души (т. к. они были разделены), ясно; ибо Он говорил: *разорите церковь сию, и треми денми воздвигну ю* (Ин. 2, 19). Святое же Евангелие – достоверный свидетель того, что Он говорил о Своем теле (см. Ин. 2, 21). *Осяжите Мя и видите*, говорит Господь Своим ученикам, думавшим, что они видят *духа, яко Аз есмь*, и не изменился, *яко дух плоти и кости не имать, якоже Мене видите имуща* (Лк. 24, 37, 39). И, сказав это, Он *показа им руце* (Лк. 24, 40) и *ребро* предлагает Фоме для осязания (Ин. 20, 27). Разве этого не достаточно для того, чтобы убедиться в воскресении тела?

Опять божественный апостол говорит: *подобает бо тленному сему облещися в нетление и мертвенному сему облещися в бессмертие* (1Кор. 15, 53). И опять: *сеется в тление, востает в нетлении: сеется не в честь, востает в славе: сеется в немощи, востает в силе: сеется тело душевное*, то есть грубое и смертное, *востает тело духовное* (1Кор. 15, 42–44), неизменное, бесстрастное, тонкое, каково было тело Господне после воскресения, проходившее через запертые двери, не утомляющееся, не нуждающееся в пище, сне и питье. Ибо, говорит Господь, будут *яко Ангели* Божии (Мк. 12, 25). Уже не будет брака, не будет деторождения. Действительно, божественный апостол говорит: *наше бо житие на небесех есть, отонудуже и Спасителя ждем Господа нашего Иисуса Христа, Иже преобразит тело смирения нашего, яко быти сему сообразну телу славы его* (Флп. 3, 20–21), разумея не превращение в другой образ, – нет! –, но лучше: изменение из тления в нетление.

Но речет некто: како востанут мертвии? (Кор. 15, 35). О неверие! О безумие! Тот, Кто одним только желанием изменил прах в тело, Кто повелел малой капле семени расти в утробе и совершать этот многообразный и разнообразный телесный организм, не тем ли более, только восхотев, опять воскресит то, что произошло и исчезло? *Коим же телом приидут?* (Кор. 15, 35). *Безумне* (1Кор. 15, 36), если ожесточение не позволяет веровать словам Божиим, то веруй, по крайней мере, делам. Ибо *ты еже сееши, не оживет, аще не умрет: и еже сееши, не тело будущее сееши, но голо зерно, аще случится, пшеницы или иного от прочих: Бог же дает ему тело, якоже восхощет, и коемуждо семени свое тело* (1Кор. 25, 36–38). Итак, рассмотри семена, зарываемые в бороздах, как бы в могилах. Кто – доставляющий им корни, стебель и листья, и колосья, и тончайшие острые иглы на колосе? Не Творец ли всяческих? Не повеление ли Того, Кто построил все? Таким, следовательно, образом веруй, что и воскресение мертвых произойдет по Божественному желанию и мановению. Ибо Его желанию сопутствует могущество.

Итак, мы воскреснем, так как души опять соединяются с телами, делающимися бессмертными и совлекающими с себя тление, и явимся к страшному судейскому Христову седалищу; и диавол, и демоны его, и человек его, то есть антихрист, и нечестивые люди, и грешники будут преданы *во огнь вечный*, не вещественный, каков огонь, находящийся у нас, но такой, о каком может знать Бог. А *сотворшии благая*, как солнце, воссияют вместе с Ангелами в жизни вечной, вместе с Господом нашим Иисусом Христом, всегда смотря на Него и будучи видимы Им, и наслаждаясь непрерывным, проистекающим от Него веселием, прославляя Его со Отцом и Святым Духом, в бесконечные веки веков. Аминь.

ПРИМЕЧАНИЯ

1 – Этот параграф излагается на основании Опыта православн. догматич. богословия – еп. Сильвестра (т. I; 2-е изд.; Киев, 1884 г.; см. §§ 16–19).

2 – Историч. уч. об Отц. Ц. – арх. Филарета; т. I.; 1859; СПб.; стр.198. – См. ниже: конец 4-го параграфа.

3 – Ibidem; стр. 217. См. ниже: конец 4-го параграфа.

4 – Историч. уч. об Отц. Ц. – арх. Филарета; т. III. СПб. 1859; стр.18, 24 и 25.

5 – См. Prolegomena Leonis Allatii (Patr. c. compl. – Migne; ser. gr.; t. 94; 1864 ann., p. 129 и след.).

6 – История христ. Церкви Робертсона в перев. Лопухина; т. I, стр. 1064; 1890 г.

7 – Ритор Евгений был низложен императором за четыре месяца до смерти последнего, умершего в 395 г. (Робертс.; ibid. стр. 258).

8 – Царствовал от 408 до 450 г. (Робертс.; ibid., стр. 1064).

9 – Св. Василий в. ум. в 379 г.; св. Григорий Наз. ум. в 389 г.; св. Григорий Нисский ум., вероятно, вскоре после 394 г.; св. И. Златоуст ум. в 407 г.; св. Прокл в 446 г.; св Кирилл Алекс. в 444 г.; (см. указатель собственных имен в приложении к нашему переводу трех слов св. Иоанна Дамаскина против порицающих св. иконы; СПб., 1898 г.).

10 – Лев III Исавр. царств. от 717 г. до 741 г. (Робертс.; ibid.; стр. 1064).

11 – См. у Migne: loco citato; p. 129–134.

12 – Nirschl: Lehrbuch der Patrologie..., 3 Bd.; Mainz; s. 613. Ср. у Migne: loco cit., pag. 519–520 (лат. предисловие к Источнику знания)...

13 – Langen: Johannes von Damaskus. Gotha; 1879, s. 21.

14 – вероятно, к этому году, по словам арх. Филарета (Истор. уч. об Отцах Ц.; т. III, СПб., 1859, стр. 257).

15 – См. у Migne: loco cit., pag. 133– 134.

16 – См. у еп. Сильвестра в указ. его труде.

17 – Об отношении Точного излож. православной веры другим творениям св. И. Дамаскина, напр., к его Трем защитительным речам против порицающих св. иконы, своего рода сокращение которых представляет собою глава XVI IV книги, и проч., говорить не будем: отношение это не таково, чтобы речь о нем в нашем сравнительно кратком вводном очерке была не излишня. Притом, во всех необходимых случаях оно все-таки отмечается нами в примечаниях к нашему переводу, где желающие и могут видеть это...

18 – См. Р. С. С. Migne; ser. gr.; t. 94, pag. 521–526.

19 – Это делается им в Диалектик (1–68 гл.). Здесь, в частности, дается понятие о философии, говорится об ее делении на теоретическую и практическую, изъясняются основные философские понятия, напр., бытие, субстанция и акциденция, род и вид, принцип, форма, количество... Писатель черпал преимущественно из Аристотеля и Порфирия, поправляя их, где этого требовало христианское его мировоззрение, и в таких пунктах внешним философам противопоставляя свв. Отцов... Философия здесь рассматривается как antila theologiae. «творение – весьма полезное для... богословов...» см. у Nirschal'я loc cit. S. 614.

20 – Это он делает в Книге о (103-х) ересях (20-ти дохристианских и 83-х христианского времени). Представляя собой сборник из творений Епифания, Феодорита и других греч. Историков, причем заимствования из источников часто делаются буквально. Книга об ересях самостоятельна только в последнем своем отделе, где

речь идет о магометанстве, иконоборцах и о доксариях. В заключении излагается православное вероисповедание... См. ibidem.

21 – Это он делает в Точном излож. правосл. веры – творении, содержание которого будет изложено ниже: см. § 3 Предисловия.

22 – См. у Migne; loc. cit., pag. 533–534.

23 – Ibid., pag. 133–134.

24 – Один только кодекс Regius n. 3445 (очень новый), по-видимому, делит творение на две части: 1) περι τησ θεολογίασ и 2) περι τησ οικονομίασ... См. у Migne: loco cit. pag. 781–782.

25 – Относительно сказанного под цифрой 4) см. у Migne; tom. 94, pag. 781–784 (In librum De fide orth. Prologus); pag. 23–26 (Notitia er biblioteca Fabricii); pag.135–140 (Prolegomena Leonis Allatii)...; у Langen'a loc. cit. S. 61–62 и др.

26 – Такие отступления, обыкновенно отмечаемые нами в дополнительных к нашему переводу примечаниях, объясняются, между прочим, тем обстоятельством, что эти места приводились св. И. Дамаскиным наизусть. Это же обстоятельство иногда можно иметь в виду и в отношении к некоторым выдержкам из святоотеческой литературы, приводимых св. И. Дамаскиным... См. выше предисловие к переводу трех защитительных слов св. И. Дамаскина против порицающих св. Иконы (1893 г., стр. XXI).

27 – Перечень библ. мест, встречающихся в Точном изложении правосл. веры, см. В III-м приложении к нашему переводу (в конце нашей книги).

28 – Лица, имена которых подчеркнуты, имели сравнительно большее влияние на св. И. Дамаскина, чем другие.

29 – См. Истор. уч. об отц. Ц. арх. Филарета; 1859, т. II, стр. 167 и след., 175 след.

30 – См. у Migne: t. 94 (ser. gr.), pag. 781–2: Lequien'я «Prologus» «In libr. De fide orth».

31 – Указания на речи св. Григория Б. делаются нами (подобно тому как ниже подобные же ссылки на творения других христ. писателей) на основании примечаний Lequien'я к тексту данного творения св. И. Дамаскина.

32 – Филар. – Истор. уч. об. Отц. Ц. т. II, стр. 198. – ср. у нас выше § 1 Предислов., 4.

33 – Ibid. у Фил., стр.200, 198.

34 – Богородский: « Уч. св. И. Д. об исхожд. Св. Духа»...; СПб., 1879 г., стр. 165.

35 – Филар. Т. III (1859; СПб.), стр. 106.

36 – Ibid. т. II, стр. 52...59.

37 – Ibid. т. II, стр. 60; стр. 59.

38 – Ibid. т. II, стр. 60.

39 – Ibid. т. II, стр. 134–135.

40 – Филар. ibid. т. III, стр. 141–142.

41 – Ibid. т. III, стр. 226.

42 – См. «Prologus» Lequien'я к Точному изложению православной веры (у Migne; tom. 94; pag. 781–782.)

43 – Филар. III, стр. 227.

44 – Lequien разумеет первый из Двух томов догматов к Марину или вышеупомянутое его письмо к марину же (см. у нас стр. XLIII). – Филар. III, стр. 226.

45 – Филар. III, 227.

46 – Ibid. 224; примечание 2-е.

47 – Ibid. II, 147–148.

48 – См. выше: предисловие наше – стр. XLII...

49 – Филар. т. II, стр. 202.

50 – Филар. т. II, стр. 276, 278, 279, 295.

51 – Ibid. т. II, стр. 6, примечание X.

52 – См. у нас выше: стр. XLII.

53 – Филар. I; 1859 г.; СПб.; §§ 74–76.

54 – Ibid. 60. Ср. у нас выше: стр. XLIII.

55 – См. у нас выше: § 1. – Филар. III, 128.

56 – См. у Migne Prolog. Lequien'я к Точному изложению православной веры (t. 94; pag. 781–782). – см. у Langen'а s. 62...

57 – Филар. III, 234–235.

58 – Ibid. I, 73.

59 – См. наше предисловие: § 1. Lequ.: «Clem. Alex. ap. Max.".

60 – См. наш перевод » Трех слов св. И. Дамаскина против порицающих св. иконы«... (СПб. 1893 г.); стр. XII предисловия.

61 – Филар. II, 186.

62 – Ibid. II, 174.

63 – Наше предисловие: стр. XLII. XLV...

64 – Филар. II, 201.

65 – Наше предисловие: стр. XLIII.

66 – Ibid. XLV.

67 – Ibid. XLIII.

68 – Филар. II, 148, 48-е примечание.

69 – Ibid. 148–149 стр.

70 – Наше предисловие: XLII.

71 – Филар. III, 106, 96.

72 – Ibid. III, 106, 97–89, 100...

73 – Ibid. 104.

74 – Ibid. 102, примечание 50. – 108 стр.

75 – Наше предисловие: XLIV.

76 – Ibid. XLIV. XLII.

77 – Филар. III, 226.

78 – Ibid.

79 – Ibid. 225.

80 – Ibid. 226, 15-е примечание.

81 – Ср., напр., стр XLV.

82 – Филар. II, 59.

83 – Предисловие наше: XLV.

84 – Филар. II, 329, 227.

85 – Ibid. 330, 275.

86 – Ibid. III, 211–212.

87 – Ibid. 212.

88 – Ibid. 213.

89 – Ibidem.

90 – Ibid. 134–136.

91 – См. наше предисловие: XLII.

92 – См. Энциклоп. Слов. – Брокгауза и Ефрона: Дионисий Ареопагит.

93 – Наше Предисловие: XLVI.

94 – Филар. III, 88, 14-е примечание; стр. 90.

95 – Ibid. 217–218.

96 – Ibid. 192–196.

97 – У Lequ. Общая цитата: «Eulog. ap. Max.» (не указыв. Сочинения св. Евлогия).

98 – У Lequ. Общая цитата: «Anast. Antioch» (не указыв. Сочинения св. Анастасия).

99 – В таком виде цитата стоит у Lequien'я.

100 – См. у Робертсона в указанн. его сочинении.

101 – Наше Предисловие; XLIX.

102 – Филар. II, 59.

103 – Наше Предисловие; XLIII. Ср. XLV.

104 – Ibid. XLV.

105 – Филар. II, 59, примечание 44-е.

106 – Предисловие наше: XLIII.

107 – Ibid. XLIII. XLVIII.

108 – Филар. II, 146.

109 – Ibid. 148, примечание 48-е.

110 – Ibid. 148–149.

111 – Ibid. 146.

112 – Ibid. 134; 23-е примечание.

113 – Наше Предисловие; XLII.

114 – Наше Предисловие; XLV.

115 – Ibid. XLV.

116 – Филар. II, 329.

117 – Ibid. 295.

118 – Ibid. 326.

119 – Наше Предисловие; XLII и друг.

120 – Ibid. XLII.

121 – Ibid. XLV.

122 – Филар. II, 203.

123 – Наше Предисловие: XLII.

124 – Ibid. XLIX.

125 – Филар. III, 102.

126 – Филар. II, 252.
127 – Ibid. 252–253.
128 – Ibid. 253/
129 – Наше Предисловие: XLV.
130 – Филар. I. 173.
131 – Наше Предисловие: § 1. – Филар. II, 93...
132 – Филар. II, 347–348.
133 – Филар. I, 96–99.
134 – Ibid. II. 29.
135 – Наше Предисловие: XLII, l.
136 – Филар. III, 10; примечание «nn».
137 – В таком виде цитата стоит у Lequien'a.
138 – Наше Предисловие: XLVII.
139 – Филар. II, 66–67...
140 – См. указ. выше соч. Робертсона: 1 т., 576...

141 – Время жизни указанных в § 4-м христианских писателей может быть отмечено таким образом:

142 – Филар. III. 9: в 546 г. Сочинил христ. топографию и толкование на Евангелие Луки и Псалмы...

143 – см. У langen'a: s. 111.

144 – Приблизительно в половине III-го века был епископом пристани близ Рима... (Филар. I, 105, 106...).

145 – Langen: s. 129.

146 – Филар. II. 4; примечание м: Был еписноп. с 379 года...

147 – Langen: s. 107.

148 – Ср. Подстрочное примечание и относящийся к нему текст на стр. XL-й нашего Предисловия.

149 – См. Prolog. Lequien'я к Точному изложению правосл. веры и друг.; у Langen'а: s. 61...; у архиеп. Филарета: III, 260, 258... См. Об этом так же у Narschl'я (Lehrbuch d. Patrologie... III b. Mainz. S. 613–616...), у Alzog' a (grundriss der Patrologie; 1888; s. 476–478)...

150 – Langen: s. 61.
151 – Филар. II, 148, 149.
152 – Наше Предисловие: § 1.

153 – См., напр., Prolog. Lequein'я к Точному изложению правосл. веры.

154 – См. III-й наш эпиграф (на первой странице нашего перевода).

155 – См. об этом, напр., у Langen'а: § 5, s. 104 и дальнейшие.

156 – Филар. III, 253–254.

157 – Langen: s.104.

158 – Филар. III, 258.

159 – Филар. III, 258.

160 – Ibidem сравн.

161 – Ibid.

162 – Ibid.

163 – Так цитирует Lequien's...

164 – Так цитирует Lequien's.

165 – То же

166 – То же

167 – То же

168 – То же. Ср. У Lequien'a (s. 111), указывающего еще на Птолемея, как влиявшего на св. И. Д. в раскрытии вопросов, относящихся к мирозданию...

169 – Аристотель жил в 384–347 гг.; Порфирий (неоплатоник), ученик основателя неоплатонизма – Плотина, жившего в 204–269 гг. по р. Хр.; Ямвлих – ученик Порфирия; Страбон род. около 63 г. до р. Хр., был знаменитый греческий географ. Птолемей – географ, астроном и математик жил в первой половине II-го века по р. Хр. в Александрии... См. Историю древней философии Виндельбанда (СПб., 1893 г.): стр. 193, 145, 148, 306, 307, 314. – Converseitions-lexicon Brockhaus' a (1886 jahr).

170 – Сильвестр: Опыт православного догматического богословия: т. I., § 18 (Киев, 1884; изд. 2-е).

171 – Все места, начиная почти с начала § 5, после 170-го примеч., которые впереди и позади себя имеют вносимые знаки (< >), заимствованы: а) из указ. труда еписк. Сильвестра (§ 16, 18 и 19; т. I; изд. 2-е; Казань, 1884); б) из указ. труда Филарета Черниг. (« Историч. уч. об Отц.

Ц.»; т. III, 261); в) из указ. трудов Alzog'a (ср. S. 476–478) и Nirschl'я (s. 613–616), ср. у Виндельбанда О врем. жизни П. Ломбарда (стр. 336) и Фомы Аквината (стр.365). Ср. Учебник Макария по догматическ. богословию (1888; Москва, стр. 9)... Ср. у Langen'a: s. 6–14, 27 и след...

172 – Langen: s. 11... 27...

173 – Филарет в Обзоре русской духовной литературы говорит, что слав. перевод X-го в. принадлежит Иоанну Экзарху болгарскому (I, 1859 г.; № 4); что перевод Епифана Славеницкого изд. в 1658 г. (I, № 223), что перевод Амвросия издан в 1771 г. (II, 1861; ср. № 54), что перевод Курбского появился в XVI в. (I; 1859, № 141).

174 – Herzog (Real-encyklopadie fur protestantische theolgie und kirche; 1880 j. s. 40); Филарет (т. III « ист.Уч. об Отц. Ц.»; стр. 197) и др. Ср. XXXVI стр. Предисловия к нашему переводу трех защитительных слов св. И. Дам. Против порицающих св. иконы 1893 г.

175 – См. указания таких случаев в первом приложении к нашему переводу (в конце этой книги) Точного изложения православной веры.

176 – некоторые поправки (незначительные) в нем иногда встречаются (ср. Об этом также наше предисловие к сделанному нами переводу «Трех заключительных слов»..., стр. XXXVII.)

177 – ср. Также предисловие к нашему переводу «Трех защитительных слов»... См. И. Дам.: стр. XXXVII.

178 – См. наше предисловие к переводу «Трех слов против порицающих св. иконы... стр. XXXVII.

179 – Ibidem: XXXVIII.

180 – Ibidem.

181 – Сделаны на основании Lequien'сиских примечаний, из которых (часто ошибочных) библейских нами лично проверены все и исправлены, а иногда – и другие примечания по мере возможности...

182 – Разночтения указаны на основании примечаний Lequien'a, а также и на основании сличения текста Lequien'a с текстом Hopperi.

183 – Сделаны большей частью на основании примечаний Lequien'a, с соответствующими существу дела изменениями...

184 – Не можем также не указать, как на некоторую особенность нашего перевода, на то именно, что нами иногда предпочтительно употребляется славянские и вообще более древние слова, как более соответствующие установившейся богословской терминологии и языку, напр., единый, благий, судия... (о Боге), древо (жизни), стопами, богоглаголивый... и т. под.

ПРЕПОДОБНЫЙ ИОАНН ДАМАСКИН

Преподобный Иоанн Дамаскин, один из самых выдающихся богословов и учителей Церкви, родился в Дамаске во второй половине VII века в знатной христианской семье. Его дед, Мансур ибн Серджун, занимал высокую должность в управлении налогами при византийских и затем при арабских властителях, благодаря чему семья сохраняла своё влияние даже в условиях переменчивой политической ситуации. Отец Иоанна, Сергий, известный также как Серджун ибн Мансур, продолжал дело деда и был хранителем сокровищ в Дамаске. С самого детства Иоанн воспитывался в окружении христианских традиций и высокой культуры.

Иоанн получил блестящее образование, которое охватывало не только богословие, но и светские науки. Его наставником стал выкупленный из плена инок из Калабрии, обладавший обширными познаниями в философии, музыке, диалектике, риторике, астрономии и других областях. Благодаря этому учителю Иоанн Дамаскин стал одним из самых образованных людей своего времени. Вместе с Иоанном обучался и его приёмный брат Косма, впоследствии ставший известным как святой Косма Маюмский.

Иоанн занимал высокое положение при дворе халифа в Дамаске, исполняя обязанности либо начальника налоговой службы, либо градоначальника. Однако, несмотря на все почести и привилегии, его сердце было устремлено к Богу. Иоанн ревностно защищал Православие от различных ересей, особенно во время ожесточённых споров вокруг иконопочитания. Когда император Лев Исаврянин начал гонения на почитателей святых икон, Иоанн написал свои знаменитые «Три защитительных слова против порицающих святые иконы». Эти труды стали важнейшим богословским обоснованием священного образа в христианской практике.

Вскоре клеветники обвинили Иоанна в заговоре против халифа, представив поддельное письмо, якобы написанное Иоанном императору. Халиф, поверив лжи, приказал отсечь ему руку. Однако, по молитве перед иконой Божией Матери, случилось чудо: отрубленная рука Иоанна была исцелена. В благодарность за это он приложил к иконе серебряное изображение руки, и икона стала известна как «Троеручица».

После этого Иоанн окончательно отказался от светской жизни, раздал имущество бедным и отправился в Палестину, где принял монашеский постриг в лавре Саввы Освященного. Здесь он проявил себя как великий аскет и богослов. Сначала монахи настороженно отнеслись к бывшему вельможе, но его смирение и трудолюбие покорили их сердца. Несмотря на запрет заниматься литературной деятельностью, Иоанн, по просьбе скорбящего инока, написал надгробные стихи, за что его духовный наставник сначала строго наказал его. Но явление Божией Матери убедило старца разрешить Иоанну писать во славу Божью.

Иоанн посвятил свою жизнь богословским трудам, гимнографии и защите Православной веры. Он написал множество богословских произведений, среди которых выделяются «Точное изложение православной веры» — систематический трактат, в котором представлены основные догматы христианской веры, «Философские главы» — разъяснение богословских и философских понятий, и труды, направленные против различных ересей. Он также оставил значительное наследие в области церковной гимнографии, включая знаменитый Пасхальный канон «Воскресение день».

Святой Иоанн умер в монашеской обители в возрасте около 80 лет, оставив после себя богатое духовное наследие. Его труды продолжают изучаться и высоко цениться за ясность мысли, глубокую духовность и преданность Православию. Память Иоанна Дамаскина отмечается 4 (17) декабря.

Православная библиотека – Orthodox Logos

- *Песня церкви - Праведники наших дней* – Артём Перлик
- *Сказки* – Артём перлик
- *Патристика* – Артём Перлик
- *Следом за овцами - Отблески внутреннего царства* – Монахиня Патрикия
- *Откровенные рассказы странника духовному своему отцу*
- *Семь слов о жизни во Христе* – праведный Николай (Кавасила)
- *О молитве* – святитель Игнатий (Брянчанинов)
- *Об умной или внутренней молитве* – преподобный Паисий (Величковский)
- *В помощь кающимся* – святитель Игнатий (Брянчанинов)
- *Христианство по учению преподобного Макария Египетского* – преподобный Иустин (Попович), Челийский
- *Философские пропасти* – преподобный Иустин Челийский (Попович)
- *Священное Предание: Источник Православной веры* – митрополит Каллист (Уэр)
- *Толкование на Евангелие от Матфея* – святой Феофилакт Болгарский, архиепископ Охридский
- *Толкование на Евангелие от Марка* – святой Феофилакт Болгарский, архиепископ Охридский
- *Толкование на Евангелие от Луки* – святой Феофилакт Болгарский, архиепископ Охридский
- *Толкование на Евангелие от Иоанна* – святой Феофилакт Болгарский, архиепископ Охридский
- *Таинство любви* – Павел Евдокимов

- *Мысли о добре и зле* – святитель Николай Сербский (Велимирович)
- *Миссионерские письма* – святитель Николай Сербский (Велимирович)
- *Живой колос* – праведный Иоанн Кронштадтский (Сергиев)
- *Дидахе. Учение Господа, переданное народам через 12 апостолов*
- *Домострой* – протопоп Сильвестр
- *Лествица или Скрижали духовные* – преподобный Иоанн Лествичник
- *Слова подвижнические* – преподобный Исаак Сирин Ниневийский
- *Миссионерские письма* – святитель Николай Сербский (Велимирович)
- *Точное изложение православной веры* – преподобный Иоанн Дамаскин
- *Беседы на псалмы* – святитель Василий Великий

www.orthodoxlogos.com

www.ingramcontent.com/pod-product-compliance
Lightning Source LLC
Chambersburg PA
CBHW060547080526
44585CB00013B/478